将军崖岩画年代学与图像意涵研究
俊贤题

张嘉馨 —— 著

中央编译出版社
CCTP Central Compilation & Translation Press

图书在版编目（CIP）数据

将军崖岩画年代学与图像意涵研究 / 张嘉馨
著 . —北京：中央编译出版社，2020.12
ISBN 978-7-5117-3879-0

Ⅰ.①将… Ⅱ.①张… Ⅲ.①岩画-研究-连云港
Ⅳ.①K879.424

中国版本图书馆 CIP 数据核字（2020）第 210482 号

将军崖岩画年代学与图像意涵研究

责任编辑：李媛媛
责任印制：刘　慧
出版发行：中央编译出版社
地　　址：北京西城区车公庄大街乙 5 号鸿儒大厦 B 座（100044）
电　　话：(010) 52612345（总编室）　　(010) 52612335（编辑室）
　　　　　　(010) 52612316（发行部）　　(010) 52612346（馆配部）
传　　真：(010) 66515838
经　　销：全国新华书店
印　　刷：北京紫瑞利印刷有限公司
开　　本：710 毫米×1000 毫米　1/16
字　　数：254 千字
印　　张：20.25
版　　次：2021 年 3 月第 1 版
印　　次：2021 年 3 月第 1 次印刷
定　　价：90.00 元

网　　址：www.cctphome.com　　**邮　　箱**：cctp@cctphome.com
新浪微博：@中央编译出版社　　**微　　信**：中央编译出版社（ID：cctphome）
淘宝店铺：中央编译出版社直销店（http://shop108367160.taobao.com）
　　　　　　　　　　　　　　　　　　　　　　　　　　　　(010) 55626985

本社常年法律顾问：北京市吴栾赵阎律师事务所律师　闫军　梁勤
凡有印装质量问题，本社负责调换。电话：(010) 55626985

序 一

　　最近这数年，几乎每年都在为自己学生的博士论文著作出版撰写序言，这已然成为最让我欣慰甚至有些莫名骄傲的事，一部部岩画学研究著作的出版问世，更像似一种象征或寓意，彰显岩画研究中心团队教学与科研上曾经的实践，因为"学子们"在毕业后持续不断地努力而修成正果；也从某个侧面昭示着中国岩画研究事业后继有人。看着自己的学生们从青春飞扬又有些稚嫩的学子走向成熟稳健、事业上成果丰硕的中坚，我曾经的学术理想正不断地在他或她们身上得到实现，作为导师，内心的愉悦真实且充盈。

　　嘉馨的博士学位毕业论文形成著作准备出版时，她邀我为之写序，我很高兴。这个高兴里似乎有更多复杂心绪，既为她学术研究上的进步而高兴，也为岩画研究中心团队又一位博士的毕业论文付诸出版而愉悦（她应该已经是第六位了吧）；认识她很多年，为她的成熟成长而欣慰，更为她第一部学术专著是岩画研究成果而充满感慨。事实上，她大抵出版过几本译著，但真正与学术研究相关的专业著作，毕竟这还是第一部，她的专业研究的第一桶金，是她岩画研究的博士学位论文，这事儿终归是让人内心欢喜的。

　　张嘉馨，原名张毅，准确地说是我认识她时的曾用名。随着时间推移，她身边的所有人都已习惯了她的现用名，我却顽固地没有改口，这可能已逐渐成为我俩之间特有的一种称谓。人的行为背后一定有心理动因，意识层面的或是潜意识层面的，我知道自己一直拒绝她新名的原因很简单，只是更喜欢"毅"这个字的缘故。名若其人，以我的角度，不过是认定甚至只是简单地希望她保持其性格中的"毅"，这个字眼代表着坚持、坚韧、坚定或坚毅等状态。

无论人生还是专业都已走过漫长道路的我，到了老者这个年龄段便有了新的感悟，那些所谓的智商、情商、心态、个性之类的东西，可能远不如坚持更重要（当然是在"方向"正确的前提下）。上述这些特质并不主要靠后天习得，也就是说，这些特质与生俱来，没得选，它们不断地影响着你的"选择"，而无数次"选择"之后所形成的结果，便铺展出你的"命运"。我更倾向于认为，唯"坚持"后天完全可以掌控，只要你想！它取决于你相信，你愿意，你付诸努力，当然关键是并非一时的努力，而是一直努力，大抵相当于"砥砺前行"吧。坚持就是胜利，是我的"语录"，也是我最欣赏的一种品质。其质简称为"毅"。嘉馨性格里不乏矛盾性，随遇而安，骨子里却有"坚毅"内质，她选择了连云港将军崖岩画作为研究方向后，便一直在坚持。我习惯称她张毅，更多还是认为"毅"字与她的性格是有契合度的。

说起来，嘉馨的博士论文选题可能是我博士生中定下较早的，前两日我俩聊时还谈到过这个确定的时间点，她认为是在2012年，我感觉还应该更早，可能是在2011年。我认识她更早，应该是在2009年吧。有趣的是，为她确立选题的研究方向时，她尚未考进我们岩画研究中心团队，我们却都很想当然地谈妥了这件事。时间点虽有些模糊，但当时的情形大致还记得，是在聊天时说起，我说你是山东人，距离江苏连云港也近，读博以后就做将军崖岩画吧，这处岩画遗址很重要，在中国岩画中地位非同寻常。她从此就真的固定在将军崖岩画这块儿了，甚至我曾经劝她换个博士论文选题，她也一直不变。她可能是我们这个团队里在博士毕业论文选题上自始至终都完全没有动摇过的少数人之一，其性格中的坚持，百折不挠的韧性，由此可见一斑。

江苏连云港的将军崖岩画，在中国岩画众多古遗址中，属于重要的纪念碑式的存在，40余年前，中国考古界大家俞伟超先生一个短暂的考察及推断，便奠定了这个岩画遗址历史、古代民族与考古学的重要价值，这以后，中国的岩画人在对将军崖岩画的研究上，可谓是前仆后继，研究成果丰硕。这个基础，对于嘉馨而言，既是伟人的肩膀，又是一个压力的鞭策，好在她十分努力且不畏艰难，她的研究，做得十分扎实，可以说是近年来关于将军崖岩画的带有新锐性质的研究成果，并显示出几个特点。

第一，资料的全方位铺设并打底。环境地理、生态自然、古代考古学文化、古器物学的比较资料、民族学的研究成果等，为重新认识将军崖岩画的基础环境，提供了几乎完备的全面资料，当然，我们所说的"基础环境"，既指自然地理、生态与经济，也包括人文风俗与历史文化背景。我印象中，嘉馨搜集资料、获取资料的广度与速度，可能是我学生中最强的，没有之一；她尤其擅长外文资料的搜集，其资料搜集的全面、广阔以及细致程度之高，多少让我有些吃惊。据我所知，她论文写作时所用资料，可能只占她实际拿到资料的一小部分（我们不少同学，论文耗尽了他们能够搜集到的全部资料）。至少在资料的储备（包括搜集面与多层次上）她没有显示出实用主义与急功近利的心态与习惯，我没有问过她通常是如何做的，却大概能感觉到她对新鲜事物有敏感的观察力，当然也有很强的好奇心，视野相对开阔，她的资料搜集的厚度与宽度，大抵与她平时便不断积累与学习的态度有关，而这是我所欣赏的。

第二，提供了将军崖岩画考古学的年代测定数据与判断，嘉馨几乎对将军崖岩画相当多的图案进行了实地微腐蚀测定。学习与运用这种方法，都需要投入大量的时间，能够做到这一点，对于一个女博士生而言，还是相当不容易的。但也正是通过微腐蚀断代方法的介入，嘉馨得以系统获取将军崖岩画的年代数据及其年代序列，也首次通过直接断代的方法解决了将军崖岩画诸图像的年代序列问题，为各图像之间的关系和演进、流变提供了一定的研究基础。如建立了将军崖五组岩画的年代关系，建立了将军崖人面像的年代关系，确定了将军崖岩画第一组人面像与禾苗之间的年代关系，发现了将军崖岩画第二组中的太阳纹与莒县陵阳河遗址出土的陶尊太阳符号年代相当等，并将微腐蚀断代获取的结果在交叉断代中得到了进一步的验证。

第三，嘉馨的图像学类型划分与图像意义解读，是在微腐蚀直接断代和周边遗址、考古学文化类型等间接断代证据的基础之上进行的，也因此她的分类、相对年代判断以及意义解读，便拥有了相对实证与客观的基础，这应该是以往岩画研究比较缺乏的部分。嘉馨综合文献资料和对当地民间的田野调查对将军崖岩画五组的意涵及其之间的关系进行了阐释，并结合图像所表征的意义对将军崖岩画中主要类型的图像（如人面像、太阳纹）演变进行了研究，从而首次解决了将军崖岩画图像的演进及流变过程问题。如通过交叉断代建立了由"人祖形人面像"向"M形人面像"演化的过程，这一过程对应于由男根崇拜向祖先崇拜的融入，也是基于由游群向氏族和酋邦过渡的文化背景。通过交叉断代确定了将军崖的时空区位属东夷文化的范畴，进而为从东夷族文化习俗的角度（如"立石为社""血祭""玄鸟崇拜"）讨论将军崖岩画的意涵提供了更多的证据。嘉馨的研究方法，显示了中国岩画研究中心一直在思考与实践的"岩画图像学"方法的尝试，她的分类研究里有明确的图像"母题"意识；而在图像志辨识上，充分利用了考古学的证据。例如，她的图像分类，充分考虑到连云港所在地古代考古文化序列的演进关系，以对将军崖岩画的交叉断代为基础，通过对江北青莲岗遗址南北因素兼具的分析和与大汶口文化之间的异同，论证了将军崖岩画的图像风格类型在青莲岗文化之前主要是本地因素，但也有北方因素之可能性，自青莲岗文化开始其图像风格主要受到南方因素的影响。

第四，嘉馨在岩画研究方法上的探索性，还体现在她博士阶段学习过程中对人类学理论方法的借鉴与实践。嘉馨的教育背景中，以美术学为主，博士期间攻读的却是人类学方向的学位，而岩画研究又脱离不了考古学的基础。多学科交叉说起来是个方向，实践起来却困难重重。比较而言，嘉馨研究的方法中，人类学的色彩相对浓郁，但同时又没有忽略引进考古学丰富的资料来源，该研究以将军崖岩画作为个案进行综合性研究，循着"时间"和"图像"两条线索，通过对古生态环境的考证、交叉断代、考古学、人类学等方法对将军崖岩画进行了系统的分析，从考古学的角度，将军崖周边有着从旧石器时代晚期至龙山晚期的丰富遗址，如将军崖旧石器遗址、二涧、桃花涧、大村、大贤庄、大伊山、藤花落形成了完整的时间链条和空间序列，从中我们可以知晓在这一历史进程中该地区的宗教信仰与文化样貌。从人类学的角度，借用了夏商周三代及后世对上古的记录和神话传说，为将军崖岩画的解读提供了线索。就美术史的角度而言，在时空链条的基础上对其图像进行分类，并通过对应时代的社会文化对图像进行阐释。正是基于将军崖岩画在时空场域中所处的客观条件和跨学科研究方法从不同角度的切入，作者把将军崖岩画的分析置于立体的时空场域中，以科学实证和人文阐释并置的方式对岩画研究的方法论进行了尝试和探讨。

第五，嘉馨的研究结论是对长达40余年将军崖岩画研究的丰富与创新，她认为将军崖岩画是苏北鲁南地区上古社会中一处等级较高的农业祭祀遗址，其制作年代可以追溯至距今1万年的全新世初期，也即新石器时代的肇始。将军崖岩画的主体图像"人面像"在距今8000年至3500年左右，是从采集狩猎社会一直延续到农业社会，其意涵有着从生殖崇拜融入进祖先神崇拜的流变；其中"稻米"、"石社"，作为"血祭"或"酒祭"的"杯状穴"，作为"星象图"的"浅凹穴"，皆为农业社会思想文化和祭祀仪式的产物。

谈完专业，再聊点别的什么。

这些年，许是因为工作太忙，节奏太快，以至于我其实完全没有时间回顾一下岩画研究中心所走过的路，真的要感谢能够为自己这些学生博士毕业论文著作出版写序，让我不断有机会重新审视自己与学生们曾走过的那些"足迹"，有许多经验教训，但更多的还是快乐温馨的记忆。

说起来，每位学生都与我有某种"神交"，都是一段个性化的师生关系，时光飞逝却并非如烟往事，总有些东西留了下来。写序的过程也让逐渐我意识到，这些回忆里并不仅仅有她或他与我的关系，还一定有个清晰的背景或布景，那就是所有的回忆，最终都会回归到岩画研究中心这些年的历史记忆。于是这些年为我学生著作写的序言（假如你有机会看到全部）居然也大致勾勒出岩画中心这10年的成长史。每位学生在校期间的田野调查、学习，抑或是撰写论文，都不能脱离岩画中心这个平台，他们每一位在本人迅速成长的同时也见证了中心的成长。2011—2020年这10年，是我个人，也是我的学生们压力巨大且收获丰硕的一个时段，写序的过程让我有机会逐年勾勒出那些年的故事，通过每位出版著作的同学，衔接起一个相对完整的过程。这些学生是我的骄傲，年轻时代的我，一定没有想到我的晚年会因为他们的存在而拥有一种别样的幸福。这些年一直有个声音存在，说我们岩画中心"不过是一个老师带了一帮学生而已……"，还真对！我亦深以为然。我曾多次跟学生们说过，"我于中国岩画，注定只能是第一代岩画学者与第三代岩画学人之间的一个桥梁,一个过渡……而已,这倒真不是自谦,而是事实,是由历史进程与梯队结构所决定的,我认命。但也正因为如此,我才更寄希望于中国的第三代年轻的岩画研究者们,寄希望于我的学生们。"

作为中国的一个岩画人,我非常看好中国岩画研究的前景,其中一个重要理由是我们拥有世界上任何一个国家都无法比拟的青年岩画研究者群体。放眼望去,当今的中国岩画界,至少拥有三大优势:第一,中国是一个岩画资源丰富而多样化的大国,目前排名世界第六位;第二,我国各地创建了为数不多但在世界范围内看已足够多的岩画专门研究机构;第三,我们应该是拥有世界上青年岩画研究人才人数最多的国家。今天,我们的岩画研究可能还有些稚嫩,视野也不够开阔,国际化程度还不够高,研究理论与方法还很欠缺,但只要我们拥有青年一代的学术关注与持续热情,中国的岩画研究便拥有了未来!就一定能够走向持续辉煌!

嘉馨是我以往出版学术专著博士生中第一位"85后",与出生于"70后"的师兄师姐们相比,她应该属于第二代。如今她博士后刚出站,博士毕业也已两年有余,人也进入成熟的年龄段,可我还能清晰地想起第一次见到她时她的形象,对于有严重脸盲症的我来说,这并非是件容易的事儿,太多的人我只记住了名字,却想不起长相。第一次见嘉馨,是在11年前,当时的她,风华正茂,青春勃发,身上的那股子闯劲儿让我记忆深刻。说起来,嘉馨可能是唯一一位在这10年间自始至终都在的人,绝大多数学生跟我的时间不过三四年。嘉馨到我这里读博之前我们就认识,又继而在中央民族大学度过了博士与博士后的6年时间,这甚至可以说是一个长达10年的岩画梦。

虽然嘉馨在这10年里,于岩画中心而言,似乎只是一个旁观者,但在这个漫长的梦里,还是留下不少快乐记忆,我俩有过数次单独外出考察岩画与参加国内国外学术会议的旅行,一起去浙江仙居、东北大兴安岭,还一起去沙特阿拉伯参加中东国际考古学大会并在斯里兰卡旅行,与她一起旅行,处处都会得到她十分体贴的照顾与帮助,十分省心和踏实。我们当然也有过多次长谈,最愉快的话题似乎永远都关乎岩画……

不知不觉,十年弹指一挥间。时间不经意间便会暴露其极可怕的力量,它让人"相忘于江湖"(其实人们"相忘于江湖"才是常态),更具有"水滴石穿"的力量,让某些东西深入骨髓。岩画对她的"潜移默化"应该是深刻的,她今后大抵也很难逃离岩画对她的精神与心理那种无形的羁绊!犹如我热爱岩画,并非因为我选择岩画,更大的可能是被岩画所选择,或者是被岩画给带走了(岩画就在我第一次真实地见到它们时将我卷入它的世界,那是2004年)。十年的岩画生涯,即便是对于十分年轻的她,也不能算是短暂的时光,值得庆幸的是这期间她当然不只结出这么一颗果实,但这部即将出版的研究专著,一定是她迄今为止最结实与美丽的果实。

最后,我还是要将这段话放在这里,它是在每位博士论文著作序言里都会出现的一段话。嘉馨在与中央民族大学中国岩画研究中心结缘的这些年,也恰逢岩画中心团队在岩画学科基础建设的初创与摸索时期,可以说每一届在中国岩画研究中心学习过的博士研究生与硕士研究生,不管他们自己是否真正意识得到,抑或是否能够真实感受到某种特殊使命感,他们实际上都或多或少曾为岩画研究中心的这个基础建设做出过贡献,所不同的可能只是自觉与不自觉而已。也许对于他们个人而言,只是在完成一个课题研究,撰写出一篇博士或硕士论文,经历"痛并快乐着"的学术训练,收获其学业进步,最后拿到一纸文凭,但对于岩画研究中心团队整体来说,他们每一位论文的完成过程,大抵都折射出我们初创阶段的困惑、艰难甚至挫折的经历，当然也印证了岩画研究团队获得的感悟、经验与收获。

希望嘉馨坚持努力，只要认真而踏实地耕耘，总是会有喜人的收获。

是为序。

2020年6月20日
于中央民族大学中国岩画研究中心

序 二

在社会科学界，岩画学一直处于尴尬境地，如果放在历史学范畴，岩画的艺术内容容易被轻视，毕竟岩画还是以"画"为重；如果放在艺术学范畴，岩画遗迹的考古发现和历史探索也容易掩盖，毕竟岩画是人类最古老的文化遗存。所以，中央民族大学岩画研究中心就经历了从艺术学到历史学的"颠沛流离"，最终还是落脚在民族学与社会学院的考古学系，与民族学人类学系为邻，借鉴民族学人类学学科理论，互助发展，范畴更为宽泛，于是，岩画专业的张嘉馨博士，就到我这里做岩画学博士后。在做博士后期间，她成功申请到国家社科基金青年项目"海峡两岸岩画比较研究与文化认同"，发表《将军崖岩画中的太阳纹释义》等论文十余篇，获得人事部全国博士后管委会优秀博士后资助奖。

作为张嘉馨博士后项目的合作导师，我必须说明一下我与岩画的关系。自1992年发表的一篇文章《乌兰察布岩画的审美历程》，与当时另外一篇文章《鄂尔多斯式青铜器的美学风格》开始了对北方少数民族审美意识的研究，围绕这一课题还发表了《论民族艺术风格的客观性》《论中国北方少数民族审美特征的缘起与表现》《北方游牧文化的源起和独特性》，1995年参与冯育柱等主编的《中国少数民族审美意识史纲》中关于北方民族审美意识部分的写作，随着学习和工作的变化，在中国人民大学的研究转向哲学和民族问题。2005年在中央民族大学民族学系工作，当时受陈兆复教授邀请，被民族学系正式指派为副导师，招收了两届岩画学博士。正是由于有这个经历，我在招收博士后的时候可以接受边疆学和岩画学两个方向。

其实，很多时候很多事情是不需要解释的，正像岩画的叙事研究一样，因为没有佐证，所有的叙事都是研究者探索过程的描述，只有把岩画的考古、岩画的记录、岩画的田野和岩画的叙事统一糅合起来，才能构成一幅完整的岩画科学研究图景，张嘉馨的《将军崖岩画年代学与图像意涵研究》就是这样一部完整美丽的岩画研究著作。

首先，将军崖岩画的意义不同于分布在中国北方和南方的岩画，它在南北之间，靠近海岸，这样的地理位置存在如此典型的岩画，对我们认识中国岩画的分布和类型具有特殊意义。然而，在此之前，岩画研究界对将军崖岩画并没有给予系统研究，这一方面是由于岩画年代测定技术的落后，另一方面也是由于当地考古重点不在岩画。尽管相关研究论文成果颇丰，但系统的专著研究成果还是第一次。

其次，将军崖岩画的文化学意义更接近中国传统历史。一般认为北方岩画的产生和分布与游牧民族有关，南方岩画与渔猎采集部落有关，而将军崖岩画的产生却有些"孤立"，或者说留下将军崖岩画的人们的身份始终是个不确定的问题，当然，我们也可以想象他们后来全部离开这里，与后来居住在这里的人们没有多少关系，但是，有记载的文字历史和传说对将军崖岩画保留下可以寻觅的历史遗迹。对这段历史的追溯挖掘，正是将军崖岩画研究的文化人类学意义，而这本专著为人们关注和研究将军崖岩画提供了可靠的材料和成果。

再次，将军崖岩画研究对岩画断代和意义的分析探索具有典型意义。岩画在北方的分布一般都在边远的山区，如新疆、内蒙古的岩画，我们需要跋山涉水才能目睹岩画真容，加之岩画周边考古发掘会加强岩画刻画时间和部落族群的认识，因此引起考古学界、人类学界、艺术学界和旅游开发的关注。而将军崖岩画始终让人们怀疑是很晚近的作品，甚至刻画它们的目的就是"艺术性"的，而不是更为久远的"记录"目的、"标识"目的、"禁忌"目的、"崇拜"目的，张嘉馨的这本著作回答了这些问题，让那些看似高大上的岩画研究变得平易近人，这对普及岩画的意义具有重要价值。

最后，将军崖岩画对提高当地传统文化和振兴旅游开发具有现实意义。连云港是中国经济发展最快的沿海城市之一，也是中部沿海地区少有的新兴港口城市。在这样一个工业和商业城市拥有什么样的历史文化就显得十分重要，而将军崖岩画为这座美丽的城市提供了一个绝无仅有的文化标注。然而，在此之前，将军崖岩画本身的价值和意义没有全面系统的科学研究，从学术角度进行专业的挖掘和剖析才能把岩画的历史传统传播开来，才能把岩画的文化价值提高起来，《将军崖岩画年代学与图像意涵研究》承担起了这一目的，并很好地实现了这一目的。

任何看似很专业的研究成果实质就是对人们生活的解释，岩画就是这样。岩画是人类文字以前的记录，是人类思想情感的原始刻画，也是当时人们生活和组织的描述留存，当然，更是人类器物使用和形象思维的表现。所以，作为人类后代，我们应该把岩画当作"人类早期的课本"来学习和阅读，这样才能准确地理解"人"是怎样开始的，然而，人类的后代在发财致富的路上走得太快,以至于忘记了自己祖先走过的那些痕迹,人们渴望舒适安逸甚至不愿意在那些单调的刻画前面多停留一会儿。因此,我们有理由肯定张嘉馨博士敢于以将军崖岩画来完成自己博士论文的勇气,也十分高兴地看到这样一部岩画学专著能够面世,期待有更多学者们携手共进!

2020年6月26日于北京

目 录

第一章　将军崖岩画概述 / 1

　第一节　将军崖岩画的研究背景 / 5

　　一、将军崖岩画的发现及其年代 / 5

　　二、将军崖岩画的构成要素及其比较 / 6

　　三、将军崖岩画的族属研究与意涵阐释 / 8

　　四、将军崖岩画的保护 / 9

　第二节　将军崖岩画的调查 / 12

　　一、将军崖岩画的地理位置及其发现 / 12

　　二、将军崖岩画的分组及其画面内容 / 17

　　三、将军崖岩画的图像统计与分析 / 35

　　四、将军崖岩画的制作方法 / 43

第二章　将军崖岩画的生态历史背景研究 / 46

　第一节　连云港地区古生态环境 / 50

　第二节　连云港地区的生态变迁 / 55

　第三节　连云港地区生态环境的多样性与史前文化的多元性 / 60

　第四节　岩画的空间场域与选址 / 64

　　一、岩石、山及其神圣性 / 65

　　二、"圜丘""高山之下，小山之上"与将军崖岩画的区域位置 / 69

第三章　将军崖岩画的测年分析 / 72

第一节　岩画测年的源流、发展及其意义 / 73
第二节　岩画微腐蚀断代的方法及其实践 / 77
  一、岩画微腐蚀断代的创始人罗伯特·贝纳里克 / 78
  二、岩画微腐蚀断代的方法来源及其原理 / 79
  三、微腐蚀断代在中国的实践发展历程 / 83
第三节　将军崖岩画微腐蚀断代分析 / 85
  一、2014 年将军崖岩画的微腐蚀断代分析 / 90
  二、2015 年将军崖岩画的微腐蚀断代分析 / 95

第四章　将军崖周边地区岩画及遗址研究 / 101

第一节　将军崖周边地区岩画的分布及其比较 / 104
  一、蜘蛛山岩画 / 106
  二、刘志洲山岩画 / 109
  三、大伊山岩画 / 111
  四、羽山岩画 / 113
  五、磨山岩画 / 114
  六、狮子山岩画 / 116
第二节　将军崖周边地区石器时代遗址的分布及其关联性 / 119
  一、连云港地区旧石器时代主要遗址 / 121
  二、连云港地区新石器时代主要遗址 / 132
第三节　将军崖岩画所在区域的考古学文化类型分析 / 141
  一、凤凰岭文化、后李文化、北辛文化与将军崖岩画 / 142
  二、青莲岗文化与将军崖岩画 / 144
  三、大汶口文化与将军崖岩画 / 149
  四、龙山文化、岳石文化与将军崖岩画 / 152

第五章　将军崖岩画主要"类型"分析 / 155

　　第一节　将军崖岩画主要类型之一——人面像 / 155

　　第二节　将军崖岩画主要类型之二——太阳图像 / 163

　　第三节　将军崖岩画主要类型之三——凹穴 / 167

　　第四节　将军崖岩画主要类型之四——方格纹 / 171

第六章　将军崖岩画的意涵研究 / 176

　　第一节　将军崖岩画第一组意涵研究 / 179

　　　　一、网纹形人面像 / 180

　　　　二、禾苗图像 / 186

　　　　三、网纹形人面像与禾苗图像之关系 / 191

　　　　四、将军崖岩画第一组意涵分析 / 193

　　第二节　将军崖岩画第二组意涵研究 / 194

　　　　一、"M"形人面像 / 195

　　　　二、"M"形人面像中的要素——露齿 / 196

　　　　三、天体岩画 / 198

　　　　四、将军崖岩画第二组意涵分析 / 202

　　第三节　将军崖岩画第三组意涵研究 / 202

　　　　一、类人面形人面像 / 204

　　　　二、将军崖岩画第三组意涵分析 / 204

　　第四节　将军崖岩画第四组意涵研究 / 205

　　　　一、"石社"祭祀遗址及其意涵 / 206

　　　　二、从"石社"与"血祭""酒祭"习俗窥视"杯状穴"岩画之功用 / 212

　　　　三、将军崖岩画第四组意涵分析 / 214

　　第五节　将军崖岩画第五组意涵研究 / 215

　　　　一、人祖形人面像 / 216

二、将军崖岩画第五组意涵分析 / 219

第六节　东夷文化与将军崖岩画 / 220
　　一、东夷的时空区位与将军崖岩画 / 223
　　二、"立石为社"与将军崖岩画的"石社"祭祀 / 225
　　三、太阳、星象、时间体系与农业崇拜、祖先崇拜 / 226
　　四、从东夷族的鸟崇拜窥视将军崖岩画中的"人面"
　　　　与"鸮面"之争 / 228

第七节　将军崖岩画综合分析 / 233
　　一、游群、氏族、酋邦、国家与将军崖岩画的图像
　　　　演进 / 235
　　二、从狩猎采集到农耕社会的发展与将军崖岩画意涵
　　　　的流变 / 237
　　三、从巫术信仰到宗教雏形的建立与将军崖岩画祭祀
　　　　体系形成的关系 / 240
　　四、交流与融合及汇入先商文明 / 244
　　五、从"图史互证"谈岩画的图像研究 / 246
　　六、岩画阐释与地方文化认同和文化构建 / 248

后　记 / 251
附　录 / 254
参考文献 / 296

第一章 将军崖岩画概述

> "遂古之初,谁传道之?上下未形,何由考之?冥昭瞢暗,谁能极之?冯翼惟象,何以识之?"①
>
> ——屈原《天问》

英语岩画"rock art"一词18世纪译自德语岩画"Felskunst"一词,到了19世纪,由于考古学家如贝尔佐尼(Belzoni)诸人的大力推广,才变成了一个专业用语。从整个世界的角度来看,岩画最初被认识是在16世纪末。1598年,巴西人安布罗西亚·费尔南德斯·布兰多(Ambrosio Fernandes Brandao)首先认识和著录了巴西岩画;稍后于1627年,一位名叫彼得·阿尔弗逊(Peder Alfsson)的挪威人,发现了瑞典岩画。②尽管这两地岩画首次被人调查,并正式报道了他们的发现,但这并不意味着岩画研究的滥觞。直到19世纪末20世纪初,法国史前学家步日耶(Abbe Henri Breuil)、勒鲁瓦-古尔汉(Leroi-Gourhan)等人对坎特布里安地区(Cantabrian Mountain)旧

---

① 《楚辞》,林家骊译注,北京:中华书局2015年版,第80页。
② Bednarik, G. B., *Rock Art Science: the Scientific Study of Palaeoart*, New Delhi: Aryan Books International, 2007, p.10.

石器时代晚期洞穴岩画进行专业调查和研究，才意味着对岩画进行科学研究的开始。① 岩画在西方也被称作"cave art""rock carvings""rock engravings""rock inscriptions"等，在中国目前一般称为"岩画"，20世纪八九十年代的著作中偶见称为"崖画""石刻""岩石地画""巫画"。岩画又可以分为岩刻和岩绘两类：其中petroglyph指岩刻类岩画，pictographs指彩绘类岩画，将军崖岩画就是典型的岩刻类岩画。

最古老的岩画可以追溯到旧石器时代晚期（upper palaeolithic），在欧洲、澳大利亚和非洲均有发现，岩画研究作为考古学的一个分支，肇始于19世纪晚期法语学者（francophone scholars）对欧洲西部旧石器时代晚期洞穴岩画的系统研究。岩画对于世界许多地方的人来说都非常重要，他们把岩画看作神圣之物，岩画也是他们重要的文化遗产之一。② 目前，岩画被认定为联合国教科文组织（UNESCO）世界遗产的国家有中国、法国、意大利、印度、阿塞拜疆、蒙古、利比亚、挪威、瑞典、坦桑尼亚、西班牙、葡萄牙、墨西哥、马拉维、保加利亚、哈萨克斯坦等国。③ 岩画是一种全球性的现象，在世界不同地区的文化中都有发现，岩画的创作贯穿于人类的整个历史进程，许多民族志资料上把岩画作为仪式产物的一部分。岩画作为一个学科引起人们广泛的注意是在20世纪末期，大卫·惠特利（David S. Whitley）称其为"革命"（revolution）；在这一时期，大量以英语为母语（anglophone）的考古学家和拉丁美洲的考古学家

---

① Anati, E., *World Rock Art: the Primordial Language*, Capo di Ponde: Edizioni del Centro Camuno di Studi Preistorici, 1994, pp.15-16.

② Whitley, David S., *Introduction to Rock Art Research*, California: Left Coast Press, 2005, p.1.

③ 来自联合国教科文组织官方网站：http://whc.unesco.org/。

开始把注意力转向岩画。他们认识到岩画可以被用来理解象征、宗教系统、性别关系、文化边界、文化演变、艺术起源和信仰。岩画作为早期人类对世界观和自我的表达，狩猎和食物采集表征出了当时人们的生活方式；武器、工具及其他器物表征出了当时人的技术能力；一些表现神话和信仰的图像根植于当时人的精神世界和对人、自然、超自然关系的认识。岩画的研究会使我们对人类历史的构建、特定族群文化的认知产生重要的影响，所以，对岩画的"阅读"是我们探知史前文化方方面面的一个通道，它承载着人类初期的历史和记忆。

对于岩画研究而言，方法论的探讨在每个时代所关注的主题都各有侧重；20世纪初期，对于岩画的研究主要关注其产生的动力问题，也即艺术的起源问题：狩猎巫术、萨满教、交流、教育、图腾崇拜被广泛讨论。随后，岩画研究转向史前艺术与部落艺术之间的比较研究。大约20多年之后，艺术风格成为讨论的主题，断代问题也引起了初步的关注，一些学者开始关注岩画的分期，以及风格与年代之间的关系；但埃马努埃尔·阿纳蒂（Emmanuel Anati）指出：所有这些研究范式都只是限制在某一地区，在世界范围内并未形成岩画研究的科学方法论。20世纪六七十年代以来，岩画的研究以"技术"为基础，主要对岩画年代进行科学的判定、岩画的意义进行阐释。1993年第二次世界岩画简报由国际古迹遗址理事会（ICOMOS）公布（第一次为1983年联合国教科文组织公布的世界岩画简报），其主要内容是讨论岩画作为一个世界性的现象，是人类前文字时代的文化遗存，简报着重关注了岩画的原型（archetypes）和其作为世界性的原初语言所具有的意涵。岩画中有很多共同的要素出现在世界不同的岩画区，如岩画在认知模式、逻辑关系及组成方式上，其基本的语法和句法结构在世界范围内呈现出一定的共性。

在中国，关于岩画的最早记载可追溯至北魏地理学家郦道元《水经注》中关于阴山动物图形的描写："山石之上，自然有文，尽若战马状，粲然成著，类似图焉，故亦谓之画石山也"。（在20世纪70年代内蒙古地区岩画调查中，盖山林先生按图索骥，根据《水经注》中郦道元对岩画的著录，在阴山地区发现了诸多岩画。）而中国近代科学意义上的岩画研究始于1915年黄仲琴对福建华安汰溪仙字潭岩画进行调查并发表《汰溪古文》，至今，中国岩画的调查研究已经有100余年的历史。内蒙古阴山、宁夏贺兰山、新疆呼图壁、河南具茨山、广西左江、云南沧源等众多岩画都是我们的历史瑰宝，是了解中国上古历史、宗教、经济生活的要素之一。就岩画研究的方法和分析角度而言，主要有三类：第一类是岩画与考古学结合，通过岩画与周边出土文物的比较，对岩画进行阐释，如王建新岩画、墓葬、遗址"三位一体"的研究法；张建林在对西藏岩画的研究中对折线岩画与周边出土的考古文物的比较；李仰松、汪宁生借用民族考古学的方法对西南岩画的研究；李仰松根据石器时代彩陶的色彩制作工艺，探讨了花山岩画的颜料和绘画技术，根据周边的悬棺葬探讨了花山岩画的制作方法，根据地方民俗探讨了花山岩画的意涵，根据族属关系认定花山岩画为骆越人遗作，并结合羊角钮钟、环首刀等周边出土文物把花山岩画的创作时代定位在战国晚期至两汉，所属社会的性质为原始社会末期的军事民主制。第二类是人类学与岩画的结合，如汤惠生用结构主义和二元对立对青海岩画的研究。第三类是艺术学与岩画的结合，如张亚莎基于图像分析和社会历史文化对西藏岩画分类与分期的探讨。这三类从不同学科的理论研究范式对岩画进行了阐释。

第一节　将军崖岩画的研究背景

将军崖岩画位于江苏省连云港市海州区锦屏山西南侧，位于沂沭河流域的末端和马陵山余脉附近，东为云台山系和黄海。将军崖岩画历史悠久被称为"东方天书"。虽当地村民早已熟知但并未将其视为文化遗产，直到1979年末将军崖岩画才由当地考古部门上报，并于1981年由连云港市博物馆发表了将军崖岩画的考古调查简报，1988年列为全国重点文物保护单位。将军崖岩画的研究时间并不长，从1979年发现至今对将军崖的研究主要集中在以下几个方面：

一、将军崖岩画的发现及其年代

自1979年将军崖岩画发现以来，时任连云港文保所所长的李洪甫对将军崖岩画遗迹进行了调查。2010年中央民族大学岩画研究中心联合连云港重点文物保护研究所采用PIMC技术对将军崖岩画进行了三维数据采集，这是该项技术在国内岩画调查中的首次应用，并构建起了全国第一个用PIMC技术采集的立体岩画遗址三维传真数据库。

在发现之初，对将军崖岩画进行间接断代的有苏秉琦、吴汝祚、史树青、李学勤、俞伟超等。他们根据岩画的图像及周边的考古遗存把将军崖岩画的年代断定为距今3000年左右的殷商时代。2005年，北京大学中国考古研究中心李伯谦到连云港现场考察将军崖岩画，他认为将军崖岩画的时代距今至少7000年，或更早。（根据图像分析及与河北易县北福地新石器时代早期遗址陶人面的比较。）连云港当地学者李洪甫、高伟从民俗学、古天文学以及周边文化遗迹等方面综合考证，认为将军崖岩画距今 8000—10000 年之间。在直接断代方面，2005 年汤惠生通过微腐蚀断代对将军崖进行了年代学研究，测定凹穴距今 12000 年、石棚距今 6000 年、人面像距今 4500—4300 年。并从年代上推断基岩凹穴与桃花涧旧石器晚期的细石器文化在时间上一致，石棚在大汶口文化晚期，人面像大致在青莲岗文化晚期。2014 年 7 月，罗伯特·贝纳里克（Robert G. Bednarik）、吉日拉吉·库马尔（Giriraj Kumar）、汤惠生和笔者再次用微腐蚀对将军崖及其周边的岩画点和有准确纪年的题记进行了断代。

二、将军崖岩画的构成要素及其比较

将军崖岩画共分为五组，其中第一组到第四组位于"小山包"的岩面上，山包面积约 300 平方米。第五组位于前四组后山顶部大石的垂直岩面上，岩面面积约 10 平方米。将军崖五组岩画涵盖了不同类型的图像：涉及人面像、凹穴、太阳纹、方格纹、稻米图形等多种岩画符号。自将军崖发现以来，对其研究主要集中于人面像及其稻米岩画、凹穴（常称为"星象图"）。

关于将军崖人面像的研究。人面像的研究一直以来都是将军崖岩画研究的关注点，当地学者周锦屏、李洪甫、高伟对将军崖人面像的观点基本一致，认为其所表现的是祖先崇拜，也表征着农业文明。岩画学者宋耀良认为将军崖上的人面像为东夷族所作，是中国人面像岩画的起源。岩画学者张亚莎在对中国人面岩画文化的研究中，认为中国的人面像岩画分布呈线形，东线即东部沿海一带，北线横贯内蒙古，西线即从内蒙古到宁夏；人面像岩画的创作者很可能是原居于江苏、山东从事原始农耕的东夷人，人面像岩画因东夷人的迁徙而发生长时间及长距离的传播,给人一种规模宏大的假象①;即中国的人面像岩画起源于将军崖。此外,涉及将军崖人面像岩画的还有陈兆复对中国黑龙江流域,美国阿拉斯加,加拿大魁北克省北部,中国台湾万山、宁夏贺兰山、内蒙古桌子山以及将军崖就人面像的特征和意涵进行过阐述和比较分析。宋耀良对人面像传播路径展开研究;李祥石对贺兰山和将军崖的人面岩画进行比较研究;朱利峰把将军崖人面像置于整个中国人面像和环太平洋人面像的系统之中进行研究,阐述了将军崖人面像在其中的地位和独特性。此外,阿纳蒂在为《中国岩画发现史》撰写的序言中,专门提及人面像岩画,认为环太平洋人面岩画可能源自亚洲。

关于将军崖上凹穴岩画的研究。主要有陆思贤将其释读为太阳神象和天文图。高伟对其释读为女阴崇拜,之后,高伟对将军崖凹穴岩画的释读转向为星象崇拜说。王玉民根据凹穴的排列释读为对远古星象的直接描摹。他们认为将军崖岩画中的凹穴图形大小位置都与当时的星象能够对应,崖壁上方的石头也是祭天的神物,表达了原始先民对上天的崇拜,并与观象授时、制定历法、岁时祭祀相联系。此外,国内关于凹穴岩画研究的资料并不丰富,研究主要集中在河南地区。汤惠生在论文《凹穴岩画的分期与断代》《玦、阙、凹穴以及蹄印岩画》中对将军崖有所涉及。高业荣在对台湾凹穴岩画的研究中与将军崖进行了概要的比较。

在图像比较的层面,高伟把将军崖与贺兰山的人面像在制作工艺、主题和年代等方面进行了比较,得出"将军崖岩画是农业文明的反映,而贺兰山岩画是游牧文明的反映"这一结论。李洪波把将军崖岩画与花山岩画相比较,认为将军崖岩画和花山岩画都反映了

---

① 龚田夫、张亚莎:《中国人面像岩画文化浅谈》,载《中央民族大学学报》,2006年第3期,第67—74页。

农业文明，并与图腾崇拜和宗教祭祀活动相关。在传播路线比较层面，宋耀良通过将军崖人面像的风格分析，得出中国人面岩画起源于将军崖的论点，并分为三条线路进行了传播，一条线路经内蒙古阴山传播至贺兰山；一条线路经赤峰、白令海峡或阿留申群岛传播至北美洲西海岸；一条线路沿中国东部海岸线向南传播，至福建仙字潭，一直到香港、台湾地区；并对东南亚地区的岩画产生了影响。岩画专业博士孙晓勇通过考古学的间接断代和类型分析，认为西辽河流域的岩画早于将军崖岩画，传播路径应为由西辽河传播至连云港将军崖。宋耀良在谈传播的问题时，主要以图像和周边考古遗存为依据来进行推测；孙晓勇则侧重于传播路线上岩画点各自相对应的考古遗存的年代，以此来推判岩画的时间顺序和风格流变。

三、将军崖岩画的族属研究与意涵阐释

关于将军崖岩画的族属研究，俞伟超、刘锡诚以及连云港地方学者李洪甫、高伟等都认为将军崖岩画是东夷民族的留存，他们认为将军崖遗址为史前先人祭祀之场所，而其上的人面像反映了古东夷人的神灵信仰观念。虽然有学者认为从整个连云港的视角而言，史前连云港文化属于东夷文化的范畴，东夷史前文化的各个阶段在连云港都能找到相关的遗址或遗迹，总体上而言，将军崖属于东夷文化在学界基本无异议，但需要更深入细致的研究。

在将军崖岩画的意涵阐释方面，学界主要以农业文明、石社祭祀等为主流观点。其中，稻米图形是农业文明的直接反映，星象图与天体崇拜皆与农时相关，崖上的"一大三小"四块石头被认为是土地崇拜的遗迹"社"。此外，这一地区"汤谷""扶桑"等有关太阳崇拜的传说也进一步延伸至农业文明的体系。具体而言，俞伟超认为将军崖岩画不仅是目前发现的我国最早的一处岩画，而且是反映3000年前我国东夷部落生产和生活的画面。后来俞伟超先生将岩

画推定为3000年前殷商之际东夷部落的社祀场所。陈兆复通过图像分析认为："农作物的图像在岩刻中出现，表明当时的人们已经从事农耕。人面像与农作物紧密相连，如同植物的花蕾和果实，这是把植物人格化了，可以看作是先民们祈求丰收、崇拜谷物神的形象记录"。① 连云港本地学者李洪甫对将军崖及其附近新石器时代的遗迹与原始农业的关系进行了论述，关于将军崖岩画上的类稻米图形，常与水稻起源、连云港地区原始农业的出现及海岱地区史前稻作农业相联系。

四、将军崖岩画的保护

1990年，中国地质大学应用地球物理系为了查明将军崖岩体和覆盖层下部基岩的裂隙病害，采用浅层折射波法优化系统提高了对微小裂隙的分辨率和定量解释的精度。此外，由于将军崖山体下有丰富的磷矿资源，在早年的开山取矿中山体内部遭到挖掘使得将军崖下方山体面临空塌危险。为了保护将军崖岩画的原貌，在对山体加固时使用了大预应力锚索技术，加强了整个崖面的稳定性。在防风化方面，2005年将军崖岩画用有机硅聚合物化学材料对岩体进行了防风化处理，有效防止了岩石表面的剥落。由于本书不涉及岩画本体的保护与相关技术的应用，所以在此只做相关研究的介绍不做评述和深入讨论。

还需单独提及的是，到目前为止，关于将军崖岩画的研究共有三本专著和一项课题：李洪甫、武可荣于1990年出版的《海州石刻——将军崖岩画与孔望山摩崖造像》对将军崖和孔望山的基本信息和图像进行了介绍。高伟于2007年出版的《刘志洲山岩画迷踪》把将军崖及其周边岩画点释读为星象崇拜，同时提及了周边考古遗

---

① 陈兆复：《中国的人面像岩画》，载《寻根》，1994年第2期，第26页。

存及刘志洲山的历史和传说。他2009年出版的《东方古星象岩画研究》是对以将军崖为主的连云港地区岩画与星象崇拜之间关系更为深入的对应和研究。汤惠生主持的江苏省哲学社会科学研究"十五"规划基金项目课题《通天巨石——以江苏连云港将军崖史前岩画遗址为中心》论及巨石文化、凹穴与人面像，并用二元对立思想对将军崖岩画与石棚进行了释读。

虽然将军崖岩画仅300余平方米，清晰可辨的单体图像百余个（不计"浅凹穴"），但却万言难尽其意，这也是岩画作为史前遗址研究所面临的综合性和跨学科性所致。台湾中正大学的郭静云先生曾言"我们若仅以单一方法进行研究，犹如仅从一个角度观察事物，成功将相当有限，且可能造成不同角度之间的矛盾……关于上古信仰的考证包含对考古文物、传世神话、古文字等多重证据进行互相参照和补正研究。上古信仰经过数度分合、思想化、形式化、怀疑、否定、重新承受、重新认知的演化过程，从而奠定中国传统之基础。只有一条一条地搜集不同时代的资料，并循着演化之路线，才可以厘清历代观念的演变。通过不同时代资料的详细对照、研究，从近看远，从远看近；从源头观察不同时代的发展结果，而从不同时代的思想回到其源头。这才是跨学科并将史料置于历史脉络的研究方法[①]"。在岩画的意涵阐释中，对图像释义的推理仅是一个系统中可变因素的不断结合，并衡量同一系统中可变因素的相应变化；随着"空间"和"时间"的斗转星移，系统中任何因素的变化都会导致其他可变因素发生相应的变化，所以在对岩画的阐释中我们必须把握作为生态环境的空间和以严谨的年代学研究为基础的时间，这两条脉络是建立岩画阐释的基础；也即对岩画的阐释要置于其创作的

---

① 郭静云：《天神与天地之道：巫觋信仰与传统思想渊源》（上），上海：上海古籍出版社2016年版，第10页。

原生环境之中。此外，我们还要了解史前的经济形态、文化模式和仪式实践（ritual practices）才能对图像进行相对准确的释读，理解岩画在创作它的环境中的意义以及在整个系统中是如何运作的。

阿纳蒂曾说：岩画的"每个图形都是一种深思熟虑的创造，同时传达出某种信息，所有这些集中在一起构成了人类4万年历史的一系列的记录资料。……岩画点亮了人类漫长的历史进程"[①]。岩画是人类历史文化中重要的一部分，也是解读史前人类物质生活和精神生活的通道之一；从阿尔塔米拉岩画的发现和现代科学意义上的岩画研究建立至今160多年来，前人丰硕的研究成果给我们留下了宝贵的财富；具体到将军崖岩画而言，虽然发现至今只有30多年的时间，却是东部沿海地区最为重要的岩画点之一，北上与内蒙古的阴山系统、宁夏的贺兰山系统相关联，南下与福建漳州的仙字潭岩画、台湾万山岩画相关联。此外，其凹穴岩画与中原的岩画系统关系紧密。虽然将军崖岩画面积不大，但画面信息极为丰富，岩画刻制时间跨度长，无论是从将军崖本体而言，还是基于对岩画方法论的讨论，将军崖岩画在中国岩画系统中都具有极高的研究价值。在将军崖岩画的研究历程上，留下了阿纳蒂、罗伯特·贝纳里克、苏秉琦、吴汝祚、俞伟超、宋耀良等学者的名字，他们探索和积累下的研究成果，是我们今天从事研究的基础和前提，我们将沿着他们的足迹寻找岩画研究中的"罗塞塔石"（Rosetta Stone）。

---

① ［意］埃马努埃尔·阿纳蒂：《世界岩画——原始的语言》，见中国岩画研究中心编：《岩画》（第一辑），陈兆复译，北京：中央民族大学出版社1996年版，第6—7页。

第二节　将军崖岩画的调查

一、将军崖岩画的地理位置及其发现

将军崖岩画位于中国的东部沿海，地处江苏省连云港市海州区锦屏镇桃花村的锦屏山（图1-1），连云港面向连岛、背倚云台山、东临黄海，位于鲁中南丘陵与淮北平原连接处，境内地势由西北向东南倾斜，境内有云台山、锦屏山、马陵山、羽山等山脉，平原、丘陵、高山、大海兼具。连云港古称"海州"，秦始皇统一中国后，于公元前212年在海州建朐县、立石阙，作为"秦东门"。于东魏武定七年（549年）始称海州，自秦汉以降，海州一直是海、赣、沭、灌地区乃至周边更广阔区域的政治、经济、文化中心，素有"淮口巨镇""东海名郡"之称。左丘明在《左传》中记载，孔子"问官于郯"后，前往海州观海，当时他望海的山头便称为孔望山。《海州志》："今孔望山上仍残存一个（孔丘）问官台"。《嘉庆海州直隶州志》："秦始皇冬巡至此。"郑樵的《通志·金石略》记载："海州有始皇朐山碑。"《太平寰宇记》："始皇立石朐界中，以为秦东门。"从史料记载可知，锦屏山下的海州千百年来，一直是海州郡、县的中心城市，庙宇林立，古迹繁多。将军崖岩画就位于海州古城的南侧，共有五组：第一组、第二组、第三组、第四组位于锦屏山南侧凸起的半圆形岩体之上。岩体岩质为混合花岗岩，其南北长23米、东西宽15米。其地理坐标为：34°53′26.995″N、119°13′11.999″E，海拔23米。第五组位于第一至第四组所在的半圆形岩体上方东偏南的一块独立凸起的南北走向岩石的西壁上，地理坐标为：34°53′16.048″N、119°13′25.456″E，海拔47米。第五组与前四组的直线距

离为180米，垂直高差24米。根据当地民间的口头传说，曾经在凸起的半圆形岩体东南侧有一石棚，在石棚的垂直岩面上刻有一幅"将军骑马"的岩刻，刻画了一身穿战袍的男性骑在马上回首张望，这就是"将军崖"名称的由来。①"将军骑马"图在20世纪50年代开山采石时被炸毁，其具体的图形和刻画年代已无从考证，但这一名称沿用至今。

将军崖所在的锦屏山，东临西盐河、西靠蔷薇河，东西长5.4千米，南北长4.5千米，总面积32.384平方米。山体主峰马耳峰，海拔427.7米，为锦屏山最高峰。锦屏山在古代称为朐山，其得名于秦代所设立的朐县。在刘兆龙《海州志》中记载："明天启五年（1625年）知州翁承选改其名为青龙山"。清康熙十三年（1674年），因近看山体陡峻，绿树葱郁。远看蜿蜒起伏，宛若墨黛，颇有山水画屏之意境，故知州孙明忠称："此山列于州治之前，花草秀发，似锦屏然"，因而改名"锦屏山"。现今，在海州古城居住的人们，也习惯称其为南大山或后海州山。锦屏山由青龙山、孔望山、朐山头、磨盘山、石棚山、蜘蛛山南、白虎山、前小山、刘志洲山、哑巴山和锦屏山主山体，共37座山头构成。在山体之间有20多条沟壑，主要有青龙涧、白鸽涧、桃花涧、千条涧、夹山涧、二涧、托山涧、九龙涧等。锦屏山共有17块山麓台地，在海进时，海平面较高，沿山台地是人们定居的优选场所，所以这一区域人文遗迹丰富，不仅在将军崖发现有比较集中的岩画，在白鸽涧、二涧也有凹穴岩画发现。此外，在锦屏山的沟壑中还陆续发现了桃花涧遗址、二涧遗址、蚂蟥涧遗址、酒店遗址、夹山遗址、陶湾遗址、马腰岭

---

① 由于"将军骑马图"已泯然于历史之中，目前只能从当地老年人的描述中获知一二，所以尚无法证实其属于岩画的范畴还是属于历史时期石刻造像。但这一遗址因其而得名并沿用至今。

遗址、尾矿坝遗址、千条涧遗址等历史遗存。

关于将军崖岩画的发现，可追溯到1979年连云港市博物馆工作人员李洪甫、刘洪石、丁义珍、周锦屏在锦屏山下做桃花涧遗址的发掘。当时在桃花涧发现一个4米长、约1.67米宽的岩面上有几个手握长矛的人像，当时博物馆的工作人员发动群众，提供桃花涧周围的文物线索。村民胡宝山向时任锦屏镇桃花大队的大队书记的顾良玉反映了将军崖岩画的情况，顾良玉随后将之上报到市博物馆，此为锦屏山将军崖岩画的正式发现。将军崖上有一个由"一大三小"四块石头组成的石社，当地居民认为其是具有神性的。20世纪50年代修建磷矿时曾被附近的村民运到山下加以保护而免遭开采破坏。

1980年7月，考古学家俞伟超考察连云港孔望山摩崖造像期间，听闻将军崖岩画的发现，前往调研并指出："这是一处重要的历史遗存，这是一次重要的发现。它不仅是目前发现的我国最早的一处岩画，而且是一处反映3000年前我国东夷部落生产和生活的画面。"① 由此，将军崖岩画引起学术界的广泛关注。

1981年4月4日，人民日报刊发文章《连云港市发现三千年前的岩画遗迹》："经讨论鉴定，专家们一致认为这是我国一项难得的重大发现，对历史学、考古学、民族学、艺术史的研究具有重要价值"②。由此，将军崖岩画被广泛知晓并引起关注。同年4月，国家文物局古文献研究室召开了首次将军崖岩画拓片展示和专家鉴定会，并在将军崖岩画周边建立了围栏进行保护。

1993年，连云港市文物保护研究所对将军崖实施了大预应力锚索加固。这其中的缘由要从锦屏山的磷矿谈起，锦屏山中蕴藏着丰

---

① 引自俞伟超连云港考察记录资料，由连云港市重点文物保护所提供。

② 《连云港市发现三千年前的岩画遗迹》，载《人民日报》，1981年4月4日。

富的磷矿资源和片麻岩、片麻花岗岩等。在10亿年前的早寒武纪时期，锦屏山地区为广阔的浅海，古老而大量的海底沉积物经过前震旦纪变质岩过程形成了丰富的磷灰石磷矿。磷矿带环绕锦屏山西、南、东侧山麓长达13千米。随着将军崖岩画的发现，展开了文物保护与经济生产之间的博弈。锦屏磷矿始建于1919年，是中国建设最早的磷矿，基于将军崖岩画的保护需要，1982年锦屏磷矿停止了对将军崖山体下方200万吨优质矿石的开采。2004年，整个锦屏磷矿停产关闭，现已成为连云港市的工业遗产。而原已形成的采空区坍塌和采矿爆破震动，是引起将军崖岩画地表多条裂隙产生的主要原因，江苏省地矿局测绘大队和中国地质大学水文地质系分别于1987年和1989年的两次实测显示，仅三年的时间将军崖上的裂缝就由11条增加至19条，将军崖地表每月的沉降速度达0.6毫米，测得最大的沉降点位20毫米。为了防止将军崖岩画的断裂和塌陷，1993年由南京工程兵学院负责施工对将军崖岩画进行了大预应力锚索加固。

1997年4月，桃花涧景区建成，将军崖岩画作为其中一处景点对外开放。如图1-1是锦屏山、将军崖的初秋景色，锦屏山拍摄视角在将军崖西400米处，照片下部的绿色植物原为磷矿的塌陷区。由于开采磷矿和开山采石，现在锦屏山及其附属的刘志洲山、蜘蛛山、哑巴山、石棚山等植被稀疏、岩体成片裸露。

2005年9月17日，将军崖岩画防风化保护工程正式启动，采用有机硅材料对岩体进行防风化处理，并于10月25日保护工程竣工。这有利于控制和避免由于受到锦屏山岩质自身条件、气候环境以及工业活动等因素而导致的将军崖岩画出现剥落等严重的风化现象。

2006年4月，连云港市文物管理委员会在将军崖铺设了木栈道以方便游人观看，并于2012年9月进行过第二次修缮。将军崖岩画自发现以来由海州区锦屏山管委会负责日常管理，直到 2014 年 11 月，由连云港市城市建设投资集团（国有控股）接管，对景区进行统一管理。同时，将军崖岩画作为国家文保单位由江苏省连云港市重点文物保护研究所监管。

图 1-1　连云港市锦屏山、将军崖的初秋①

在考察中，对将军崖岩画的发现者和看护人当地居民胡宝山进行了访谈，胡宝山家在将军崖山后，从 2000 年开始，负责将军崖景区的日常看护。据他本人回忆在将军崖划归为景区进行统一管理之前，逢年过节会有人到将军崖烧纸，在建立保护栏之后还有人专程赶来在保护栏外烧纸祭拜。一般在春节之后祭拜的人最多，并有浙江人专程赶来焚烧祈福，其烧纸的目的大多为保佑家中儿童免除病害。在连云港地区有一些在当地称为"仙奶奶"的老年人，会指点生病小孩的家人去将军崖焚纸供香及食品酒水祈愿，根据对当地的民俗调查，民间对将军崖岩画的祭拜形式基本和当地拜"石干妈"的习俗相似。

---

①　本书中出现的图片未注明图像来源的皆由笔者拍摄。拍摄于各地区博物馆的相关图像资料，仅在图片下方注明所摄地点（即文物的馆藏地）。

二、将军崖岩画的分组及其画面内容

据当地老人回忆，在将军崖上还有一组"将军骑马"图和"小人像"；由于在开山采石中已被炸毁，且没有留下影像资料，所以对此幅岩画只做简单的介绍，以还原被炸之前将军崖的原貌，不做理论上的探讨。按照先前将军崖岩画研究的学术惯例，将军崖岩画共分为五组，第一组、第二组分别位于将军崖小山包的西侧和南侧；第三组、第四组位于山包的顶部平缓岩面上，其中第四组还包含了"一大三小"四块岩石组成的"石社"；第五组位于将军崖后山的山顶。本书在已有的分组、分类的基础之上，结合近期对将军崖的实地调查，对图像进行了重新的梳理，以目前可清楚辨识的图像为主要讨论范畴。此外，需要说明的一点是，之前研究将军崖岩画的当地学者根据岩画的造型对岩画进行了人面、神面、兽面和鸟面的区分。由于画面背后的历史文化意涵还有待于探讨和研究，本书对此类图形统一使用"人面像"一词，对应于英文的"mask"或"human face"。在这里，"人面像"成为一个更为广义的概念，即所有具有面部特征的图形的统称。

1. 将军崖岩画第一组

将军崖岩画第一组位于山体的西侧岩面之上，斜面成45°。画面南北长4.2米、高2.8米，线条的深浅、宽度不一。画面中共有人面像16个、禾苗图像14个、太阳图像1个、米字符2个以及多个凹穴。

各图像具体信息如下：

R1① 人面像的高度为 59 厘米。人面像中心线部分高出头顶 8 厘米，整个人面像的高度为 126 厘米，其中人面像与禾苗相连部分的垂直高度为 58 厘米，人面像最宽处 50 厘米；前额部分的高度为 24 厘米，面部为 34 厘米；眼睛是同心圆，脸部的左侧有 3 条刻痕，右侧有 2 条刻痕；额头部分有 8 条垂直刻痕，其中第四条是作为中心线，上高至头顶，下与禾苗 1-H2 相连。

图 1-2 将军崖岩画第一组全景图

R2 是本组中最大的一个图像，总长度为 90 厘米，总宽度为 80 厘米，其中上额部分高 32 厘米。穿过额线有四个均匀分布的双边菱形，菱形的最大高度为 17 厘米，单个菱形的宽度约为 15 厘米。其眼睛为双刻线分别与面部的外轮廓相连，鼻子为倒三角形，左侧脸颊有 3 条竖刻痕和 1 条与其交叉的横刻痕，右侧脸颊 2 条竖刻痕。R2 与人面像 R3 的额头部分是相互连接的，R2 与 R3 虽然没有共用刻痕的现象，但在视觉上形成了一个具有连续性的图形。

R3 与禾苗 H5 相连，含禾苗的总高度为 111 厘米、宽度为 37 厘米。头顶纹饰部分高度为 11.5 厘米、纹饰以下的面部高度为 30 厘米，纹饰部分为渔网纹，两个方向的斜竖线各 5 条，线条的间距基

---

① 本书图像编号方式为：组-人面像（R）/禾苗（H）/太阳（T）/符号（F）/凹穴、同心圆（A）-数字。例如：将军崖岩画第一组第三个人面像：编号为 1-R3。将军崖岩画第二组第三个太阳纹：编号为 2-T3。方格纹、米字符等其他抽象符号归为符号类；凹穴的编号为组-A，不进行数字顺序的排列。全书编号皆按此方式进行标注。另外，在部分图片中，一个图标含有多个图片，需要对单个图像进行解释说明的，按图片的顺序在图片下方依次标注 A、B、C 等。

本相等，线条相互交叉形成菱形。眼睛为同心圆，面颊部位有多条刻痕，左侧面颊有 8 条刻痕，右侧面颊有 9 条刻痕，左右基本呈对称状。总体而言，R3 刻痕最宽处为 3 厘米，最深处为 2 厘米，人面像 R3 的刻痕均深于人面像 R2。

图 1-3 将军崖岩画第一组线描图①

R4 位于画面的底部，现已斑驳不清。且造型风格与本组其他人面像差异较大。

R5 位于 R2 与 R3 的相交位置，图形较为抽象，现已斑驳不清。

R6 高度为 38 厘米，眼睛为同心圆，画面基本呈左右对称，没有中心线。眼睛部分已模糊。

R7 高度为 39 厘米，宽度为 36 厘米，与禾苗 H8 相连，呈倒像，眼睛为同心圆。刻痕已经不清，但总体上可以看出呈对称状。

R8 高度为 12 厘米，宽度为 15 厘米，眼睛为同心圆。底部有刻痕与 R15 相连，有类似鼻、嘴的造型，形似骷髅。

---

① 图像由高伟根据拓片绘制，本书基于对图像的研究和意涵的阐释对图像编号进行了重新编排，如原图像区分了人面像、鸟面、兽面等内容；基于本书所用"人面像"一词为目前国内岩画学界对其约定俗成的广义意涵，即具有面部特征的岩画图像。故本书此类图像的编号，同一用人面像。且基于笔者认为对于岩画的研究中区分人面像、鸟面、兽面还需要更多的有力证据之支持，这是重新调整图像编号的原因之一。

R9 高度为 76 厘米，宽度为 64 厘米，其人面的中心线与禾苗 H11 相连，眼睛为同心圆，额头向两个方向分别均匀地分布着 7 条刻痕，并相互交叉形成渔网状，面部有纵横交错的线条。

R10 整个人面类似于菱形，高度为 93 厘米，宽度为 55 厘米，眼睛为同心圆，眼睛上方分别有 2 条线与头顶相连。

R11 整个人面成方形，高度为 48 厘米，宽度为 30 厘米，眼睛为同心圆；头顶有 6 条向外发射的线条。嘴部的刻痕，在视觉上已经斑驳不清，根据线描图嘴部有 7 条竖刻痕。

R12 在岩体上已斑驳不清，根据线描图眼睛、嘴均为圆形，除轮廓外，头顶有 4 条竖立的线条。

R13 高度为 64 厘米，宽度为 21 厘米，上有 3 个圆环形分别形成眼睛和嘴部，类似于骷髅状，身体呈三角形与头部相连，身体上有 1 个圆环和 7 条横纹。

R14 位于 R6 的右侧，从原始的线描图上可以看出，R14 与本组其他人面像在风格上有所差异，与第五组的人面像在造型上相似性较大。

R15 高度为 25 厘米，宽度为 34 厘米，眼睛为同心圆，眉毛与鼻相连，下面有禾苗但与禾苗没有连接线。

R16 高度为 50 厘米，宽度为 43 厘米，眼睛为圆环，眉毛与鼻子相连。

第一组中共有禾苗 14 个，造型皆为倒三角形，除了 H1 上端有横向的线条使图案形成封闭图形外，其余的禾苗图形顶部均为开放式。在 14 个禾苗图形中，各个图形的主要区别在于下部的线条组成方式的差异和上部的线条数量之差异。总体而言，上部线条基本长度一致，偶有中间长、两边稍短，视觉顶端呈弧状的造型。

H1 高度为 41 厘米，最宽处为 27 厘米，位于画面的最西侧，中间禾苗部分高度为 20 厘米。除外框外，上部有 6 条刻痕，根部有 3

图 1-4　将军崖岩画第一组部分图像

道水平方向的刻痕，其中竖直方向中间位置的禾苗刻痕与根部最上方的禾苗刻痕相交叉，整个图像呈闭合状态的倒三角形，也是本组中唯一呈闭合状态的禾苗图像。

H2 与人面 R1 相连；高度为 16 厘米，最宽处为 15 厘米，呈开放式，禾苗部分共有 6 条刻痕，其中第四条刻痕与人面像 R1 相连。

H3 高度为 32 厘米，宽度为 16 厘米，禾苗共有 5 条刻痕，在禾苗的右下方有两个水平排列的直径为 4 厘米的凹穴。

H4 宽度为 28 厘米，高度为 46 厘米，除边框外，禾苗上部有 7 条刻痕，下部交叉的线条呈米字形纹饰。

H5 高度为 50 厘米，宽度为 41 厘米，呈倒三角形，除边框外，禾苗上部有 6 条刻痕，高度为 34 厘米，禾苗根部呈米字符。H5 与人面 R2、R3 相连。

H6 高度为 16 厘米，宽度为 15 厘米，中间有 5 条刻痕，倒三角开放式。

H7 宽度为 42 厘米，高度为 48 厘米，上部 8 条刻痕，下部为水平横线。

H8 与人面 R7 相连；宽度为 40 厘米，高度为 46 厘米，上面共有 10 条，下面有 6 个横线形成根部。

H9 已经斑驳不清。

H10 高度为 30 厘米，宽度为 32 厘米，除边框外，禾苗上部有 6 条刻痕。

H11 与人面 R9 相连，高度为 31 厘米，宽度为 21 厘米，除边框不计，中间共有 5 条刻痕。

H12 位于画面的右侧，高度为 40 厘米，宽度为 27 厘米，倒三角形，除边框不计，内有 4 刻痕。

H13 高度为 34 厘米，宽度为 21 厘米，除边框不计，内部有 6 条刻痕。

H14 高度为 36 厘米，宽度为 19 厘米，除边框不计，内部有 6 条刻痕。

在将军崖岩画第一组中，其中有 5 个人面像也是本组的主图，都有 1 条线与禾苗直接相连。第一组除了人面像、禾苗还有 1 个太阳图形（T1）：其周围分布着 11 条芒线；2 个米字符（F1、F2）在第一组岩画中还散落着几十个凹穴，有的凹穴 3 个一组，呈正三角或倒三角形，视觉上类似于眼睛和嘴，在造型上具有人面像的一些元素特征。

2. 将军崖岩画第二组

第二组岩画位于岩体的南侧，长 9 米，宽 9 米。有太阳图形、凹穴、"子午线"、人面像等。由于目前这幅岩画已经斑驳不清，有些图像或符号无从辨识，就几个尚可辨识的典型图像进行论述。

第一章 将军崖岩画概述

太阳图像是第二组岩画中的主要类型之一,具体数据如下:

T1 内圆直径 4 厘米,外圆直径 10 厘米,有 20 条放射线表示光芒。

T2 是 3 个太阳中最大的一个,由 3 个同心圆圆环和圆环外的 23 条芒线组成。整个图像的直径为 28 厘米,其中同心圆的外环直径为 12 厘米,内环直径为 6.5 厘米,最里面凹穴状内径为 3 厘米。

 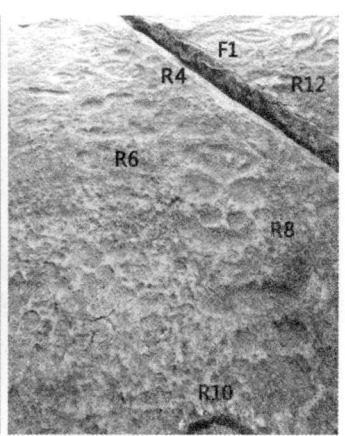

图 1-5 将军崖第二组岩画全景图及部分图像

T3 由 2 个同心圆圆环和 14 条芒线组成。

T4、T5 位于上述 T1—T3 的左下方,在 T4、T5 的上方各有 1 个横条形圆环,中间都为同心圆,T4 有 18 根芒线,T5 有 15 根芒线。

T6、T7 都是由 1 个圆环和芒线组成;其中 T6 周围有 18 条芒线,T7 周围有 17 条芒线。

第二组比较清晰辨识的同心圆数据如下:

X1:外环的直径为 15 厘米,内环直径为 6 厘米。

X2:外环的直径为 15 厘米,内环直径为 7 厘米。

X3:外环的直径为 14 厘米,内环直径为 7 厘米,是磨刻深度较深的一个同心圆,深度为 2.5 厘米。

X4:外环的直径为 9 厘米,内环直径为 4 厘米。

X5：外环的直径为 15 厘米，内环直径为 4 厘米。

X6：外环的直径为 15 厘米，内环直径为 6 厘米。

X7：外环的直径为 14 厘米，内环直径为 5 厘米。

第二组共有人面像 16 个，几个尚能比较清晰辨识的数据如下：

R1：人面像的宽度为 8 厘米、高度为 12 厘米、深度为 0.5 厘米；其中眼睛的内环直径 3 厘米。

R7：人面像的宽度为 30 厘米、高度为 34 厘米，西边眼睛直径

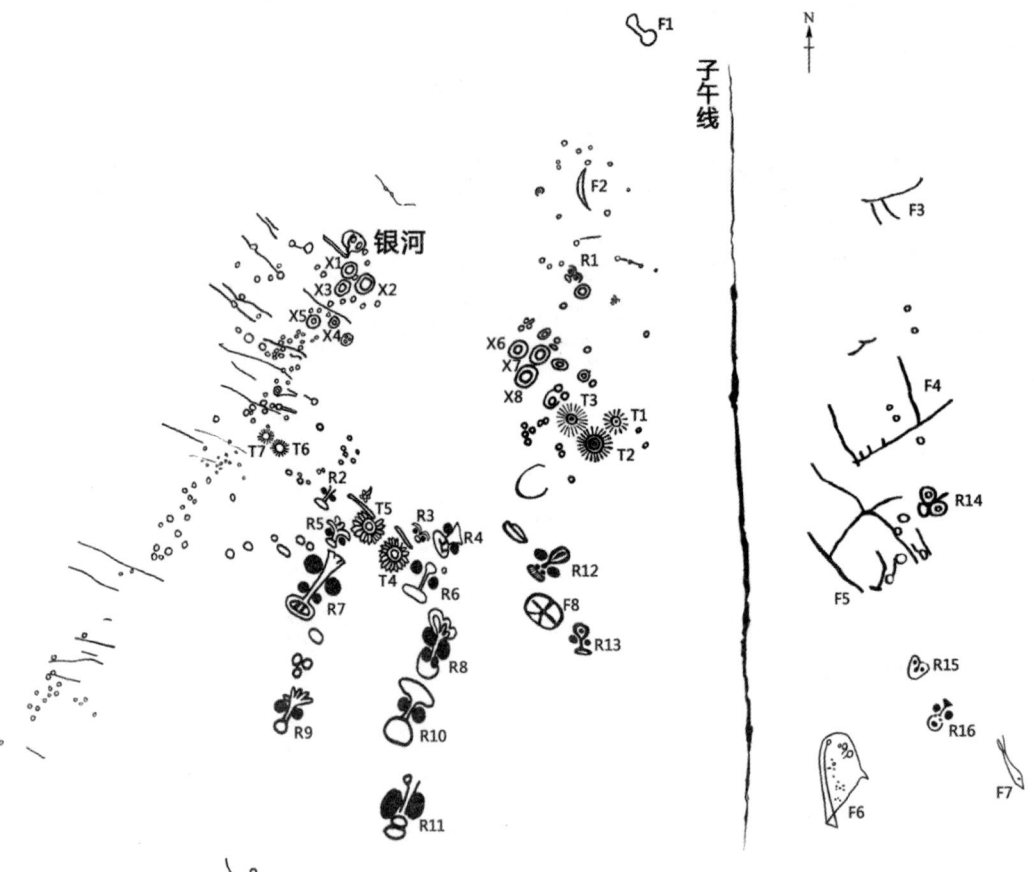

图 1-6　将军崖第二组岩画线描图

11厘米，东边眼睛直径10厘米；鼻孔直径是6厘米、嘴巴宽度为19厘米。

R8：人面像的宽度为30厘米、高46厘米，眼睛直径14厘米，两眼之间距离为30厘米；西边鼻孔直径为7.5厘米，东边鼻孔直径为5.5厘米。

R10：人面像的宽度为27厘米、高为34厘米。

R11：斑驳不清，不易测量。

R12：人面像的宽度为28厘米、高度为43厘米，眼睛直径10.5厘米、嘴巴18厘米。

第二组中辨识度比较高的符号F8：位于R12与R13之间，高度为28厘米，宽度为31厘米，外面一个圆环，里面是一个"大"字形刻痕。

"银河"：长6.2米，之所以称其为"银河"是由于在岩面上一条磨的银白色发亮的带状区域，其上分布着太阳、同心圆、凹穴、刻线等，但刻线与凹穴并没有连接。对于"银河"是古人创造还是今人所为，有不同的说法，在访谈中，谈及"银河"村民都有关于他们①幼年时在岩面上"滑滑梯"的经历，至于"银河"所处岩面的光亮度是不是由于"滑滑梯"引起的尚无定论。

"子午线"：在第二组的偏东侧位置有一个长长的人工磨制的凹槽，约定俗成地称为"子午线"，长度为5.5米，其方向与现在的子午线误差仅为3°55′88″。子午线周围分布着月牙形、凹穴、同心圆、太阳等图像。

根据原连云港市博物馆副馆长、分管业务工作的刘凤桂介绍，在发现将军崖之初忽略了凹穴岩画，对凹穴岩画的重视是从21世纪

---

① 笔者采访了20世纪30年代至90年代出生的不同年龄层的人皆有"滑滑梯"的记忆。

初开始的。所以在将军崖岩画第一组发现之后，第二组岩画并没有引起足够的重视，尤其是其中的凹穴；对其研究和保护并未提高到人面像的层面，加之人为踩踏和自然侵蚀等因素造成了一定的破坏。

3. 将军崖岩画第三组

将军崖岩画第三组位于山包的顶部偏东侧，整幅岩画长 2.2 米、宽 2 米，距离第四组的 S1 大约 5 米，第三组以人面像为主，共 16 个，其中 R1、R2、R4、R6、R7、R9、R11、R14 有面部轮廓，R3、R5、R8、R10、R12、R13、R15、R16 没有面部轮廓。此外，画面中还散落着一些凹穴和符号。

由于观光木栈道仅高于第三组岩画 20 厘米且没有护栏，第三组岩画处于完全水平的岩面之上，这造成第三组岩画人为破坏、踩踏最为严重（见图 1-7），现已斑驳不清，不易一一辨识。线描图是根据早年拓片绘成，本组将在对清晰图像辨别的基础上以线描图为辅助的底本，对画面进行分析。R11 是第三组岩画中目前最为清晰也是比较具有代表性的一个人面像；宽度（南北）为 23.5 厘米、高度（东西）为 29 厘米，整个图像中最深处刻痕为 1.5 厘米。整个造型类似于苹果状，眼睛为 2 个圆凹穴，有类似鼻嘴的刻画，头顶上有 3 根射线和 2 个圆凹。

在笔者对周边村民的访谈中，对人面像 R11 的言说颇多，H 姓老人认为 R11 是女娲的化身，也是母系社会女性始祖的象征，是将军崖岩画中最古老和最重要的一个图像。当然，这种描述只是当地村民对于本地文化的构建和想象，但却反映出将军崖岩画在当地人观念中的样貌，同时这也是一种文化的再生产，藉此增强地方文化的认同和自信心。

图 1-7　左图为将军崖第三组岩画的位置，右图为第三组中的人面像 R11

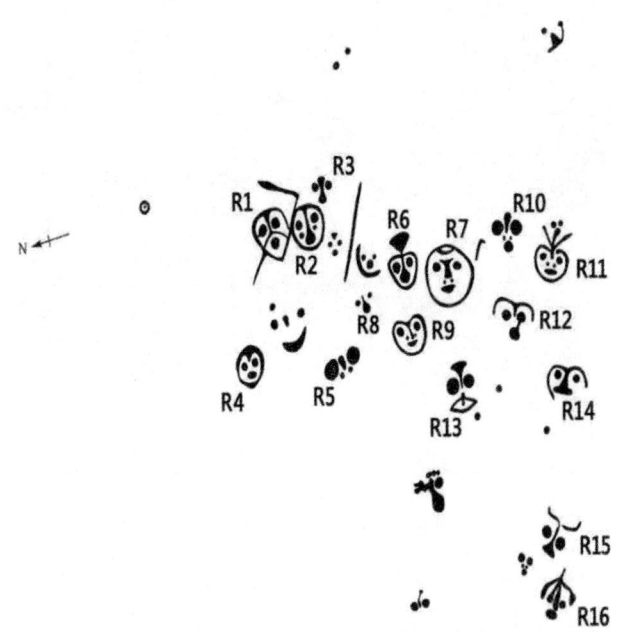

图 1-8　将军崖岩画第三组线描图

4. 将军崖岩画第四组

将军崖岩画第四组由"一大三小"四块石头和位于这些石头下方的方格纹、凹穴组成。(见图1-9、图1-10)四块石头自东向西的编号为S1、S2、S3、S4;最大的一块石头S1南北长4.3米,东西长2.2米,最高点距离岩面高度为1.9米,整个石头与岩面成60°角,向西倾斜。S1与S2之间距离3米,S2:2.2×1.4米,最高点距离地面高度为1.05米,呈龟背状。S3:1.5×1.6米,最高点距离地面高度为1.1米,位于S2的西侧,并搭于S2的边缘之上。S4:1.2×2.4米,呈长形,最高点距离地面高度为1.1米,S4位于S2的西南侧,依靠于S2之上。在S4上共有18个可清晰辨识的凹穴,大小不等。

图1-9 将军崖第四组岩画及面西、面东拍摄的不同视图

这"一大三小"四块石头当地人称为"石祖",在20世纪50年代开山采石的时候被当地居民采走,但未能将其击碎便认为其有灵性不敢再进行破坏,并加以保护;1982年前后在当地文物部门的协助下用钢绳索将其运回将军崖之上,现在仍然可以看到当时在石头

上打洞和用钢绳索勒的痕迹。由于其所在位置在近期发生了移动和变化，故后文并未对其位置和组合排列结构进行探讨。此外，在第四组附近的地表上和S1、S2的岩面上，有黑色覆盖于岩体之上，黑色的形成并非是民间所言的火烧所致，而是在水分（雨水等）、微生物（微生物会利用锰来维持它们的新陈代谢）共同的作用下所形成的锰元素的堆积。

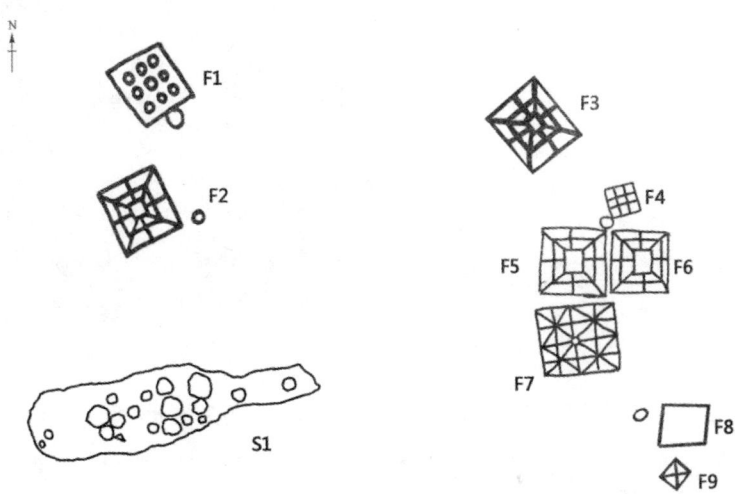

图1-10 将军崖第四组岩画线描

如图1-11所示，S4上的凹穴由西向东依次编号为A1至A18：A1直径为8.5厘米，深度为3.5厘米。A2直径为7厘米，深度为2厘米。A3直径为13厘米，深度为5厘米。A4直径为20厘米，深度为8厘米。A5直径为10厘米，深度为8厘米。A6为半圆形，南北的长度为6厘米、东西的长度为3.5厘米、深度为3厘米。A7南北的长度为7厘米，东西的长度为10厘米，深度为2.5厘米。A8直径为7厘米，深度为0.5厘米。A9直径为6.5厘米，深度为3厘米。A10直径为10.5厘米，深度为7厘米。A11直径为15厘米，深度为9厘米。A12磨蚀的比较严重，基本和岩面持平，其直径为5厘米，

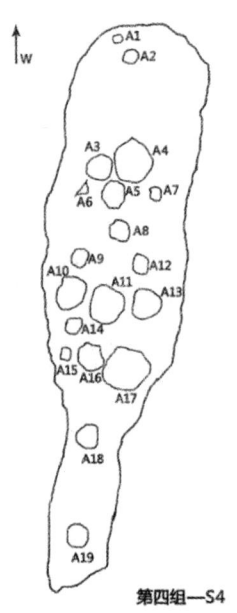
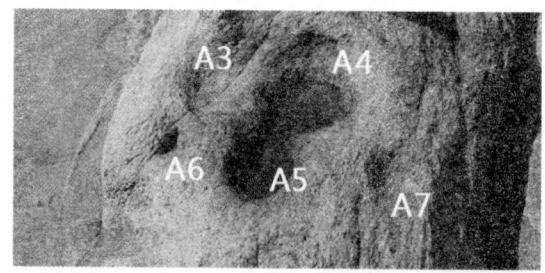
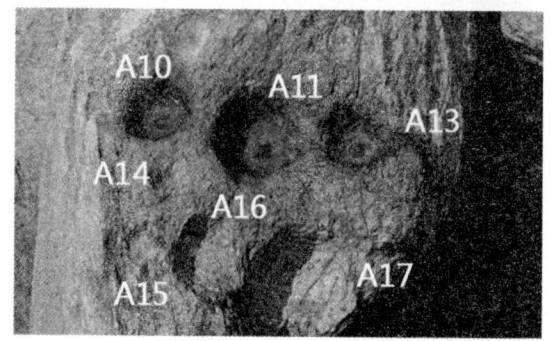

图 1-11　第四组 S4 岩体上的凹穴

深度为 0.2 厘米。A13 直径为 11 厘米，深度为 6 厘米。A14 直径为 5 厘米，深度为 2.5 厘米。A15 直径为 4 厘米，深度为 1 厘米。A16 直径为 9 厘米，深度为 6 厘米。A17 直径为 15 厘米，深度为 10 厘米。A18 直径为 7.5 厘米，深度为 1.5 厘米。A19 在一个斜面上，直径为 7 厘米，最深处的深度为 6 厘米。在这块岩石上（S4）其中 A3、A4、A5 三个凹穴相连，东西长 31 厘米，南北长 32 厘米。岩石的部分岩面覆盖有黑色，尤其是 A9、A10、A12 黑色较多。需要特别说明的是，本组的凹穴与第二组的凹穴不同，第二组的为"浅凹穴"，本组的凹穴为"杯状穴"。不同类型的凹穴其年代、在仪式中的作用、所表征的文化意涵通常也有所差异。

在四块大石的下方有 9 个不尽相同的方格纹，又常被称作"米格"或"棋盘"：

F1：50×38 厘米，方框内有 9 个凹穴，呈三纵三横平行排列，

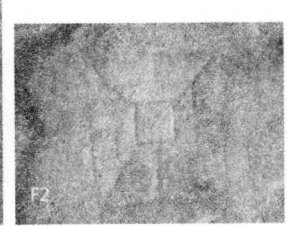

图1-12 将军崖岩画第四组部分方格纹

方框内的9个凹穴大小基本相似，直径约为5厘米。另外，在方框的西侧有一个稍大一些的9×8厘米的凹穴并与方框相连。

F2：36×35厘米，由三个大小不一的方框相套而成，其中最内部的方框边长为10厘米，中间的方框边长为21厘米；对角线呈十字交叉状，从最大方框的角穿过中间方框的角止于最内侧方框的角。最外侧角到最内侧角长度为19厘米；垂直穿越方框的竖线，从最内侧边框到最外侧边框的长度为14厘米。

F3：30×50厘米，在造型上与F2相同。其中最内部的方框边长为6厘米，中间的方框边长为17厘米，内侧边框到外侧边框的垂直竖线为13厘米，内侧角到外侧角斜线的长度为18厘米。

F4：16×15厘米，方框内有两横两竖相互交叉的线条形成类似的九宫格，每个方格的单边长度约为4.5厘米。

F5：30×50厘米，在造型上与F2相同。图形南北稍长于东西，其中最内部的方框边南北走向的线条长为11厘米，中间方框南北走向的线条长为17厘米，从最内侧角到最外侧角长度为17厘米，垂直于方框的线，从内侧方框到外侧方框长度为11厘米。

F6：27×32厘米，在造型上与F2相同。其中最内侧的方框边长为11厘米，中间的方框边长为20厘米，垂直于最内侧和最外侧边框的线条为9厘米，连接最内侧角和最外侧角的对角线长度为12厘米。

F7：35×34.5厘米，方框内分别有3条横线和3条竖线相互交叉，形成四个"米"字。在方框的最中间位置有一个直径为2.5厘米的凹穴，其线条交叉形成小方格单边的长度在8—9厘米之间。

F8：28×28厘米，1个方框。

F9：10×10厘米，方形外框内有交叉的十字对角线。

此外，在F5的西北角方向有一个直径约为4.5厘米、深度为1.5厘米的凹穴，即在F4、F5、F6之间的位置。此凹穴独立存在，与方框不相连接。在F8方框的东北角，有一直径为6厘米的圆环。

在这一组岩画中方格纹共有9个，其中F2、F3、F5、F6造型相同，也即本组共出现了6个不同造型的方格纹。除F8为1个方格框外，其余的8个方格其内部的线条，在对图形的分割上均左右、上下对称。

5. 将军崖岩画第五组

第五组岩画由2006年当地村民马维红发现并上报，它位于将军崖山体的顶部，岩画刻制于南北长7.7米，高0.5—1.8米的一个岩石侧壁上，画面面向西北方向。在本组的图像划分上，如R3、R13、R14、R15等图像，中间一个长形的圆环两边有两个类似眼睛的圆环，也有学者认为这种图像与"男根"有一定的关联性，但基于这类图像的造型是本组人面像图形主体部分的简化和抽象，在本组中这类图像归于人面像的范畴之中。此外，本组还有相当数量的凹穴散落画面其中，根据凹穴的排列方式，3个凹穴组合形成正三角形或倒三角形的划归为一组，如F1、F2、F3等；另外，其他的凹穴组合和线条组成的不规则图像都统称为符号，以F开头。如此，本组中共有人面像 20 个，符号 14 个，以及一些散落其中的单体凹穴、同心圆。

将军崖第五组与前四组不在同一块岩石上，它位于将军崖后山山顶的大石之上，由于尚无上山之路加之沿途岩壁陡峭和植被覆盖，少有人到达，且 2006 年才发现此组岩画，所以外界对此的了解、关注、研究都较少。本组岩画保存也较好，相对前四组而言，几乎没有遭到人为的破坏，敲砸过程中产生的打击点的痕迹尚在。

图 1-13　将军崖岩画第五组　全景照片

图 1-14　将军崖岩画第五组　部分图像

图 1-15　将军崖岩画第五组线描图

本组中典型图形的具体信息如下：

将军崖第五组的人面像 R1、R6、R7、R8、R9、R12 眼睛呈圆形或椭圆形双目同心圆，嘴巴内有刻画的竖线条，从拓片上辨识，线条大多为 3 条，其中 R6、R12 为 4 条。由于自然风化的原因，于 2015 年考察中，可清晰辨别测量的有：R6 为 22×30 厘米、R7 为 35×42 厘米、R9 为 22×20 厘米、R12 为 40×40 厘米。另外，R2、R4、R5、R11 眼睛呈圆形或椭圆形双目同心圆，鼻子有几条垂直刻线组成，嘴巴内无刻画的竖线条。R3、R13、R14、R15、R16、R18、R19、R20 取了以上两类人面像图形的核心图形部分，其中 R13 的尺寸为 19×22 厘米。

将军崖第五组的符号 F1、F2、F3、F6、F10、F11、F14 为凹穴组成的正三角形或倒三角形组合，凹穴直径在 4.5 厘米左右，深度为 2 厘米。F4、F5：中间一个凹穴，上部成半弧形并排着 5 个凹穴，凹穴大小相似，直径在 5 厘米左右，深度为 2 厘米。F7 类似于禾苗图形，有 3 个线条呈发散状，线条的末端各有一个凹穴。F8 为凹穴组合，中间有一个大的凹穴，周围有 10 个相对小一点的凹穴呈圆环状均匀排列。F9 是一个封闭性线条组成的不规则图形，左侧高度为

34

18厘米，右侧高度为16厘米、宽度为33厘米，磨刻的最深处深度为3厘米。

三、将军崖岩画的图像统计与分析

如表1-1所示，在将军崖现存的五组岩画中，人面像除了第四组之外，都有出现。但各组中人面像的形式不一，尤其是第一组中共有16个人面像且风格有所差异；在第二组、第三组和第五组中出现的人面像，组内的风格是基本一致的。稻作图形只在第一组出现，且有5个稻作与人面相连。方格纹仅在第四组中出现，也是第四组的主要图像。凹穴在五组中均有出现，但具体的形式不同，在第一组凹穴只是伴生图形。第二组凹穴数量最多，排列在成一条6.2米长的带状，似"银河"与人面像一起形成第二组的主要画面。第三组凹穴较少，零散地分布在人面像之间。第四组中凹穴位于一个"石社"之上，尺寸、深度都较大，为"杯状穴"，其中最大的为A4直径20厘米。第五组中凹穴也是伴生图形，但相比第一组在画面中所占的比重有所增加，并出现了凹穴组合而成的半梅花形和梅花形，方格纹只在第四组集中出现。

表 1-1　现存将军崖岩画中的图像要素①

		第一组	第二组	第三组	第四组	第五组
人面像		√	√	√		√
稻作		√				
抽象符号	凹穴	√	√	√	√	√
	方格纹				√	
	其他抽象符号	√	√	√	√	√

基于连云港市重点文物保护研究所的拓片资料②和笔者的田野调查、影像数据，对将军崖岩画现存较为清晰的图像进行了提取、绘制、数量计算和分类整理。一方面，面对日益风化斑驳的岩画而言，是一套完整的图像数据资料。另一方面，细致完整的图像资料为后文岩画的风格类型、图像变迁、意涵研究奠定了坚实的基础。

---

① 关于文书表格、图像的使用说明：由于本书图像较多，为避免图像、表格之繁杂，第一，凡是纯文字、数字的表格都归属于表格一类进行标号。凡是有图像的都归为图像一类进行编号。第二，由于图像的数量，多个图像在一个表格内的情况统一使用一个图像编号，但在每个图像的下方对该图像进行了相关的说明。第三，第三章微腐蚀断代中图像数据资料较多，统一用表格对图像进行了梳理和说明，在类别划分上皆划分为图，并依次进行编号。

② 将军崖岩画拓片在发现之初由连云港市博物馆的刘洪石、武可荣、丁义珍等人拓制，之后连云港市重点文物保护研究所所长高伟再次拓制了一部分，为将军崖岩画的研究留存了宝贵的图像资料。之后，由于将军崖岩画的风化以及被列为国家级文保单位之后，禁止在文物上打拓片之规定，目前将军崖岩画的拓片资料极少，可谓弥足珍贵，现将军崖部分拓片资料被南京博物院和国家海洋博物馆收藏。

表 1-2 现存将军崖岩画中出现的主要人面像

第一组				
	1-R1	1-R2	1-R3	1-R4
	1-R5	1-R6	1-R7	1-R8
	1-R9	1-R10	1-R11	1-R12
	1-R13	1-R14	1-R15	1-R16

（续表）

第二组	2-R1	2-R2	2-R3	2-R4
	2-R5	2-R6	2-R7	2-R8
	2-R9	2-R10	2-R11	2-R12
	2-R13	2-R14	2-R15	2-R16

第一章　将军崖岩画概述

（续表）

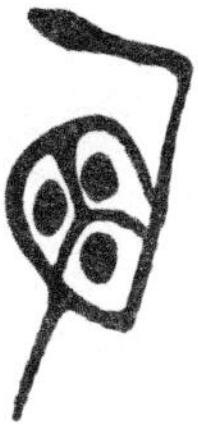

3-R1	3-R2	3-R3	3-R4
3-R5	3-R6	3-R7	3-R8
3-R9	3-R10	3-R11	3-R12
3-R13	3-R14	3-R15	3-R16

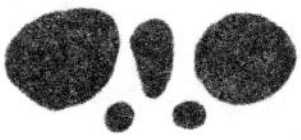

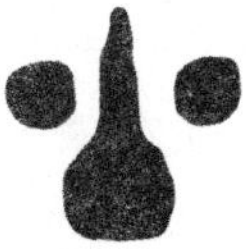

第三组

（续表）

第五组	5-R1	5-R2	5-R3	5-R4
	5-R5	5-R6	5-R7	5-R8
	5-R9	5-R10	5-R11	5-R12
	5-R13	5-R14	5-R15	5-R16
	5-R17	5-R18	5-R19	5-R20

第一章 将军崖岩画概述

表1-3 现存将军崖岩画中出现的主要禾苗图像

第一组	1-H1	1-H2 上与人面像相连	1-H3	1-H4 被H5叠压
	1-H5 上与人面像相连 叠压于H4、H6之上	1-H6 被H5、H7叠压	1-H7 叠压于H6之上，又被H8叠压	1-H8 上与人面像相连 叠压于H7之上
	1-H9	1-H10	1-H11 上与人面像相连	1-H12 叠压于H13之上
	1-H13 被H12叠压	1-H14		

41

表1-4　现存将军崖岩画中出现的主要符号

凹穴			
	1/2/4/5-A		
同心圆	1-A	1-A	2-A
太阳	1-T1	2-T1	2-T2	2-T3
	2-T4	2-T5	2-T6	2-T7
方格纹	4-F1	4-F1、F3、F5、F6	4-F4	
	4-F7	4-F8	4-F9	

第一章　将军崖岩画概述

（续表）

米字符	※	※
	1-F1	1-F2

其他符号				
	2-F7	2-F8	5-F4	5-F5
	5-F7	5-F8	5-F9	5-F10

以上是对将军崖岩画主要图像的梳理，基于漫漫历史之中沧海桑田、斗转星移的变化以及自20世纪初以来锦屏山地区磷矿开采造成的山体破坏，目前尚不能明确将军崖及其周边有多少岩画泯然消失于历史长河之中。现存的岩画，尤其是第三组和第二组已严重风化部分图像辨识困难。基于样本的总体数量和每种类型岩画的数量由于客观条件的限制均未能确切地统计，所以本书未对此做进一步的百分比统计分析，仅以目前所存世的材料为基础、以辨识度高的图像为主体进行分析和阐释。

四、将军崖岩画的制作方法

岩画可分为岩绘和岩刻两类。岩绘主要指用颜料绘于洞穴或崖壁之上，颜料多为红色，常由赤铁矿、动物血、动物脂肪、植物等混合而成，根据不同的区域和就地取材具体组成成分也有所差异。

在中国从东北的大兴安岭到西南的广西花山、云南沧源等岩绘类岩画皆以红色为主；而在北欧、印度、澳大利亚和南部非洲彩绘岩画还常见白色、黑色，偶见黄色、绿色等。岩刻类岩画主要指用工具在岩壁或岩面上加工而成，在世界范围内岩刻画分布比较广泛，在中国岩刻主要集中在阴山、贺兰山、中部平原和东南部沿海，在表现形式上，除凹穴类岩画均为岩刻外，其他如动物岩画、人面像、抽象几何纹在岩绘和岩刻中均会出现，只是因所在地域不同而类型各有侧重。

犹如石器工具的演进一般，制作岩刻类岩画所使用的不同工具和加工方式可以表征出不同的生产力和生产技术。通过对岩刻类岩画刻痕的观察我们可以发现所使用的工具会有所不同，而工具的背后又带有丰富的信息。如在同一岩画点用金属工具制作的岩画要比用石器制作的岩画年代晚。用石器制作的岩画又可细分为不同的方法，如敲击（通常刻痕呈现密集的麻点）、凿刻、磨刻、先凿后磨等。在对制作方法探讨的基础上再结合岩刻所在岩体和周边可资使用的工具，我们可以推断出原始先民在与自然环境的搏斗与适应中，如何用技术雕刻他们的信仰。

第五组—R7　　　　　第一组—R15　　　　第四组—F2
A 石器工具—敲凿法　B 石器工具—磨刻法　C 金属工具

图 1-16　将军崖岩画中出现的三种主要的制作方法

将军崖的岩体为混合片麻岩（主要组成成分为白云石英片岩、石英岩、大理岩等），硬度在 6—7 摩尔之间，比当地的石英石的硬度要低。因此，原始先民使用石英类石器工具完全可以在岩画上凿出图像。在将军崖岩画中存在着不同的制作方法，如敲凿法：即用尖锐的石器在岩面上呈点状凿刻，通常点呈现出圆形或者是不规则的多面形，通过点形成面来体现出岩画的图像，敲凿的断面通常呈现 U 形。磨刻法：用石器或金属工具磨制，磨制痕迹的断面通常呈现 V 形等①。不同的制作方法对应于不同的画面和时代，通常我们认为敲凿法较为古老，也是将军崖岩画第五组的制作方法。之后是凿磨法，如将军崖岩画第一组的主体人面像有明显的磨蚀痕迹，用的就是凿磨法。在将军崖岩画中，除了有石器制作工具，还有金属工具参与了制作，如将军崖岩画第四组的方格纹，尤其是 F2、F3、F4、F5、F6、F7 从图像的刻痕上可以判断是由金属工具制作而成。当然，我们不能排除最初用石器工具制作，后又用金属工具反复加工的可能性，后文会结合微腐蚀断代的结果进行进一步的验证和探讨。

---

① 在岩刻类岩画的制作方法分类上，目前岩画界有多种观点；本书借鉴了美术史学家李福顺教授的分类方式，作为对将军崖岩画制作方法分析之参照。李福顺：《中国岩画创作中的审美追求》，载《文艺研究》，1991 年第 3 期，第 127—133 页。

第二章　将军崖岩画的生态历史背景研究

人类文化是一种不断与环境互动的动态系统，是生态环境的条件、气候变化、可获取的资源类型及生计形态、人类的群体结构等几个要素之间彼此制约和联系，所以环境对社会历史和人的塑造有着重要的作用。科伊和弗兰里利（Coe and Flannery）认为文化发展的解释需要一种具体人群实际所适应的详细微环境知识。通过对这类微环境及其文化和文化成员各种调节关系的了解才能重建他们的一种生计形态以及他们土地承载力的图像。张光直也曾论述在对史前史的研究中生态环境是不可忽视的要素之一："首先，人们认为越是简单的文化对环境的依赖越强，而考古学研究的往往正是这些相对简单的文化；其次，考古学对时空问题的关注使得它总是把考古聚落放置于思维的物理世界的一个固定的范围中，而这个范围自身在时间中的变化是清晰并可以追踪的；再次，考古遗存都是实物性的，研究它们的属性不可避免地要联系其物质的来源、自然属性等及其所具有的作用。"[①] 岩画这一古老的艺术形式大多创作于对环境依赖性较强的史前时期，气候条件、物种类型及其响应下的生计方式和意识形态都对岩画的创作和类型产生影响。对相应的岩画创作

---

① ［美］张光直：《古代中国考古学》，印群译，北京：生活·读书·新知三联书店 2013 年版，第 48 页。

年代的环境研究，建立起岩画创作时代的环境背景和人与环境的互动是岩画阐释必不可少的要素之一。

人们所采取的适应环境的文化手段，有时也称为"适应策略"（adaptive strategy），它代表人们对环境条件的生计方式的选择，它不完全是被动的，策略的选择不仅仅受制于自然环境条件，而且受制于从工具技术到长期形成的结构、布迪厄所言的"惯习"（habitus）、社会组织以及意识形态等文化系统本身。斯图尔特在讨论文化生态学时提出，"要了解过去的文化必须从考察'文化核心'入手，这一概念被定义为'与生存活动和经济安排最紧密相关的特征组合'，主要指技术与生存方式。在此基础上，社会结构和政治、宗教等更复杂的方面才能被理解"。① 宾福德认为尽管过去文化的动力系统已经消失，但是相似的动与静的关系仍然存在于现在的文化系统之中，如土著群体结构与生态环境的关系，土著人的活动与动植物资源的关系，以及他们生产工具、技术与原料及活动方式的关系都应当和过去的状况相似。如果在现在文化系统之中人类物质文化废弃特点和人类行为的相伴关系存在某种规律的话，那么考古学家对这种规律的总结可以用来从史前文化的物质现象中提炼人类行为和文化动力的信息。岩画是作为一个实体存在于特定的时空场域之中的，在研究它的过程中，我们不可避免地要把岩画的图像放置于其创作或使用的场域之中。这个场域从时间的层面而言是生产力的演进、族群的更替、风俗习惯流变的过程；从空间上而言，是岩画所在地区的自然环境和所在位置的神圣性。

"人类在地球上已存在了几百万年，但绝大部分时间处于采食者（foragers），包括采集、渔猎等。通常学者认为具有充分证据的

---

① 陈淳：《考古学前沿研究：理论与问题》，北京：北京师范大学出版社2016年版，第231页。

农业活动始于距今 12000 年前，正是全球范围内更新世结束气温升高的时间，并进入了当代气候纪元：全新世。随后，世界上有多种农作物在平原地区耕种，几乎在全球的范围内驯化动物代替了采集狩猎……农业的发展深刻影响了人与自然的关系。考古学家常指出：随着农业的发明，人们开始定居并大量增加了食物的供给和对其的依赖，农业的发展使得土地的人口承载力比狩猎采集社会明显增加，使得全球人口迅速增长。对于动植物的驯化和生产食物能力的增加直接导致了新的经济和社会形态：农耕意味着有了更多的剩余进行交易、支付税收、进贡和促使贸易市场形成；这也意味着如手工艺者、神职人员、士兵、贵族等非农业生产者可以获得食物，所以农业为早期城邦的建立提供了先决条件。"① 具体到连云港将军崖岩画而言，将军崖位于鲁南、苏北和徐海的交接地带，在地理上统称为山东丘陵，以泰沂山系为脉又是黄淮和沂沭河流域的沉积区，且受海洋气候影响温和湿润，淡水资源丰富为生计方式的多样性和早期稻作农业的发展提供了物质基础。连云港在距今 7000—5000 年的暖湿期产生了原始农业，促进了社会结构的变革和发展，并塑造了这一地区的史前文明。生产力的提高和农业的发展，促进了具有生活和防御功能的城郭的建设和早期国家雏形的形成，并进一步促进了宗教仪式体系的完善、固化和传承。

此外，就原始人万物有灵的思维模式而言，其精神生活与外界环境紧密相关，正如列维·布留尔所言"对原始人来说，纯物理现象是没有的"②。远古时期生产力低下，史前先民无法理解高山大川、河流湖海、风雨雷电等自然现象和其展现出来的各种特征及规

---

① Graeme Barker, *The Agricultural Revolution in Prehistory*: Why did Foragers become Farmers? Oxford: Oxford University Press, 2009, p.1.

② [法] 列维·布留尔：《原始思维》，丁由译，北京：商务印书馆1997年版，第30页。

第二章 将军崖岩画的生态历史背景研究

律,故"山林、川谷、丘陵能出云,为风雨,见怪物,皆曰神"①,各类事物都有其主管的神灵存在。根据"互渗律"(participation)原始先民从对自然的感知中获得上天给予的启示,从而总结出规律,正如涂尔干在《宗教生活的基本形式》中所言:"自然的形式和力量乃是宗教情感所依附的最初对象:它们是最早被神圣化了的事物"。② 也正是由于原始先民在物质生活和精神生活两方面对于自然环境具有依附性,因此分析原始先民生存的环境类型、自然景观、物质来源和在此基础上形成的宇宙观对于理解原始先民的思维模式、宗教信仰和艺术表现具有基础性和框架性的意义。

对于将军崖岩画所在的连云港地区生态环境的论述共分为四个方面:第一,连云港的地理区位和自然环境,是这一地区千百年来人们赖以生存发展的生态条件,在和生态环境的响应过程中,逐步形成了这一地区的文明样貌;探索连云港地区的地貌形成和古生态环境,为研究这一地区文明的起源、历史的演进和时空场域中的将军崖岩画提供了必不可少的背景框架。第二,基于连云港近海多山的地貌环境,专门讨论了历史上这一地区历次海进海退以及海岸线的变化,这与生计模式、史前遗址的分布息息相关。第三,讨论了作为生态群落交错带的连云港地区,其生态的多样性和生计方式的多样性以及南北文化交融的特点。第四,讨论了岩画载体与文化景观,并从景观的神圣性和将军崖岩画位置选取的角度谈论了将军崖岩画所在环境的独特性和先民通过环境对神圣性和仪式感的建构。

---

① 《礼记译解》,王文锦译解,北京:中华书局 2016 年版,第 600 页。
② [法]爱弥尔·涂尔干:《宗教生活的基本形式》,渠东、汲喆译,上海:上海人民出版社 2006 年版,第 70 页。

第一节　连云港地区古生态环境

1968年宾福德发表《更新世之后适应》（Post-Pleistocene Adaptation）的论文，提出了工业边缘区起源理论。① 基于民族学与文化生态学，他认为生活于山麓这类最佳地带的狩猎采集者能够在自然资源供给与人口增长之间保持一种动态的平衡。但这种平衡可能被各种因素（环境变迁、人口增长、族群入侵等）所打破，被打破的采集狩猎群体可能分裂，部分人迁出最佳地带，而移居到一些边缘环境中。如此一来，最佳地带就始终处在环境承载力之下，而移居边缘的狩猎采集群体很容易遭受来自食物资源的压力，这种不平衡最终将导致人们强化利用某些具有潜力的物种，动植物驯化随之发生。连云港多山靠海，河流密布，山麓台地资源丰富，且处于生态交错带，物种极为丰富，这为采集狩猎的产生和发展及早期农业的孕育提供了优质的条件。进一步深入细致地了解远古的气候变化和生态环境，建立生态环境的空间框架，对于我们理解远古先民的生活与社会演进都是必要的。

江苏省连云港市位于山东丘陵和淮北平原的交汇处，东临黄海，北与山东省临沂、日照相交，西与徐州、宿迁，南与淮安、盐城相邻。地理坐标为：33°59′—35°07′N、118°24′—119°48′E。连云港位于暖温带南端，是北温带向亚热带的过渡区，且受海洋季风的影响，形成了温润的海洋性季风气候。适宜水稻、小麦、棉花、大豆和花生等农作物生长并具有丰富的海生和陆生动植物资源。连云港地貌

---

① Binford, L.R., "Post-Pleistocene Adaptation", Binford, L.R. (eds.), *New Perspectives in Archaeology*, Chicago: Aldine, 1968, pp.313-341.

类型丰富，境内高山、大海、平原、丘陵、滩涂、湿地、河流、湖泊、海岛兼备。地势总体上西高东低，西部为低山丘陵地带，海拔在 10—100 米左右，其中石器时代遗址丰富的马陵山就位于这个区域。东部为近海平原，海拔在 5 米以下，但云台山耸立其中并延伸至黄海。连云港市的山脉主要属于沂蒙山的余脉，由西北向东南延伸至连云港境内绵亘近 300 千米。共有山体 107 座、山头 375 个，较为主要的山体有南云台山、中云台山、北云台山、锦屏山、马陵山、羽山、夹山、大伊山等。连云港的水系基本属于沂沭泗水系，沂沭地区的主要排洪河道新沂河、新沭河等均从市内入海，故有"洪水走廊"之称；此外，还有玉带河、龙尾河、兴庄河、青口河、锈针河、柴米河、蔷薇河、善后河、盐河等大小干支河道 40 余条。境内已探明矿产资源 40 余种，其中磷、水晶、石英资源颇丰。连云港市下辖三区三县，分别为：海州区、连云区、赣榆区、灌南县、东海县、灌云县，其中海州区为古城，也是锦屏山将军崖岩画的所在地。从连云港的地貌特征和山川、水系走向上，可知均与北方的关联性较多，这与后文所探讨的连云港文化属性也是相耦合的。无论是位于东海县马陵山的细石器还是位于海州区的二涧、酒店等新石器遗址的葬俗均说明了其与北方的密切联系。

连云港的地质基础是前震旦纪变质岩，岩石的形成过程至少始于 19 亿年前，地壳运动频繁并伴随火山喷发形成了一系列的海相沉积物，这些物质形成岩层后又发生了变质作用。在变质过程中，有的岩体受到晚期岩浆活动的影响，其中注入了富含纳的热液，于是就产生了如今的云台山、锦屏山、羽山、磨山、夹山、大伊山等。连云港地区山体的形成过程可以概括为：沉寂→变质→隆起→侵蚀。具体到将军崖岩画所在的锦屏山而言，其地质为前震旦纪变质岩和混合岩组成的低山丘陵，由混合花岗岩及片麻岩混合形成，岩性与花岗岩相近，结构比较均匀，部分山体岩石中有片麻岩残留，在长期风化作用下其山形逐渐浑圆略呈向东南倾斜的山体轮廓。正是这种造山运动和地质构造，使得连云港这一地区的山体岩石中含有大量的石英和长石颗粒，为岩画的微腐蚀断代提供了得天独厚的优势。此外，由于锦屏山长期受剥蚀堆积作用形成了丘陵剥蚀堆积地貌，在海拔200米、140米、40米、16米、8米等高线处可以看见不同层次的剥离面。其中以16米、8米最为显著，海蚀洞、海蚀凹槽、海蚀平台在锦屏山随处可见，这与锦屏山临海并受海进海退的影响有关，也进一步关系到后文所言及的不同时期的海岸线与锦屏山地区史前遗迹分布的关系。

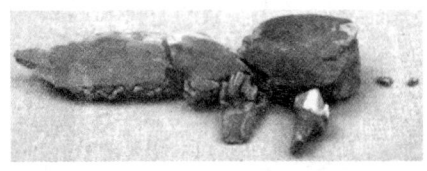

图 2-1　马牙（全新世）锦屏镇酒店村出土（摄于连云港市博物馆）

图 2-2　犀牛齿牙 3 颗（全新世）锦屏镇酒店村出土（摄于连云港市博物馆）

图 2-3　猛犸象门齿（更新世）新坝海沭河出（摄于连云港市博物馆）

在锦屏山曾发现马、犀牛、猛犸象①等动物化石，根据中国科学院古脊椎动物与古人类研究对所出土化石的灰绿色土层的土壤鉴定，认为是距今 19080 年的更新世晚期湖相沉积。同时，这一区域发现

---

① 猛犸象生活在北半球亚欧大陆北部及北美洲北部更新世晚期的寒冷地区，距今约 1 万年前，猛犸象陆续灭绝，这被视作一个冰川时代结束的标志。

了旧石器时代的酒店遗址,在酒店遗址采集到的石器标本其年代基本与此一致。这说明距今 2 万年左右,这一地区动植物资源丰富,并有早期的人类活动。根据距连云港 150 千米苏北平原建湖庆丰剖面的孢粉分析:在距今 10100—9300 年前,花粉浓度较低,草本植物花粉占优势。距今 9300—9000 年前,花粉浓度增大,形成盐生草甸型的地方植被。由此可知,在距今 1 万年左右,草本植物繁盛,与这一地区气候进入温暖期的时间相一致。也正是在这个时间,猛犸象在这一区域灭绝,原始农业产生,石器磨制技术出现,人们逐渐过上定居的生活,但陶器产生,采集和狩猎依旧是重要的经济来源。①

由于史前社会生产力低下对自然的依赖性尤重,自然山川、温度气候皆是影响生计方式和社会类型的重要因素。锦屏山物产资源丰富,山地、丘陵、河流相间分布,淡水海水资源、动植物资源丰富,适宜早期人类的居住和发展,资源类型的丰富性也有利于多种生计模式互补发展,这也是这一地区史前文化繁盛的物质基础。特别是连云港地区山体丰富、河流密布,沂沭河流域两岸、锦屏山、

---

① 相较欧洲而言,在距今 26000—19000 年之前,是末次盛冰期,气候寒冷,在这段时期人类和动物(长毛猛犸象)都迁徙到气候温暖的南部。这之后,具有标志性的气候回暖位于距今 14700—12700 年间。此次回暖持续了几千年,欧洲的植被变成森林和草原。大部分在法国和西班牙的洞穴壁画都是在这段回暖的时期(马格德林时期文化晚期)创作的;我们可以在这一时期的岩画(如法国南部阿尔代什省的肖维—蓬达尔克洞穴岩画、法国西部多尔多涅省的鲁菲尼亚克洞穴岩画)中看到对猛犸象的刻画。虽然在连云港地区发现了猛犸象以及一些其他动物的化石,以及当时早期人类生活所遗存的石器工具,但就目前的资料和发掘考证而言,恰恰与欧洲相反,在这一地区并没有像欧洲一样发现旧石器时代璀璨的动物岩画。这一地区的岩画主要集中在新石器时代及其之后的岁月中,且与欧洲具象的动物彩绘岩画不同;这一地区目前发现的岩画全部为岩刻,图像以人面、植物和抽象符号为主。

大伊山、马陵山及其山麓地带密布的遗迹和岩画说明河岸和山麓适宜的自然环境为史前人类提供了生产生活的平台。此外，山体多以花岗岩为主并含有石英、长石等矿物晶体，为石器工具原料的获取、制作以及岩画的创作提供了条件。

  客观环境决定了人们适应和改造环境的方式，并从对环境的感知和规律总结之中形成对世界和宇宙的认知。仰则观象于天，俯则观法于地，观鸟兽之文与地之宜，近取诸身，远取诸物。东部沿海苏北鲁南一带，多为山地丘陵。其中"山头纪历"的发明就与这里的地理环境有着直接的关系，在实际的观测中太阳就像从东方山峰后升起，在西方山峰后落下，日出日落都与山联系在一起。通过观察可知，不同的季节日出日落的位置不同，经过长期的观察和实践总结出规律，人们可以根据山峰与日出日落之间的位置关系来确定农时进行农业生产。① 正是基于农耕的需要，这一地区较早地形成了天文历法。四时生万物。圣人因而理之，道遍矣，古之圣贤，在对自然规律总结的基础上，依自然规律形成最初的制度与法则，再经过一代代的"濡化"形成规范的礼制和知识体系。比如祭祀就与生态环境和物候历法紧密相关："凡祭有四时，春祭曰礿，夏祭曰禘，秋祭曰尝，冬祭曰烝。"② "祭日于坛，祭月于坎，以别幽明，以制上下。祭日于东，祭月于西，以别内外，以端其位。"③ 根据时节的不同、祭祀的事物不同，逐渐形成了不同的祭祀规则，基于"互渗律"的作用原始先民把对自然的感知提升到精神的范畴并逐步形成原始巫术，所以有关当地自然规律和生态环境的理解对于领会其背后的思维模式和宗教制度以及表征出来的岩画选址、祭祀方式都具有基础性意义。

---

① 如莒县出土的陶文"☉"被认为是山头纪历的图像化记录。
② 《礼记译解》，王文锦译解，北京：中华书局2016年版，第645页。
③ 《礼记译解》，王文锦译解，北京：中华书局2016年版，第615页。

第二节 连云港地区的生态变迁

连云港环境的变迁有两个重要因素：季风和海岸线。季风的变化直接影响气温、降水及其相关物种的生长。全新世以来，气候的冷暖变化引起海平面的升降并进一步导致沿海地区的海进和海退以及海岸线的多次变迁，在中国东部沿海地区"持续海侵—最大海侵—波动海侵"是新石器时代海岸线变迁的基本规律。基于连云港沿海并且受黄淮河及气温升降等因素的影响，在历史上这里的海岸线一直处于一个变化的状态，海岸线的进退直接影响了石器时代遗址的分布，同时海侵还造成了这一地区文化层时空上的缺环。笔者梳理了2万年前至今的海岸线变迁，以资为解读连云港地区的考古遗址、文化变迁和将军崖岩画的意涵提供基础的时空背景。

就连云港地区的季风因素而言，气候学家已经通过绝大部分为"代理变量"的数据——也就是间接证据——重建了过去的气候，例如：树的年轮、冰川内的冰层、湖底的沉积层、湿地、沼泽以及其他一些考古证据。这些证据表明，在末次冰期之后，公元前6000—公元前1000年是以往1.8万年中最温暖、最潮湿的阶段。从那时起直至20世纪，虽有一些波动，但随着东亚季风逐渐式微，中国整体上经历了一个越来越干燥且越来越寒冷的过程。这个气候变化过程势必影响到森林内部的组成结构，同时，也会波及生活在其中的动物种群，如在公元前6000年的华北平原，温暖的气候条件下曾经生活着鳄鱼、犀牛、貊和亚洲象。

季风的变化对新石器时代黄河的两次改道产生了重要的影响。在新石器时代大部分时间里黄河都是向北流入渤海湾，而在公元前

3650—公元前 3000 年之间的某个时间，黄河改道向南流过山东山区南部进入了黄海。另一次改道发生在公元前 2900—公元前 2200 年之间，这次黄河又返回了之前所在的北面河道。黄河改道是导致洪水的原因之一，并连带造成海平面升高，继而造成"海侵"，海岸线向西最多时后退可达 100 千米。此外，在季风等多重因素的影响下，公元前 2260 年前后气温开始骤降，是龙山文化衰落的原因之一。在龙山文化早期至中期（公元前 2600—公元前 2300 年），鲁南苏北地区气候温暖湿润，从其丰富的遗址和有关稻作的出土资料可知，彼时城邦林立，农业快速发展。至龙山文化后期，气温的急速下降和环境的变化给农业带来了严重的影响，也给龙山文化时期的社会经济致命打击，随之而来的是人口和城邦数量的减少，文化也由繁盛走向衰落，最终被岳石文化所代替。

就连云港地区的海岸线变迁而言，在距今约 2 万年前的末次冰期最盛期，海退达到最大范围，海平面下降的幅度超过 150 米。随着冰后期的来临发生了全球性的海侵，并在距今 7000—5000 年前达到顶峰。到了距今 5000 年前之后，绝大多数岸段都开始了明显的海退，在华北平原和长江中下游平原等地势低平地区，海岸线向海推进的距离可达 100 千米以上。具体到山东半岛南岸平原地区，即当今连云港及其附近区域，在距今 8000 年前后，海水开始侵入该区，并在距今 6000—5000 年前达到最高海平面，高于现代海面 1—3.5 米。

距今 7000 年前，上升的古海面达到目前平均的低潮面附近，在距今五六千年间海平面可能上升到比目前的低潮面高 6—7 米的位置。这个时期的海蚀地貌明显，主要原因是云台山周围抬升强烈，海平面上升与地壳抬升相近。5000 年来海面上升趋于缓和，稳定于目前高潮位附近。也正是如此，在古游水、掘头河、龙王河、云台、朝阳陆续发现距今四五千年的史前遗址。全新世最大海侵（距今

7000年）以来，苏北平原向西推进的最大距离达到160千米，长三角向西最大的推进距离为240千米。苏北史前遗址的分布状况与此相耦合，例如：在江苏地区有两个时期古文化遗址较少，文化层多有缺失。一为刘林期（据今年6300—5500年）、大汶口文化中晚期至龙山早期（距今4700—4000年），而这两个时期也正是海平面上升的时期。

距今6000年前，这一时期气候温润海平面上升，使目前大部分地区淹没成为海州湾的一部分。根据含海生贝壳的黑色海淤层推算，最高潮位达到今天连云港市西部、北部的丘陵前缘地区，即赣榆县青口镇至沭阳县沭城镇一线以东。当时，云台山、锦屏山、大伊山为海中岛屿。

在距今5000年前后，海岸线渐趋稳定在今赣榆县九里乡经宋庄郑园到东海县高桥一线。现今，赣榆区尚有一条海边古砂堤遗址。此时，在大伊山、龙苴、大村、二涧村等地遗留下一些新石器时代文化遗址，海水退至"荻水口—青口—海州—大伊山"一线。此时的云台山孤立于苍茫的海中，史称"都州"，又称为"郁州"。

距今4500年左右，海平面又一次抬升，在今赣榆县木套村经大庙、大沙、罗阳至今灌云县板浦、仲集之间，形成第二道古砂堤，其中，罗阳至板浦间有古河口间隔。

距今3500年，海岸线由羽山移到锦屏山，按等高线间距推算，在距今4500—3500年这1000年中海平面下降3米。由赣榆朱堵店果园到海州洪门果园间为浅海滩，即：海陆过渡地带。这个时期的海岸线是：从赣榆县范口、九里七、海州城，向东经过板浦东侧到达伊芦山，而后经过杨集、响水口、云梯关、羊寨到今天的盐城和海安一带。这时的云台山则是浩瀚黄海中的一座孤岛。

唐代以来，海平面又升高，海岸线西进，对近代淮安市的钻孔取样分析，当时的海岸线分布有3—4层的全新世海相淤泥层，在这个沙层中曾出土过唐初的铜币和晚唐的玉器等物，也即在这个时期海岸线推进到羽山附近。

从宋代到元代，海州湾地区由海进转变为海退，自17世纪起，再度海进。明代顾乾所著的《云台山志》中曾记述：距海三四公里的朱紫山被潮浸而进入海中。公元1368年设立的徐渎浦盐场因海潮浸灌而迁址于大村。明末，地处海州湾北端的古纪彰城被海水淹没，现已发现其地下部分遗址。

明清时期海岸线巨变，建炎二年（1128年）改道黄河夺淮入海，到清代咸丰五年（1855年）黄河在铜瓦厢决口，改由从现今渤海湾的东营利津入海为止，在这700余年的时间里，连云港地区的海岸线经历了较大的变化。自建炎二年到明万历六年（1578年）是一个缓慢的淤积期，逐步向东延伸，此阶段海岸线在荻水口、赣榆东、临洪口、海州东、板浦东、东辛、三舍、田楼、四套一线，与宋代海岸线相比变化不大。从明万历六年到清咸丰六年，这278年中，由于黄河全部走苏北入海，是苏北海岸线巨变的时期，云台山从海中岛屿变为陆上的巍峨高山。清乾隆年间的《云台山志》记载："云台山……自古在大海中，康熙庚寅辛卯间（1710—1711年）海长沙田，始通陆路"。此外，于清康熙四十年（1701年）后海涨沙淤，渡口渐塞，至康熙五十年（1711年）"忽成陆地"、"直抵山下矣"。继而北起临洪口，南到朐山头，盐田星罗棋布。1668年6月17日戌时，郯城发生8.5级大地震①，海水又后退了15千米，南云台山与北云台山之间的第一道鹰游门和第二道鹰游门相继淤塞。大

---

① 郯城大地震：公元1668年7月25日晚8时（清康熙七年六月十七日戌时）山东莒县—郯城间发生8.5级大地震。这是我国东部最大的一次历史地震，波及范围北至辽宁，南达广东信宜，东至朝鲜半岛，西到山西一带，面积达200万平方千米以上。极震区位于山东省郯城、临沭、临沂交界（今临沂市河东区梅埠镇干沟渊村），震中位置为北纬34.8°、东经118.5°，极震区烈度达Ⅻ度。

岛山、小岛山、罘山、东陬山、西陬山等海中岛屿逐渐与大陆连为一体，并在中云台山与北云台山之间形成了湖泊，名为五羊湖。至咸丰元年（1851年），盐商为了运盐挖凿运河，湖水从大板入海，五羊湖逐成陆地。从此第一、二道鹰游门淤塞，只剩下连岛与北云台山之间的第三道鹰游门，即现在的鹰游门，此处称为连云港市海洋运输的优良港口，其余两道鹰游门成了肥沃的良田。

追溯2万年前至今，由连云港地区海岸线的变化可知，锦屏山上的将军崖岩画在不同时期与海岸线的相对位置是不一样的，这必然会对生活在将军崖周边部落群体的生计方式、文化样貌产生一定的影响。后文将进一步结合将军崖岩画交叉断代的年代数据、周边不同历史时期的考古遗址对应这一地区海岸线的变化，把将军崖岩画的阐释分析置于一个立体的时空框架之中。例如：在距今7000年前，连云港的海侵范围最大，海岸线位于将军崖岩画以西，锦屏山成为海中小岛，将军崖岩画四周为浅海。在距今6000—5000年前，海侵减退，海岸线位于将军崖附近，锦屏山在海岸线附近。在距今4000年前，海岸线再次减退至锦屏山以东，将军崖岩画位于山麓，其下为平原。根据目前的考古资料，在苏北鲁南地区这一时期城邦较前有所增加，青岛城阳、两城镇、尧王城、藤花落、东海峪等都是这个时期的典型遗址，其中藤花落遗址处于南云台山与北云台山之间谷地的冲积平原（说明此时的海岸线位于中云台山以东）。海退和黄淮入海留下的沃土促进了这一时期农业的繁荣和社会的快速发展；一时间城邦林立，陪葬品激增，阶级进一步分化。

第三节　连云港地区生态环境的多样性与史前文化的多元性

在中国古代，连云港是南方农耕文明的最北端，也是北方游牧文化的最南端，同时也是环太平洋之中海洋文明的一个重要区域。①这三种文明形式汇聚于这一地区与其生态环境的边界性和多样性不无关系。即连云港是多个生态群落的交错带（ecotone），也是南北文化的交汇之地。

不同的文化区之间存在着一些文化的过渡带，这些过渡带的形成，体现了不同文化之间的交流。如中国半湿润区与半干旱区的过渡地带，其位置大致与降雨量400毫米等值线基本一致，也与黄土堆积、风沙堆积的界限一致，基本上沿着长城延伸。受生态环境的影响，此过渡带以北以畜牧业为主，属北方草原文化区；以南以农作为主，属北方旱作农业区，两者犬牙交错，形成农牧交错带。在新石器时期，随着气候的波动，这一地区出现旱作农业文化与畜牧农业文化的交错，这种交替势必会带来不同文化之间的交流和融合。同样的情况也出现在鲁南—皖北一带，这里属于亚热带和暖温带的分界线。此线以北气候温暖湿润，黄土广布，是旱作农业区；以南气候炎热潮湿，红土发育，是稻作农业区。随着气候的变化，这一分界线曾发生多次南北移动，于是在这里形成了旱作农业和稻作农业的过渡带。当气候界限北移时，稻作农业也向西北推进，在北方旱作农业区的南部，如鲁南、皖北和豫中一带的不少遗址中都发现

---

① 源自北京大学艺术学院李凇教授2014年1月3日开题报告会中对该论文的点评。

有稻米的遗存。环境与遗址之间关系的本质是文化的适应手段，在人类发展的早期阶段，环境对生活模式和经济形态的影响较大；且生产、生活方式受到环境因素的变化而相应调整的时候，会波及社会结构和意识形态，从而促使文化发生调整；在内力与外力的作用下，综合资源、技术和社会行为形成与之相适应的文化体系。本章在对古环境尤其是海陆变迁梳理的基础上，进一步思考连云港地区上古时代的人地关系、环境样貌与社会组织和结构之间的关系及其精神信仰。

在远古时代，生计方式和聚落结构是与环境最为密切的两个要素。生计方式投射在环境上，主要涉及野生动植物资源的分布、区域的气候特征及其内部的分异、土地资源与农业发展、海洋资源与渔业发展等。聚落结构则与地貌的联系比较密切，食物、水资源符合获取、聚落选址和建筑群的选材与建设，区域聚落分布形态、所选生活区域是否安全等。远古时代由于生产力相对低下，生产效率不高，单一的生产方式很难维持生计，往往需要多种生产方式作为补充，形成多元互补的经济模式，这就要求环境的多样性。连云港地区海陆、山地、河流兼具，又是中国南北气候、南北地域的过渡区域，生物多样性丰富、种群数量多，是早期人类理想的活动区域，为生计方式多元互补和聚落的发展提供了客观的自然条件。就更小的生态尺度而言，在锦屏山一带，山体资源丰富，山涧流水潺潺，东侧为海，南侧为丘陵和平原，为早期人类的居住提供了适宜的条件，与之相印证的是在锦屏山及其周边发现了桃花涧、酒店、二村、将军崖等石器时代遗址，证明在数万年以前这里就有人类定居、生存繁衍。

连云港地处生态过渡带也是这一地区孕育出早期文明的客观条件之一。1942年植物学家彼查（Beechar）发现不同地貌单元及生物群落的交界地带结构通常比较复杂，不同生境的物种共栖于此，种群密度大，生产力水平也相应较高。于是他将这种现象称为"边缘效应"（edge effect），即国际上所谓的"群落交错区"（ecotone）："在两个或多个不同性质的生态系统或（其他系统）交互作用处，由于某些生态因子（可能是物种、能量、信息时机或地域）或系统属性的差异和耦合作用而引起系统某些成分及行为（如种群密度、生产力、多样性等）的较大变化"①。海陆生态交错带是海陆交互作用的过渡带，受多因子共同作用，不仅是多种物质交汇的界面，而且是多种动力系统交互作用的界面，连云港不仅有波浪、潮汐和风的活动，而且处于大气、海洋、河流、陆地、高山的交接带上，形成了其特有的多类生态系统交错分布格局，包括陆地生态系统和淡水生态系统交错、淡水生态系统和咸水生态系统交错、陆生生态系统和水生生态系统交错、人工生态系统和天然生态系统交错等，各生态因子相互连接渗透、相互影响。同时，我们还应注意到从山地向平原的过渡区域，存在一个山前的暖带，又称为"暖坡效应"。将军崖就位于"暖坡效应"的区域，背靠锦屏山，面对可农耕的平原地带（锦屏山的北、西、南三面为广袤的良田），历史上，海进的时候将军崖还曾在海岸边缘或海水中。无疑，在物产丰富、气候温润、多种地貌及其所对应的生产方式并存的区域大环境中，将军崖及其周边地区由于受到"暖坡效应"的影响，更适宜早期人类的居住。

　　生态交错带的概念不仅仅具有生物学的意义，在文化生态学中，两个文化带的交接地带也是一种文化上的"生态交错带"，通常是观念与物质交汇的区域，往往更有文化创造性。"狩猎采集者的最佳栖居地就与盆地边缘、山麓地带有关，这里往往也是森林与草地（草原或草甸）的交错地带……盆地边缘、山麓作为森林与草地生态交

---

① 王建峰、雷瑞德：《生态交错带研究进展》，载《西北林学院学报》，2002年第4期，第24页。

错地带为狩猎采集者提供多样化的资源选择，它们与其最佳栖居地带优良的原料、水源、地形等优势结合起来就构成了双重的有利条件。"① 用现代景观生态学的观点考证，早期人类往往倾向于选择两种景观的交错区，如森林与草地交错带、山地与平原接壤带、水域与陆地过渡带等。纵观中国历史，如分布在半干旱的农牧交错带的红山文化、老虎山文化、齐家文化，分布在河湖密集的水陆交错带的良渚文化、石家河文化。当一个景观生态系统水热条件良好，且平原、低山、丘陵、湖泊等要素镶嵌并存时，生活在该系统的人们便可耕、可牧、可渔、可猎，这就与早期人类的"多元"性经济有了更多的相宜性。连云港位于中国两大生态交错带之一的"秦岭—伏牛山—淮河"过渡带，这里是温带落叶森林与南部常绿阔叶林带分界线，是传统北方旱作与南方稻作的分界线，也是文化地理意义上的北方与南方分界线，还是亚热带与暖温带之间的常绿落叶阔叶林过渡带、农牧交错带、干湿交错带和水陆交错带，这种自然生态条件为早期文明的发展和文化的多样性提供了客观条件。同时，生态环境的多样性和生态交错带可作为生态流的通道、过滤器、障碍、源（source）和库（pool），其物质流动的特性集中体现在河岸生态交错带和湿地交错带②，也映射至文化之中。在文化上，旧石器时代和中石器时代，连云港地区出土的石器与华北地区的亲缘关系更为明显。之后，随着时代的推移，其受到来自南方的因素逐渐明显，其中长期以来对于"青莲岗文化"的争论以及在"青莲岗文化"发现的早期一些学者将其归属为"大汶口文化"的观点就是这一地区文化多元性的一个重要表征。

---

① 陈胜前：《史前的现代化——中国农业起源过程的文化生态考察》，北京：科学出版社 2013 年版，第 116 页。

② 高吉喜、吕世海、刘军会等：《中国生态交错带》，北京：中国环境科学出版社 2009 年版，第 15 页。

总之，"生态交错带是狩猎采集者偏好的栖居地，它以资源的多样性吸引狩猎采集者，狩猎采集者在此处发展较为弹性的生计策略，以利用多样而变化的资源。因为生态交错带对环境变化敏感，狩猎采集者在获得资源多样性的同时，也要付出相应的机会成本，所以这一地带的适应风险比较高。较高的风险也促使他们采取更宽、更有弹性的适应策略，以应付难以预期的变化。比如采取食谱更宽的生计策略、更有流动性的采食策略，以及根据资源条件及时改变主要生计方式等。于是，生态交错带的整体迁移与反复波动让考古学家看到更多的文化适应策略的变迁。农业起源就涉及文化适应策略的变化，它必然首先起源于对环境变化更敏感的适应策略中"①。在生态交错带更容易发展出早期的采集狩猎和农耕，进而孕育了该地区早期文明的曙光，将军崖岩画正是在这种环境下发展起来的族群所创造的光辉史前艺术遗存。

第四节　岩画的空间场域与选址

梅洛·庞蒂认为人无时无刻不处于时空的实体之中，人对空间的感知是人的基本经验之一。而时空所提供的不仅仅是一个生活的场景，更是一个生动真实和人互动发展的场景。人的心灵和精神在空间环境中得以延展，空间与人的体验无法相互抽离。更进一步而言，"根据民族学的材料证明，景观很难与社会完全分离，这是由于在社会秩序的塑造和社会再生产的过程中景观本身就是其组成的一

---

① 陈胜前：《史前的现代化——中国农业起源过程的文化生态考察》，北京：科学出版社 2013 年版，第 132 页。

部分"①。与景观的互动记录了人类奋斗的历程,景观本身就是"文化图像",我们要去探求人文景观是如何叠加于自然景观之上并与之交相辉映的。上文在相对大的尺度上探讨了连云港地区的地形地貌、海岸变迁、生态环境的多元性与文化的多样性等问题,在此基础上,本节聚焦于岩画与环境之间的探讨,先从全球岩画的视角探讨岩画的创作载体:岩石、山及其神圣性,之后具体探讨将军崖岩画的空间位置及其象征性意涵。

一、岩石、山及其神圣性

"石"这一类物质在原始先民的生活中具有重要的意义,从使用石器开始人类就迎来了文明的曙光,在旧石器时代漫长的岁月里人们普遍使用打制的砍砸器、尖状器、石锤、石砧、刮削器、两端刃器、斧状石器等;至新石器开始出现磨制石器和具有装饰性的石制品,如石斧、石簇、石柞、石纺轮、石锤、石珠等;并且掌握了在石器上钻孔的技术,从而制作了装有木柄的石斧、石凿、石镑等复合工具。回溯整个石器时代,狩猎、采集、剥取兽皮、砍砸兽骨、燧石取火、再造工具、最初的耕作都与"石"息息相关。在史前时期,石器不仅用于生产生活是生产力演进的标志,可能还具有精神层面的意涵。乔治·奥德尔(George H. Odell)在对石器的研究中曾言,承担祭祀功能的石制品很可能存在于整个史前时代。但是,从史前器物组合中辨识出具有祭祀或宗教用途的石制品是非常困难的,并且常常需要求助于地层中上下文化层的承接关系。在古代玛雅文化中就有将石制品用于宗教活动的例证,带把手的石斧在形象上象征着战争,尤其是快速的短期战争,另外还与雨季结束后金星在夜

---

① Wendy Ashmore and A. Bernard Knapp, *Archaeologies of Landscape: Contemporary Perspectives*, Oxford: Blackwell Publishing, 1999. pp. 23-24.

空出现时举行的"石斧庆典"(axe-events)有关。岩画的创作选择"石"作为载体，本身就具有一定的神圣性。无论是崖壁岩画还是洞穴岩画都位于大石、崖壁或洞穴内，与"石""山"密切相关，对于其载体"石""山"的选择本身就包含着一种价值取向。在石的层面，"(岩石)上的一切创造其本身都以某种方式与精神世界相联系"①。以木制、泥制、人体等物质为依托的艺术品留存较为困难，很易泯于时间的长河之中；在生产力落后、与自然搏斗艰难求生的阶段，花费大量的劳动力在岩石上刻画，其对载体的选择本身就是一种精神信仰，而非单纯的物态择取，岩石具有的坚硬品质和恒久性，这种特性又与精神世界相联系。在许多文化的宇宙观中岩石本身就是有生命的，周边的景观和制作岩画的过程被认为是一种与岩石、洞穴或其他主体现象相联系的精神象征。尤其是有些地区，岩画还有巨石文化相伴产生。所以理解"石"的属性和与岩画之间的逻辑关系对于深刻地理解岩画图像及其意涵是十分重要的。

在世界很多地区，"山"常被认为是通天的工具，具有沟通三界的作用。伊利亚德认为一个圣地是在空间的均质性中形成了一个突破。这种突破是以一种通道作为标志的，正是藉此通道从一个宇宙层面到另一个宇宙层面的过程才成为可能。与天国的联系通过某些事物的模式来表达，这一切都被视为宇宙之轴，梯子、山、树、藤蔓等常被视为宇宙之轴的象征物。在这宇宙轴心周围围绕着世界（即我们的世界），因此宇宙的轴心是在我们宇宙的"中心"，即在"地球的肚脐"之处。许多不同的神话、仪式和信仰都源于这种传统的"世界体系"。所以山是地界与天界之间的桥梁，具有通天的作用。这种神圣性促使围绕着山或山中如山峰、巨石、河流等具有独

---

① Lewis–Williams, David James, "Three–Dimensional Puzzles: Southern African and Upper Palaeolithic Rock Art", *Ethnos*, Vol.67, No.2, 2002, p.256.

特性的景观成了宗教祭祀的场所。正是在圣地，世俗世界和神圣的世界得以沟通，成为世俗世界得以过渡到神圣世界的通道。在万物有灵的原始社会，山有山神，"沧海之中，有度朔之山。上有大桃木，其屈蟠三千里，其枝间东北曰鬼门，万鬼所出入也"①。说的就是灵魂归山的观念。"东夷族认为人死之后灵魂归山变成山鬼；由此而来，中国古代文学早期的山鬼形象，大多和东夷文化有直接关系。"② 如著名文学作品《高唐赋》"妾在巫山之阳，高丘之阴。旦为朝云，暮为行雨"中的女神就是山神。

  具体到岩画而言，原始先民对自然的依赖程度高，岩画作为集体观念的表达和创作与环境有着密不可分的关系。依据他们对天地及宇宙观的认识，对族群兴旺的关注，对人与自然关系的理解，根据岩画内容和功能的不同可能会选择特定的环境进行作画，并结合周边的生态地理环境营造出一定的意境，这种意境既能满足创作族群情感和形式上的诉求，也能因势作画使岩画、环境、观念融为一体，使得在祭祀仪式中环境与岩画互相促进，促使祭祀更具仪式性和神圣感，从而唤起人们强烈的情感认同。岩画位置的选取是岩画创作者宗教信仰和宇宙观的表征形式。根据南非岩画学者路易斯·威廉姆斯（James David Lewis-Williams）和法国考古学家让·克劳茨（Jean Clotte）的观点，洞穴类岩画所营造出来的气氛有助于萨满通神，无论是崖壁类岩画还是洞穴类岩画，所有地理位置的选择（如岩面的位置、视觉效果、朝向、周边的环境）都与精神世界相连接，岩画提高了这一地区的神圣性，也使这一地区更具有仪式感。

  阿纳蒂认为："世界上很多地区的岩画在当地仍被认为是神圣之

---

 ① ［东汉］王充：《论衡》，长沙：岳麓书社2015年版，第277页。
 ② 李炳海：《东夷族灵魂归山观念及相关文学事象》，载《社会科学战线》，1994年第3期，第207—214页。

物并具有神秘性，这也使得我们不易发现，毫无疑问许多史前岩画点在位置的选择上都有特定的原因。在马拉维（Malawi）人们在岩洞中创作岩画，他们认为'祖先的灵魂生活在此'。"①澳大利亚岩画学家保罗·塔森（Paul S. C. Taçon）根据民族志和历史记载推断出，特定的景观可激发人类的共同情感，这一特点是跨越地域和族群的。保罗·塔森列出来以下几个景观特征：（1）剧烈的自然运动造就的景观，例如：山脊、火山、峭壁或峡谷。（2）不同地形、水文或植被之间连接或转换处，如瀑布、植被交接带。（3）具有不同寻常的景观特征，如突出的山顶、洞穴、地洞。（4）所处之地具有开阔的视野或多样化的景观。他认为通过岩画制作、仪式等岩画地点被社会化，即赋予了这一地点更多的神圣性和意义。如水是玛雅人举行洞穴仪式的一个要素，洞穴中的水被视为圣水，在世界许多地区，岩画聚集在湖泊周围和河流峡谷的沿岸。保罗·巴恩在对爱尔兰的岩画遗址进行调查时发现，大多数岩画遗址位于淡水资源附近，并处于土壤肥沃之处，岩画往往被绘制于耕地周围多石的山顶或崖壁之上，可以俯视富饶的峡谷或耕地，这也表明了岩画与史前人类的起源和居住遗址之间密切的关系。将军崖岩画的位置即是如此，锦屏山周围西侧是蔷薇河、东南侧是善后河，均为淮河支流；山中更有诸多溪流、山涧穿插迂回其中，而历史上的海进、海退及黄淮河入海带来的丰富沉积物造就了这里肥沃的土地。

在中国，"乡村联合聚会通常在一个专门特设的地方举行。那里不能是耕地，也不能居住，这个地方对每个人来说都是神圣的，绝不可以亵渎神灵。在大部分地区，这些圣地都被相当明确地标出来了……人们需要找一个有丛林、流水、低谷和高山等多样地貌的地

---

① Anati, E., *World Rock Art: the Primordial Language*, capo di ponde: Edizioni del Centro Camuno di Studi Preistorici, 1994, p.28.

方举行传统华丽的节日庆典……他们感受到从这块土地的每一个角落都蔓延开来的一种守护神的神圣力量，人们以各种方式祈求这种神圣力量的降临……他们创造性的狂欢转变成为一种对崇拜的需求，于是聚会圣地上的一切得到崇拜，包括巨大的孤立树木、小片树林、水塘、河流交汇地、倾泻的泉水、土堆、开裂的石头，似乎留着巨大脚印的岩石。"① 葛兰言（Marcel Granet）通过对中国古代经籍的分析认为这些神圣的场所是神圣权威的产生和强化之地，也是民众为了获得繁衍和丰产的节庆仪式之地。而岩画作为史前巫术或宗教的一种遗存，以石、山为载体本身就是对神圣性的一种选择，也包含了更多精神层面的意涵。这种对于石、对于山的选择本身就与先民们对自然的认识以及他们的宇宙观相关联。巍巍山川、百神之聚、万物之母、穷奇极妙，包阴阳之变化，含元气之氤氲，历千载而弥坚，永安宁以祉福。山在人类的历史进程中具有重要的作用。当它作为岩画的物质载体时，我们必须深刻理解"山"在远古时代作为先民们生产生活的物质保障和精神依托的重要性，以及在宗教、仪式中的特殊意涵，才能进一步理解岩画丰富的精神内核。

二、"圜丘""高山之下，小山之上"与将军崖岩画的区域位置

神圣空间是在思维水平和生产力都较低的自然崇拜和泛灵观念中产生的，开始可归于巫术信仰的范畴。但随着生产力和思维水平的提高以及社会结构的发展，巫术逐渐发展出一定的理论体系，即弗雷泽称之为"理论巫术"以区别于"应用巫术"，并随着巫术仪式的制度化和巫觋的专职化，原始宗教开始出现，祭祀场所逐渐固

---

① Marcel Granet, *The Religion of the Chinese People*, New York: Harpercollins College Div, 1977, p.67.

定并形成了一套关于选取祭祀场所的规则，部分巫术意义的神圣空间开始转向宗教意义的神圣空间，当然这种转化是在时间的沉淀下逐渐形成的。所以我们通过"圜丘""畤"等国家形态下的祭祀遗址及其文化上的承继关系，可以去上溯在氏族社会祭祀遗址的形态和意涵。

在中国，有关祭祀遗址的记载常与圜丘或方丘相关，从《周礼》《礼记》中"冬日至，于地上之圜丘""祭天或于圜丘，或于方丘，或与南郊""禘为祭昊天于圆丘"的记载可知，在建筑尚不发达的原始社会，这种或圆或方的石丘或土丘成为祭祀地的选取对象。《史记·封禅书》："于是始皇遂东游海上，行礼祠名山大川及八神，求仙人羡门之属。八神将自古而有之，或曰太公以来作之。齐所以为齐，以天齐也。其祀绝莫知起时。八神：一曰天主，祠天齐。天齐渊水，居临淄南郊山下者。二曰地主，祠泰山梁父。盖天好阴，祠之必于高山之下，小山之上，命曰'畤'；地贵阳，祭之必于泽中圜丘云……"畤是必建于大山之下、小山之上的一处平坦台地。将军崖的位置正是如此，位于高山之下，小山之上。将军崖三面环山，一面是平原，中间有一石丘，将军崖岩画的前四组正刻于此处。其中第一组、第二组岩画皆面对较为宽阔的平原地带，其间河网密布，可谓山水相间，环山相抱；在环山间形成的这一石丘成为天然的祭坛。正如陈兆复教授所言，"江苏连云港将军崖岩画，刻画在锦屏山南面入口处突出的巨石上，巨石形似穹隆，前面是一片低平的开阔地，参加祭祀的人们面对着崖石上所刻的神灵图和星象图，如拜倒在苍天之下。虔诚的信仰，神秘的图像，以及由此而生的种种遐想，会形成一种扑朔迷离的幻境，能唤起在场人们强烈的宗教热情"[①]。

---

① 陈兆复：《出场的神明——贺兰山岩画展》，银川：贺兰山岩画展组委会 2004 年版，第 37 页。

此外，比较国内其他地区的岩刻类岩画，如阴山、贺兰山、巴丹吉林沙漠曼德拉山，其岩画多位于山峦崖壁的垂直岩面上；而连云港（含将军崖及其他连云港的诸多岩画点）、河南具茨山、南阳鸭河工区、辽宁鞍山的岩刻多位于山间大石之上，或刻于垂直岩壁上，或刻于水平岩面上。笔者认为这种选择并非完全由自然环境造成，在连云港的诸多山体及河南具茨山中，均有崖壁可资岩刻创作。但就目前的发现资料和笔者在这些地区的田野调查而言，原始先民仍旧舍弃高大巍峨的崖壁，而选择了大石。这种岩画选址的差异性可能与游牧民族和农耕民族巫术信仰的差异有关。

无论哪种岩画选址，岩画都不是孤立的，其与环境共同构成一个实体空间，或巍峨肃穆或葱郁壮美或流水碧溪或岸边巨石，都满足着当时制作岩画群体的信仰与精神诉求。而且客观上环境与岩画相得益彰融为一体，给制作群体和现代的观者更为生动地营造出某种神圣的氛围。神圣空间是沟通世俗世界与神圣世界的场域，也是一种象征性的图像语言；而岩画是这一场域中沟通世俗世界与神圣世界的图像编码，二者可谓异体同构。如拉帕波特（Roy A. Rappaport）所言，仪式发生于"特殊的时间"（specialised time）、"特殊的环境"（specialised place）、"特殊的场景"（specialised contexts），正是在这种具有独特性的时空环境中，先民们举行仪式创作岩画。对于制作场景的选择取决于当时先民们所处的社会环境和精神信仰，也反映着创作者的宇宙观。所以，岩画不单单是岩石上的图像，而是包含其存在空间在内的一个整体性概念。人类在与环境的适应和互动中前行，从狩猎采集过渡到农业，人类与环境的对话呈现出一种全新且更强有力的姿态，同时也使得一个全新和更强有力的社会组织形式的出现成为可能。原始先民是在环境与文化的互惠和对话中逐渐塑造出社会形态、精神文化以及图像风格的。

第三章 将军崖岩画的测年分析

年代学（chronology）是一个应用颇为广泛的学科，常用于天文学、地质学、古生物学和考古学，本书所用的微腐蚀断代法就是从地质学中借鉴而来，进而用于岩刻类岩画的断代和年代研究之中。在考古学上，19世纪末，考古学家们基于陶器的制作技术和风格类型建立起它们相关的年代关系，如弗林德斯·皮特里（William Flinders Petrie）在对埃及学的研究中，通过沉积层对史前器物的年代进行了判定，从而建立起这一地区的年代序列，创立了"考古序列断代法"（seriation）。基于实验室技术的科技断代直到20世纪中期才逐渐发展起来，科技断代的应用和发展有利于增强年代学的信度（chronology），并可作为考古分析重要的科学证据（axiom of corroborative evidence）。在研究中，最理想的方式是考古遗存的材料能适合科技断代，同时具有相关的考据，从而进行交叉断代，这相比于通过单一手段进行的断代具有更高的信度和效度。

在诸如岩画一类的史前遗存中，由于年代久远缺少文字记录，常会面临年代问题，而相比于史前的出土文物，如彩陶、骨刻纹、玉器等由于它们有明确的地层关系其大致的年代是可以准确判断的。但岩画不同，既缺少文字记录又缺少地层关系，且位于地表之上，长年受到风化的影响，年代判定就更为困难。但如果不解决岩画的年代问题，族属研究、意义阐释、象征系统、功能作用的探讨都将在某种程度上被架空。这也是本书用直接断代和间接断代相互印证的手段解决将军崖岩画年代问题及诸图像之序列的缘由。

第一节　岩画测年的源流、发展及其意义

考古学断代方式通常分为三类：直接断代（Direct dating）、间接断代（Indirect dating）和交叉断代（Crossing dating）。直接断代（又称为"科技断代"）是指依赖物体或样品的物理/化学性质测定其年代，如对有机物的断代的放射性碳元素断代（Radiocarbon dating）、对陶瓷的再羟基化断代（Rehydroxylation dating）、对史前人类化石的钾氩计年（Potassium-argon dating）、对彩绘的釉系断代法（U-dating）。间接断代（Relative methods）即根据已有的考古学知识建立相关的间接测定年代的方法，如：文本记录（Written markers）、铭文学（Epigraphy）、古文书学（Palaeography）、年代地层学（Age-equivalent stratigraphic markers）等。交叉断代是对直接断代和间接断代的综合，通过这两种不同类别的断代方式聚焦于断代的物体，从而更有效地判定其年代。

具体到岩画研究而言，涉及的直接断代方法有地衣测年、第四纪冰川、放射性碳元素、同位素测年等。地衣测年起于1950年奥地利学者拜斯彻（R. E. Beschel）利用地衣对全新世冰川及冰缘沉积物的年代进行推断，之后研究者将这一方法拓展到地质、地貌、考古等方面的断代研究中。在中国岩画研究中，综合地衣种类和地理环境等客观要素，通常用丽石黄衣进行年代判定；最先利用地衣进行断代的是1985年6月王维斌撰写的《新疆可可托海—二台断裂强震复发周期研究》中用丽石黄衣对岩画进行了断代研究；之后，1990年宁夏回族自治区文物管理委员会对大麦地岩画进行了第一次（共

检测了四组岩画的年代）地衣测年，2003 年对大麦地进行了范围更广的地衣测年，其测得最早的年代为距今 13241 年。① 关于第四季冰川擦痕与岩画断代方面：2003 年 9 月周昆叔在考察贺兰口岩画时发现多个岩画画面与冰川擦痕存在打破关系，并由此断定贺兰口早期岩画距今 1.9 万年。② 放射性碳元素断代起源于美国物理化学家威拉德·弗兰克·利比（Willard Frank Libby）（获 1960 年诺贝尔化学奖）③ 1947 年在《科学》（*Science*）上发表有关同位素中放射性碳元素的文章，之后于 1949 年发展为碳 14 断代法（Radiocarbon dating）④，从而引发了考古学上的革命；在岩画中的应用，如让·克劳次（J. Clottes）于 1944 年发现的肖维洞穴（Chauvet Cave），通过碳 14 断代法，洞穴彩绘岩画大约距今 32000—3000 年，比当时已知的世界最古老的岩画还要早 20000 年。1997 年玻利维亚国际岩画大会的论文成果主要讨论了通过加速器质谱碳 14 法（AMS）对法国和西班牙岩画的断代（M. Strecker, 1999）⑤；2014 年 10 月 9 日版的《自然》（*Nature*）刊登了《印度尼西亚苏拉威西岛更新世洞穴艺术》（"Pleistocene cave art from Sulawesi, Indonesia"），该文由澳大利亚

---

① 数据来源引自束锡红、李祥石：《岩画与游牧文化》，上海：上海古籍出版社 2007 年版，第 63 页。

② 数据引自：《岩画与游牧文化》，上海：上海古籍出版社 2007 年版，第 115 页。

③ Seaborg, G.T., "Obituary: Willard Frank Libby", *Physics Today*, 1981, Vol. 34, No.2, pp.92-95.

④ Anderson, E.C., Libby, W.F., Weinhouse, S., Reid, A.F., Kirshenbaum, A.D. and Grosse, A.V., "Radiocarbon from Cosmic Radiation", *Science*, Vol. 105, No. 2735, May 1947, pp.576-577.

⑤ Nobbs M. and Dom R.I., "Age Determinations for Rock Varnish Formation within Petroglyphs: Cation Ratio Dating of 24 Motifs from the Olary Region, South Australia", *Rock Art Research*, No.5, 1998, pp.108-146.

学者马克西姆·奥贝特（Maxime Aubert）等与印尼学者共同合作完成。他们通过铀系断代法（Uranium-series dating）对苏拉威西岛岩洞中的12个手印和两个动物图像进行了年代测定，得出了这一地区的岩画（39.9Kyr—35.4Kyr）至少和欧洲最古老的岩画年代相当，为这一地区岩画的后续研究及智人在东南亚的迁徙路线奠定了科学基础，可谓岩画年代学探索中最新的成果。另外，还有阳离子比率法和微腐蚀断代法，即通过测定易溶的K^+和Ca^{2+}与难溶的Ti^{4+}的含量，并做比较而进行岩刻画断代的方法；20世纪80年代贝纳里克对澳大利亚的多处岩画用阳离子比率进了断代研究；南非的岩画学家则从岩画表面堆积物中提取分析阳离子比率进行年代测定[①]。

关于岩画的间接断代方面，如阿贝·步日耶（Henri Édouard Prosper Breuil 文章署名多用"Abbé Breuil"）根据彩绘岩画的层位关系确定了法兰西-坎塔布里亚（Franco-Cantabrian）[②]岩画的年代；阿纳蒂通过岩画内容和画面语言结构对岩画所属的社会经济模式进行判定，通过分析岩画主题、组合、风格、技术、位置，将岩画分为原始狩猎者、进化的狩猎者、游牧、复合经济四种渐进社会经济发展类型，使岩画与经济类型相对应。考古学和历史学中常用的年代地层和文本记录由于岩画的古老性和存在于地表之上的特点，使得这两种方法在岩画的断代研究中很难应用。从全球范围来看，目前只有非洲和澳大利亚的一些原始族群还保留着岩画制作的传统，即岩画的活态遗存，其余地区其文字记录的信史与岩画之间存在时间上的断层并不能作为断代的证据；而由于岩画多制作于洞穴和崖

---

① Dom R.I. and Whitley D.S., "Chronometric and Relative Age determination of Petroglyphs in the Westen United States", *Annals of the Association of American Geographers*, Vol.74, No.2, 1984, pp.308–322.

② 法兰西-坎塔布里亚（Franco-Cantabrian）岩画位于法国和西班牙的交接地带，属于马格德林文化。

壁之上，缺少准确的地层关系，岩画和周边考古发掘资料的对应还需进一步探讨，故地层学在岩画的应用中并不广泛。国内在岩画间接断代方面，有通过历史文献记载、考古学资料、岩画周边的文字题刻、岩画的保存状况、叠压关系、刻痕（磨刻、凿刻）与工具（石质工具、金属工具）、动物的种属、人形的形象及装饰等判定其制作年代。例如汪宁生"从考古材料、文献记载与周围地区岩画的关系"三个方面对沧源岩画进行了断代分析。盖山林在对阴山岩画研究的基础上，提出了岩画断代的十条方法：（1）根据文献记载；（2）观察岩画的保存状况、风化程度；（3）研究刻痕和石垢颜色变化状况；（4）制作技法；（5）岩画的绘画风格；（6）岩画题材；（7）岩画的叠压关系；（8）比较研究；（9）岩画画面题字；（10）对画中动物种属的鉴别。需要特别提及的是，关于年代地层学在岩画中的断代，目前国内最有力例证就是大兴安岭北山洞彩绘岩画的发现与断代，也是目前国内唯一通过准确的地层关系断代的岩画。考古学家在北山洞内的发掘中发现了新石器至鲜卑时期的不同文化层，在这些不同时期文化层下的洞内石壁上，清理出土残存的红褐色涂绘岩画。洞内发掘出的石刃、刮削器、磨制石镞等器具是典型的新石器时期的代表，根据不同文化层的叠压关系，可以认定红褐色岩画绘制不晚于新石器时期。后经对北山洞红色彩绘岩画的碳 14 测年，印证了这处地层关系所反映的年代的准确性。

岩画作为史前遗存，由于缺少原生生态文化环境、活态遗存和文字记载导致其在年代的判定和意涵的阐释中存在一定的困境，这也是目前岩画研究方法所面临的困境。澳大利亚岩画学者贝纳里克认为岩画的阐释容易"望图生意"过于飘忽，他推行用科学实证的手段研究岩画，力求在岩画的研究中做到证实和证伪。实证主义强调科学的客观性和普遍性，强调知识必须建立在观察和实验的基础之上，以此来揭示一个普遍性的结论，并要求这一结论在同一条件下具有可验证性。实证主义作为一种岩画研究的范式可以与传统的风格比较、图像分析、结构语言等阐释方法分庭抗礼，得益于最近三四十年科技断代技术在岩画研究领域的应用和贝纳里克的贡献。科学实证在岩画研究中的应用，使岩画可以以科学数据为基础，从而摆脱了主观臆想和构建。基于此，本书以微腐蚀断代为基础参照并结合周边考古遗址和考古学文化类型对将军崖岩画进行了年代学研究，建立起了将军崖岩画各组之间的年代关系及诸图像的时间序列。根据这一交叉断代的研究结果，笔者把将军崖岩画的诸图像带入其创作的生态和文化背景之中，并结合田野考察、先秦文字资料和民族学研究，以实证的科学精神和阐释的意义取向并置的方式和策略，从多个层次、多个视角对将军崖岩画进行整体性研究。

第二节　岩画微腐蚀断代的方法及其实践

基于岩刻类岩画在直接断代方面面临的困难，贝纳里克教授发明了针对岩刻的微腐蚀断代，也是目前国际上唯一的岩刻类岩画直接断代的方法。岩画直接断代（direct dating of rock art）的概念最早是由澳大利亚的岩画学者贝纳里克于 1981 年提出。它是针对"传统的考古学断代方法"而言，其定义是"利用最可靠的科技手段对岩画的年代进行直接测定，其中包括对与岩画相关的岩面刻痕、裂隙、颜料以及沉积物等方面的观察、分析与测试"[1]。这里有两个先决条件：首先，用于测年的物质与技术间的物理关系必须是直接和无可

---

[1] Bednarik, R.G., "The Potential of Rock Patination Analysis in Australian Archaeology-Part 2", *The Artefact*, No.5, 1980, pp.47-77.

争议的；其次，这种测试及其结果是可以验证的。①

一、岩画微腐蚀断代的创始人罗伯特·贝纳里克

罗伯特·贝纳里克（Robert G. Bednarik）是国际岩画联合会（IFRAO）召集人、主席，澳大利亚岩画研究协会（AURA）编辑，《考古发现》（*Discovering Archaeology*）特约编辑。其田野调查遍布全球许多岩画区，研究专注于岩画的直接断代。他是第一位用放射性元素对岩画进行直接断代的学者；发明了微腐蚀断代，用高级统计学对澳大利亚考古遗存进行了统计。此外，他发明了新的技术评估二氧化硅的风化速度，以用于研究洞穴内的气候；发明了多孔岩石的测量方法，并指导了澳大利亚洞穴岩画第一次综合性研究。曾于1980年建立了考古学土壤实验，1983年创立了《考古学》和澳大利亚岩画研究协会，1988年创建了国际岩画联合会，并积极地参与遗产保护工作。基于世界上的大多数岩画缺少文本记录和考古学地层关系，且有相当一部分的制作族属不确定，故在岩画的阐释上存在一定的模糊空间和不确定性。贝纳里克对岩画的直接断代进行了几十年的探索，尤其是面对岩刻类岩画无法使用碳14或铀系同位素的方法进行断代，且取样极易破坏原有画面的特点，他在微腐蚀地质学断代的基础上，进一步发明了微腐蚀岩画断代的方法，对岩刻类岩画进行年代学的判定，并在俄罗斯、澳大利亚、印度、中国等十几个国家的上百个岩画点进行了反复的数据实验，创立了完整的针对岩刻类岩画的微腐蚀直接断代方法，为判定岩刻类岩画的年代提供了科学的实证依据，弥补了岩画研究中类型学和图像学方法中存在的不足。

---

① Bednarik, R. G., *Rock Art Science: the Scientific Study of Paleoart*, New Delhi: Aran Books International, 2007, p.124.

二、岩画微腐蚀断代的方法来源及其原理

1966年波兰学者柴诺胡兹（J. Cernohouz）和索尔切（I. Solc）在《自然》（*Nature*）上撰文《用石亏确定玄武岩表面风化的绝对年代》（"Use of Sandstone Wanes and Weathered Basaltic Crust in Absolute Chronology"）。作者们认为岩石的边缘逐渐变圆的过程与其年代成一定的比例关系。概括而言，可以通过石亏测定岩石 $200—10^5$ 年的年龄，但由于每种岩石的组成和结构的差异，其风化速度也不同，故所能测定的时间区间也相异。例如：根据玄武岩的风化特性，通过石亏测量其可测定的年代区间为 $500—10^7$ 年；柴诺胡兹和索尔切建立了风化与年代关系的初步模型（见图3-1）。其中角 φ 与时间 t 是根据 H 的长度而改变的，且角 φ 与时间 t 成正比。在实践中，柴诺胡兹和索尔切认为通常计算长石和石英两种岩石石亏风化速度之差可以使所测定的年代准确到10%—20%。

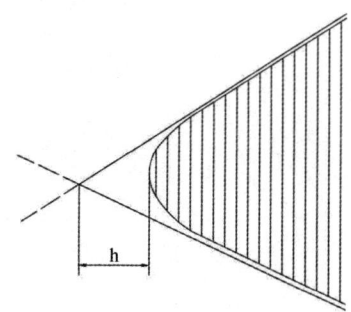

图3-1 地质学上测量石亏宽度与年代关系图①

$$h = \frac{at\sqrt{(2)}}{1+b\sqrt{(t)}} \cot \frac{\varphi}{2} \tag{3-1}$$

公式地质学上测量石亏宽度与年代关系公式②

---

① 来源：Robert G. Bednarik。
② 来源：Robert G. Bednarik。

20世纪90年代初期,贝纳里克在柴诺胡兹和索尔切关于微腐蚀地质测年的基础上,对该方法进行了进一步的发展与完善,进而应用于岩刻类岩画的年代测定,经过多年的实践,逐步形成一套完整的"微腐蚀断代法"(Microerosion dating method)。具体而言,微腐蚀是指矿物晶体断裂面随着时间的推移在风化的作用下石亏面逐渐变圆的过程;这一逐渐变圆的过程遵循特定的几何规则,这决定了石亏和时间之间线性的代数关系。其中石亏是指刚破碎的岩石晶体的边缘由尖变圆的宽度。

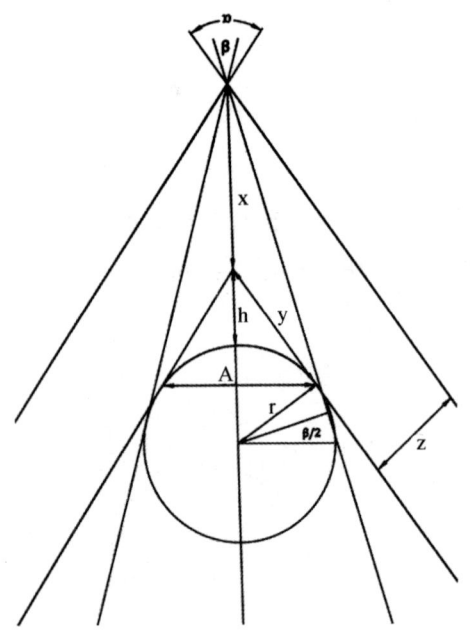

图 3-2 岩画微腐蚀断代中石亏风化的几何图[①]

$$x=\sqrt{\left[\left(\frac{z}{\tan 0.5\alpha}\right)+z^2\right]} \qquad \beta=2\sin^{-1}\left(\frac{r}{x+h+r}\right) \qquad (3-2)$$

岩画微腐蚀断代中石亏风化的方程[②]

---

① 来源:Robert G. Bednarik。
② 来源:Robert G. Bednarik。

石亏的"宽度",无论是什么尺寸大小,都可成为断代年代的应变量。在石亏形成中,对于任何角α来说,h：r的比例是常量,不必考虑表面和边的消退距离。x：z比例是α的变量,并当角α=60°,x=2z,x的尺寸可以以代数方式按上述公式3-1来表示。这样就可以算出β的数值,β表示石亏的形成。石亏宽度A和年代的关系根本上是由α：β的比例决定的。A、r、z的长度,以及角α和β在几何学上是有关联性的,并且变量A、r、x、z和h都是线性关系。在这些数值当中,A是在实际的观测中最容易测量和获取的。所以我们在观测中实际上读取就是A的宽度,也即石亏的宽度。①

根据对各类岩石岩性的分析,贝纳里克主要用石英和长石晶体对岩刻进行断代。石英的主要成分是二氧化硅（SiO_2）,硬度为7,熔点为713°,无色透明晶体,常含有一定的杂质而呈现为半透明或不透明晶体;石英的物理性质和化学性质均十分稳定,晶体类型属三方晶系的氧化物,石英颗粒常存在于花岗岩、片麻岩和砂岩中,并是其重要的组成部分,有时可在岩体上观测到石英组成的石英脉。长石是一种含有钙、钠、钾的铝硅酸盐矿物,在地壳中占比高达60%;常存在于火成岩、变质岩和沉积岩中;硬度为6—6.5,性脆,有着较高的抗压度,透明并具有玻璃光泽,若含有杂质会使其透明效果降低并呈现一定的颜色;对酸有较强的化学稳定性。石英和长石是在岩体中广泛分布且稳定性较好的矿物质,在通常的自然条件下,它们受气候的影响较小,不易被酸碱度和温度所影响。微腐蚀断代,就是通过对各种岩石上制作岩画时对石英或长石晶体产生的刻痕的风蚀程度的测定和分析,来确定岩刻画的制作年代。风化速度和时间之间的线性关系以及对晶体的要求,使风化速度相对比较

---

① Bednarik, R.G., *Rock Art Science: the Scientific Study of Paleoart*, New Delhi: Aran Books International, 2007, pp.115-153.

快和缺乏明显结晶体的岩石排除在这一方法之外，如大多数的沉积岩。

　　在岩刻画制作过程中，刻痕内暴露在外的被截断的石英或长石晶体颗粒，经过长时间的自然风蚀，其边、角将逐渐由锋锐变钝，形成弧面，我们将此弧面称之为"石亏"（wane）；微腐蚀断代用已知年代（题记等）上的石亏和其年代建立起的比例关系应用于未知年代的岩刻之上，通过岩刻上的石亏长度和已获取的样本关系推测岩刻的制作年代。在贝纳里克的实践和研究中，用于作为已知年代校正数据的载体包括了墓碑、摩崖题记、造像、纪念碑、晚更新世的冰川擦痕等。由于各个地区的生态环境不同，其所暴露在外的石英刻痕的风化速度也有差异，所以只能用就近的或生态环境相似地区的已知年代作为校正数据。

　　用有纪年的摩崖题记的微腐蚀观察是作为一种校正数据而进行的，我们可以说微腐蚀断代实际上是基于考古学中交叉断代（cross dating）的原理而运用的研究方法，通俗来说就是用已知年代的文物去比较未知年代的文物，从而确认后者的年代。不过交叉断代与微腐蚀断代的根本区别在于前者是基于经验之上的主观判断，而后者则是基于客观数据之上的科学分析。正是由于比较和交叉断代的需要，所以我们在对某地岩刻画进行微腐蚀观测之前，务须先找到一处以上（越多越好）有纪年的摩崖石刻，对其石英或长石晶体进行微腐蚀观察，从而建立起岩石（主要指石英晶体）风蚀与年代之间的比率和数据关系，以供以后与岩画微腐蚀进行比较和校正。换句话说，由于各地的地理环境，特别是地貌气候的不同，不同地区的岩石（包括石英晶体）有着不同速率的风化程度，所以在对一个地区的岩刻画进行微腐蚀断代时，这个地区的岩石风化与年代之间的比率关系必须要建立起来，而这种比率关系正是通过有纪年的摩崖题记的微腐蚀观察和分析建立起来的。

在微腐蚀的过程中，由于是直接用显微镜在有石英晶体的刻痕上观测，所以其取样观测过程是完全非侵入式的（non-invasive），这对日后进一步的反复验证和岩画保护都有所裨益。由于微腐蚀是基于对石英刻痕风化过程的观察，所观察到的是岩画最后一次被加工的实践，一幅岩画的创作完成可能在不同时期经过多次加工，也可能在近期遭到过破坏。该方法测定的是所研究的岩画的最近年代，也就意味着岩画的实际年代可能要比通过微腐蚀测定方法所获得的结果古老得多。我们在观察的过程中可以对近期破坏进行筛选使其不在观测样本之内，而对于不同时期加工的痕迹，可通过和周边刻痕数据的比较进行推测和排除。

目前岩画的微腐蚀断代技术已经应用于俄罗斯、葡萄牙、意大利、玻利维亚、印度、中国和南非的岩画研究之中，在实践和研究的过程中验证了微腐蚀断代的有效性和科学性。岩画微腐蚀断代最适用于当今到距今5万年的时间区间，到目前为止综合全球的微腐蚀断代数据，所测得的时间跨度从距今几百年到三万年。

三、微腐蚀断代在中国的实践发展历程

贝纳里克发明了岩画的微腐蚀断代，这一方法首次应用于俄罗斯奥涅加湖（Lake Onega）岩画的年代测定，之后又应用于澳大利亚、印度、南美洲等。到目前为止，微腐蚀分析已经应用于除了南极洲以外的所有大洲，正如贝纳里克所言，在中国进行微腐蚀断代的条件非常好，中国有大量可知准确纪年的石刻作品为微腐蚀的断代提供了丰富的校正数据。贝纳里克在对中国的岩画进行考察后曾言："在中国，不仅文字记载可以追溯到几千年以前，很多岩刻的题记会精确到制作的当天，并常常会记录着所制作的这个石刻的意义。在世界的其他地区用文字的形式对时间进行精确记载的现象十分匮乏，在岩石表面进行的精确时间记载就更少了，至少我所知晓的在

世界其他地区并不像中国这样如此丰富。"① 此外，中国摩崖石刻与造像多为花岗岩和片麻岩，或者是含有石英的片岩、千枚岩、粗晶体砂岩、砾岩和角砾岩等，都有丰富的石英晶体可供微腐蚀观测。

　　在中国，微腐蚀断代的首次应用是汤惠生于 1997 年对青海岩画进行的年代测定；汤惠生用都兰吐蕃王陵前的石狮和玉树地区的唐代佛教造像与石刻题记中的石英和长石的石亏作为已知年代的校正数据，对青海省的庐山、卢芒沟和野牛沟三处岩画进行了年代学的判定，其制作年代为距今 3200—2000 年前。2005 年汤惠生教授将微腐蚀断代应用于江苏连云港将军崖岩画年代测定，以将军崖附近的公元 61 年 4 月刻制的孔望山摩崖造像为校正数据，对将军崖上的支石墓凹穴和将军崖人面像进行了年代判定，其得出的时间为距今 11000 —4300 年前。2014 年 6—7 月，由中国、澳大利亚和印度岩画学者组成的岩画断代考察组对河南、宁夏、江苏三个省的岩刻进行了为期近 30 天的微腐蚀断代田野工作，获得了河南（新郑具茨山、南阳鸭河工区）、宁夏（贺兰口、石嘴山）、连云港（将军崖）三个地区大量的微腐蚀校正数据和岩画的微腐蚀数据；在三个不同的生态区域共获取了 7 组石刻题记的校正数据用于微腐蚀的年代估算。三个省的 24 组岩刻将以此为参数进行断代。这是目前为止世界上微腐蚀断代获取数据最多的一次。从微腐蚀技术在中国岩画断代中的应用可以知晓，连云港是进行微腐蚀断代最多的岩画点，分别是 2005 年的汤惠生进行的断代和 2014 年贝纳里克、库马尔、汤惠生和笔者共同进行的断代。由于连云港地区山体的岩石性质含有较多的石英和长石颗粒，且连云港地区古迹丰富，留存有大量的具有明确纪年的题刻（上至汉唐下至民国），为岩画年代的校正提供了大量可靠的参考数据，也即贝纳里克所言"将军崖岩画点是目前亚洲已知

---

① 2014 年 7 月 14 日连云港将军崖国际岩画研讨会讲话。

的最佳的岩画断代点,也或许是世界上进行微腐蚀断代最多的岩画点之一"①。无疑,年代问题的系统解决将为将军崖岩画进一步的深入研究打下基础。

将军崖岩画经过汤惠生教授于 2005 年的微腐蚀断代(以孔望山为校正数据),贝纳里克、库马尔、汤惠生和笔者于 2014 年的微腐蚀断代(以河南方城德云山为校正数据),以及笔者在 2015 年为期三个月对将军崖每个单体图像的观察、对可测图像的微腐蚀断代。这三次岩画微腐蚀断代,对将军崖年代序列的建立和岩画微腐蚀断代法在这一地区的信度和效度的验证提供了数据。

第三节　将军崖岩画微腐蚀断代分析

前文已经提及,将军崖是目前国内进行微腐蚀断代次数最多的岩画点,根据对已有的微腐蚀直接断代的梳理,并结合将军崖发现以来研究历程中学者们通过综合分析对将军崖的年代判定,目前在国内外关于将军崖的年代判定的主要观点如下。

根据表 3-1 分析可知,在将军崖发现初期的研究中,即 20 世纪 80 年代早期,苏秉琦、吴汝祚、俞伟超等考古学家判定其为距今三四千年前的农业文化的遗存,需要注意的是,这个年代判定是针对将军崖第一组岩画的,而不能和整个将军崖岩画的年代混为一谈,且将军崖第五组岩画在 2006 年才发现,故早期的年代判定并没有涉及第五组。随后,在 20 世纪 90 年代初,岩画学者宋耀良将年代判定为"石器时代的中后期",这个年代也是针对将军崖第一组、第二组岩画。在其《中国史前神格人面岩画》一书中,基于对中国及美洲

---

① 笔者与贝纳里克 2014 年 9 月 28 日邮件。

表3-1 将军崖已有断代研究数据分析表

断代方法	断代学者	距今年代	做断代的时间	数据来源
直接断代（微腐蚀分析）	Robert G. Bednarik（澳大利亚）	5380—360年	2014年	The 2014 microerosion dating project in China
	汤惠生	基岩凹穴：11000年 石棚：6000年 人面像：4500—4300年	2005年	《通天巨石——以江苏连云港将军崖史前岩画遗址为中心》
间接断代	苏秉琦 吴汝祚 史树青 李学勤 俞伟超	3000年	1981年4月（会议时间）	1981年4月6日《人民日报》
	俞伟超	"青铜时代"	1980年（著作时间）	《连云港将军崖东夷社祀遗迹与孔望山东汉佛教摩崖造像》
	宋耀良	"五六千年前的石器时代中后期"	1992年（著作时间）	《中国史前神格人面岩画》
	周锦屏	4300—4000年	2007年（论文时间）	《"句芒"——破译"天书"的人文密码——兼论将军崖岩画与上古天文历法》
	李洪甫	4000年	1990年（著作时间）	《海州石刻》
	高伟	4000年	2009年（著作时间）	《东方古象岩画研究》

第三章　将军崖岩画的测年分析

人面岩画的分析和实地考证，他认为人面岩画起源于将军崖，向南传播到台湾地区；向北传播到西辽河流域，并从西辽河分为两支，一支向西经阴山山脉到达贺兰山，一支向东经西伯利亚过白令海峡，到达美国西海岸；根据宋耀良的分析，作为人面岩画起源的将军崖，其人面像也是年代最早的人面岩画。虽然有学者对这一判断提出质疑，但宋耀良的关于人面岩画传播路线的观点仍然在很长时间成为这一学术论题的主流观点并广泛传播。连云港地区本地的学者周锦屏、李洪甫、高伟在自将军崖发现至今的研究中，认同并延续了苏秉琦等人在将军崖发现之初的年代判定，认为是距今 4000 年农业文明的遗留（这一年代也是主要针对将军崖岩画第一组而言的）。

到 21 世纪，于 2005 年岩画学者汤惠生对将军崖岩画进行了第一次微腐蚀断代，其最古老的年代推至 11000 年，2014 年岩刻类岩画微腐蚀断代的发明人贝纳里克带队进行的将军崖断代年代数据为距今 5280—360 年；在这里需要说明的是，对于将军崖年代的判定看似跨度很大，实则不然。首先，汤惠生所言的距今 11000 的年代数据为对山上基岩凹穴的测定（不在将军崖五组的分类范围内），我们不能把这个数据误解为人面像的数据加以讨论。其次，贝纳里克的断代数据，最古老的距今 5280 的年代数据为"石社"上凹穴的数据，非人面像的数据，整个将军崖在制作完成之后，又经过数次的磨刻，且直到近现代仍有刻画的痕迹，故这个年代数据上的差异所反映的是整个将军崖岩画的制作具有持续性的这一动态过程。笔者之所以对这些数据进行分析说明，一方面用于与后文中的断代数据进行详细的比对，一方面对把将军崖岩画的某个年代笼统地解释为第一组图像的年代，对这种图像和年代错置的观点进行批评和纠正。外界的这一认识往往是由于对将军崖的资料不够熟悉，把将军崖最具代表性的第一组禾苗与人面像组合的岩画想当然地等同于整个将军崖岩画而造成的误解。

笔者对将军崖进行了两次微腐蚀岩画断代,一次是于2014年7月,与贝纳里克、库马尔、汤惠生共同进行的实地取样和数据分析;一次是于2015年9—12月,由笔者独立完成的将军崖微腐蚀断代。由于2014年在将军崖进行的微腐蚀断代时间较为紧张,获取的数据有限;为了获取将军崖岩画中各个图像更为详细的年代数据和序列,笔者在2015年独自对将军崖岩画进行了更为细致的观察、取样及数据分析,以对之前的数据进行补充。同时,2015年的微腐蚀断代,采集了更多的校对数据样本。将军崖具有得天独厚的微腐蚀断代条件,在连云港地区人文历史悠久,有丰富的具有纪年可考的石刻和题记作为校正数据;且这一地区考古遗址丰富,为微腐蚀断代数据的准确性提供了重要的交叉校正的参考资料。在自然方面,连云港地区山体的形成过程和所产生的岩石性质非常适合进行微腐蚀断代,将军崖石质为花岗岩(Granite),花岗岩属于火山岩的一种,是火山爆发时熔岩受到压力在熔融状态下隆起至地壳表层的构造岩。如表3-2所示,花岗岩含有较多的石英脉和石英颗粒,长石的含量也非常丰富,且在风化过程中,石英尤为稳定,这就使得微腐蚀断代中数据的获取相对较为容易。此外,在微腐蚀断代的实际操作中,为避免在观测和数值读取时个人习惯造成的主观偏差,通常为同一个观测人进行操作(2014年微腐蚀断代数据由贝纳里克读取,2015年微腐蚀断代数据由笔者读取)。

表3-2　花岗岩的风化与各成分的演变

矿物成分	化学成分	发生的变化	风化结果
石英	SiO_2	残留不变	砂粒

（续表）

矿物成分	化学成分	发生的变化	风化结果
正长石	K_2O	成为碳酸盐、氯化物进入溶液	溶解物质
	Al_2O_3	水化后成为含水铝硅酸盐	黏土
	$6SiO_2$	少部分 SiO_2 游离出来溶于水	溶解物质
更长石	$3Na_2O$	成为碳酸盐、氯化物进入溶液	溶解物质
	CaO	成为碳酸盐，溶于含 CO_2 的水中	溶解物质
	$4Al_2O_3$	同正长石	黏土
	$20SiO_2$		溶解物质
白云母	$2H_2O$ K_2O $3Al_2O_3$ $20SiO_2$	残留不变	云母碎片
黑云母	H_2O	水溶液	水溶液
	H_2O	成为碳酸盐、氯化物进入溶液	溶解物质
	Al_2O_3	生成含水硅酸盐	黏土
	$2(Mg,Fe)O$	成为碳酸盐、氯化物进入溶液；碳酸盐氧化成赤铁矿、褐铁矿	溶解物质及色素
	SiO_2	少部分 SiO_2 游离出来溶于水	溶解物质
锆石	ZrO_2 SiO_2	残留不变	砂粒 （重矿物）
磷灰石	$Ca_5[PO_4]_3$ (F,Cl,OH)	溶解或残留不变	溶解物质或砂粒（重矿物）

正是基于石英晶体在风化过程中比较稳定的特征，岩画的微腐蚀断代通常会选择石英进行观测，在有条件的情况下也会选择长石，

在一个岩画点分别获得基于石英或长石的石亏数据进行年代的交叉验证。但相对于石英而言，长石的风化速度较快，因此笔者在两次将军崖岩画的微腐蚀断代中均选择石英作为观察对象。

一、2014 年将军崖岩画的微腐蚀断代分析

在连云港的微腐蚀断代工作从 2014 年 7 月 11 日开始，从六个主题的岩刻中获取了 7 组石亏数据，包括了两个凹穴和其他类型的岩刻。我们在将军崖的微腐蚀石亏观察，首先是位于南侧的穿过了石英脉的方形沟槽。但这里只获得几组很短小的断裂边缘，没有一个石亏的长度超过 50 微米。我们从这里获取的石亏宽度数据为：10+10+11+12 = 43/4 = 10.75 微米。在距离太阳神人面像中心 4.5 米高的位置，有一个直径为 40 毫米的石英颗粒为我们提供了可靠的石亏数据，长度为 520 微米，宽度：24+22+22+21+22+20+20+20+21+21+20+20 = 253/12 = 21.1 微米。我们在将军崖上方的石棚的两个凹穴上进行了观测，但没有获得有效数据。在临近的太阳芒线、人面像，以及"子午线"上，我们获得了几组数据，第一组为：14+15+14+14+14+15+16 = 102/7 = 14.6 微米；第二组：3, 2, 2, 3, 3, 2, 2 = 17/7 = 2.4 微米；第三组石亏长度为 460 微米，宽度为：5, 6, 6, 6, 6, 7, 7 = 43/7 = 6.1 微米；第四组：18, 16, 18, 18 = 70/4 = 17.5 微米。在岩画点木栈道的北边，有一个大型凹穴，它恰好穿过一个宽度为 3 厘米的大致东西走向的石英脉，该凹穴南北直径为 210 毫米，东西直径为 190 毫米，深为 59.6 毫米。在这个凹穴的北壁上有一个可供观察的石英晶体，其石亏宽度为：36+38+38+36+34+36+34+32 = 284/8 = 35.5 微米。距离将军崖岩画点以北大约 250 米的碓臼庵石墓遗址，也有一个凹穴（21.5×20.0×32.0 毫米）正好位于石英块之上，经测量其宽度为：6, 7, 5, 6, 5, 5, 5, 6 = 45/8 = 5.6 微米。

第三章 将军崖岩画的测年分析

图 3-3　2014 年断代中江苏省连云港微腐蚀岩画观察点

在连云港的微腐蚀断代中获取了两个校正曲线，第一处是位于将军崖附近碓臼庵前方刻制于宋仁宗皇祐三年（1051 年）的题刻（其石亏长度为 390 微米，宽度为：6，6，6，5，5 = 28/5 = 5.6 微米；微腐蚀的系数为 5.8 微米/千年）；第二处位于连云港市灯盏石下北侧基岩立面上的《宋蟠题刻》，该题刻时代为在金世宗大定十四年（南宋孝宗淳熙元年，公元 1174 年）；题刻石面光滑平整，题刻刻面长约 85 厘米，宽 30 厘米，共 5 列 60 字。题刻中所观察到的石英石亏宽度为：5+5+5+6+5+5+4 = 35/7 = 5.0 微米。江苏的宋蟠题记为我们提供了一个相似的微腐蚀系数：5.9 微米/千年；但最终未能采用宋蟠题刻的数据作为连云港地区的校正数据，而是采用了河南德云山的数据作为矫正的依据。[①]

[①] 本次连云港将军崖岩画的微腐蚀断代，是基于一个中国岩刻类岩画断代的项目，其中涉及河南新郑的具茨山、南阳方城的鸭河工区、宁夏回族自治区的贺兰山三个地点。三地涉及多个岩画单位和岩画学者，笔者参与了三地的岩画调查，其中连云港将军崖部分的考察和断代工作由贝纳里克、库马尔、汤惠生和笔者共同参与完成。

图 3-4　罗伯特·贝纳里克 2014 年将军崖岩画考察中对图像进行微腐蚀断代

在距离将军崖以北大约 250 米处山坡上的峡谷里植被茂密，在尼姑庵的石墓前有一块墓碑。在它的右边有一个大的包含石英的凹穴可用于微腐蚀断代。在山谷前方 17 米的位置有一个短小的题记和两个制作精致的动物石雕。由于动物雕塑不能确定其明确的年代，我们选用了题记的石亏进行断代分析，题记制成于 1051 年。在碓臼庵共获取了两组石英的石亏信息。

宋蟠题刻距离将军崖 35 千米，在北固山南麓的一个寺庙前，岩石的一边巧妙地支撑了一个巨大的椭圆形巨石，海拔 57 米。宋蟠石刻位于山坡的岩面上比邻今天的居住区，其年代可以追溯到金大定十四年，即 1174 年，这里的石英非常适合进行微腐蚀断代。在题记的附近有几个单体的凹穴，一并进行了微腐蚀断代，但是由于其中含有硅，使得晶体不够透明。而将军崖上的片麻岩，其中的二氧化硅要么是透明的石英，要么是在变质作用下形成的岩块。

非常遗憾的是，本次在碓臼庵遗址和宋蟠石刻获得的校正数据，未能有效地应用于本次将军崖的微腐蚀断代中，而是使用了我们在河南方城二郎庙乡德云山的两块北宋咸平四年（1001 年）

的题刻作为校正数据。德云山获得的石亏长度为 47 微米；6 个宽度数据为：7, 6, 7, 6, 7, 7 = 40/6 = 6.67 微米。它的微腐蚀系数为 6.6 微米/千年，同时，德云山的数据也作为 2014 年中国岩画微腐蚀断代江苏、宁夏（宁夏未能获取到合适的题刻作为微腐蚀校正用的数据）、河南三地岩刻的校正数据。之所以用德云山作为三地的校正数据，主要基于北宋题刻的年代为我们的断代提供了更大时间跨度的参考，基于连云港和河南地质地貌、自然环境、岩石风化速度等方面的差异，使 2014 年的将军崖微腐蚀断代数据还有进一步深入发掘和分析的空间。这也是笔者在 2015 年再次对将军崖进行微腐蚀断代的原因。同时，笔者 2015 年独自在连云港进行考察的时间更为充分，从而获取了更为系统的数据和结果。

根据河南德云山的石英校正数据和本次对将军崖岩画七组数据的计算，得出的将军崖年代数据显示出其所持续的时间区间比较长，这也意味着将军崖的岩画刻制绵延了几千年。太阳神人面像中一个相对较为新的方框穿过一条长长的石英脉，其微腐蚀的年代为 E1630 + 190/-110 BP；其中间位置的凹穴所提供的数据可信度更高，微腐蚀年代为：E3200 + 440/-170 BP。在同一个岩面的同一幅岩刻上的两个石英石亏所得出的微腐蚀断代数据截然不同，毫无疑问地证明了，其岩刻在最近遭到过刻凿（或破坏）。在这幅太阳神岩刻上有一个较早的敲击痕迹，其年代为 E2210 + 210/-90BP，但是在太阳神岩画的装饰部分微腐蚀断代的结果只有 E360 + 90/-60 BP。垂直穿过整幅岩刻的"子午线"年代在距今 E920 + 140/-160BP。将军崖岩面上部的对角线形沟槽其微腐蚀测得的年代为 E2650 + 80/-230 BP。在将军崖岩画点的北部一个大凹穴中得出了可信度很高的最早年代数据为 E5380 + 380/-530 BP。在将军崖以北 250 米的碓臼庵前方的大凹穴，在年代上较晚，距今为 E850 + 210/-90 年前。

根据对以上数据的整理分析，将军崖岩画的年代分析如下（表3-3），从整个情况来看，将军崖岩画由凹穴、人面像、太阳、"天空星象"等图案组成，其最早的年代为距今 E5380 + 380/-530 年前，最晚距今 E360 + 90/-60 年前。除了不同的图案形成于不同时代之外，应该还有很多后期的破坏行为造成年代晚近。事实上，将军崖岩画的打制过程（包括创造和破坏两方面的因素）应从更新世晚期到距今 360 年前。

表3-3 2014年江苏省连云港微腐蚀断代数据表

地点	位置	石耔数据（微米）	距今年代估值
将军崖	方框沟槽	50×10, 10, 11, 12 = 43/4 = 10.75 μm(Q)	E1630 + 190/-110
将军崖	太阳神人面像中的凹穴	520×24, 22, 22, 21, 22, 20, 20, 20, 21, 21, 20, 20 = 253/12 = 21.1 μm(Q)	E3200 + 440/-170
将军崖	岩刻1	14, 15, 14, 14, 14, 15, 16 = 102/7 = 14.6 μm(Q)	E2210 + 210/-90
将军崖	岩刻2	3, 2, 2, 3, 3, 2, 2 = 17/7 = 2.4 μm(Q)	E360 + 90/-60
将军崖	"子午线"	460×5, 6, 6, 6, 6, 7, 7 = 43/7 = 6.1 μm(Q)	E920 + 140/-160
将军崖	对角线沟槽	18, 16, 18, 18 = 70/4 = 17.5 μm(Q)	E2650 + 80/-230
将军崖	大凹穴	36, 38, 38, 36, 34, 36, 34, 32 = 284/8 = 35.5 μm(Q)	E5380 + 380/-530
碓白庵	大凹穴	6, 7, 5, 6, 5, 5, 5, 6 = 45/8 = 5.6 μm(Q)	E850 + 210/-90

二、2015 年将军崖岩画的微腐蚀断代分析

由于 2014 年 7 月由贝纳里克领导的微腐蚀断代工作，在将军崖仅工作四天，第二天对以碓臼庵和北固山南麓的《宋蟠题刻》进行观测，作为校正数据。但由于碓臼庵的准确纪年还有待探讨，而对《宋蟠题刻》的观测，考虑到石英的石亏宽度方面的问题，罗伯特以严谨的学术态度，最终选择在河南省方城县德云山的题记作为校正数据。前文已经言及由于方城德云山与连云港将军崖在空间位置上的尺度和气候上的差异，使得将军崖岩画的断代的精确性还有进一步提高的空间。

所以自 2015 年 10 月起笔者进行了为期三个月的第三次微腐蚀断代，对将军崖上五组岩画的主要图形和将军崖周边的岩画点进行了系统的微腐蚀观测和断代；并以锦屏山系中白虎山的汉唐宋元题刻为校正数据，进行了数据校正；排列出将军崖主要图像的时间序列以及将军崖岩画与周边岩画点之间的时间序列关系。正如罗伯特·贝纳里克所言，将军崖是目前全球做微腐蚀断代最多的地方，也是最佳的微腐蚀断代的区域。

在本次微腐蚀断代中，笔者对 2014 年的微腐蚀断代方法进行了部分调整：首先，在取样方面，只采用了石英样本。2014 年的微腐蚀断代获取了石英颗粒和长石颗粒两种晶体的石亏数据；在本次断代中，考虑到长石的风化速度较快，且在周边工业化较严重的情况下较易受到影响，石英的风化速度相对较慢，对周边的影响反应相对不敏感。故在校正数据和岩画数据中均采用了石英颗粒作为观测样本。其次，在实际的观测中，由于有一部分石亏较小，年代较新，是最近几百年磨刻或人为破坏过，考虑到将军崖岩画中位于小山包的第一到第四组近百年来人为干涉较为严重，故所观测到的近几百年的磨刻情况不在本书的讨论范围之内。但值得一提的是，观测到

了较多的石丫在距今 1000—800 年左右，有一次重新磨刻。本书只选取了所能观测到的单体岩画图像中最大的石丫，即最古老的制作年代。本书中所有的年代数据都是本次微腐蚀断代中所能观察到的最古老的年代，这也意味着这个年代并不一定是最初的制作年代，因为在漫漫的历史跌宕中，可能最初的制作年代已无从观测或没有适合微腐蚀断代的晶体恰巧反映出最初的制作年代。当然，我们仍有可能通过大量的观测和数据结合刻痕、图像风格、周边的考古遗迹及其他物质文化的遗存，去推断那个最初在将军崖上刻下这些图像的年代。最后，在微腐蚀的观测过程中可知，个别图像并非一次完成，其图像中部分线条是后来添加上去的，形成了我们今天所见的图像面貌，在后文的具体断代中将会做进一步的说明。

2015 年，笔者对将军崖岩画再次进行了微腐蚀断代，校正数据采用了距离将军崖岩画直线距离仅 3.8 千米的白虎山石刻。白虎山位于锦屏山之北，其地理坐标为 34°34′0452″N，119°07′4876″E；周围被海州古城环抱，山脚下是村舍和田地。白虎山和将军崖所在的锦屏山石质都为花岗岩，是火山岩的一种，为火山爆发时熔岩受到压力在熔融状态下隆起至地壳表层的构造岩。花岗岩含有较多的石英脉和石英颗粒，且白虎山距离将军崖较近，地理环境、岩石构造基本一致，这就为微腐蚀断代中数据的获取和校正数据的建立奠定了基础。

在 2015 年的微腐蚀断代实践中，笔者对方法进行了改进，基于观察的准确性和数据的可读取性等，不再采用具体的微米计量单位，改为数据之间的比例关系对石丫的宽度进行描述，从而根据比例测算岩画刻制的相应时间。

白虎山上共有 27 处不同时代的题刻，从唐宋元明延续至近代。本书选取了白虎山的《王同蓬莱庵诗刻》和《卢绍题刻》两处题记进行微腐蚀断代，共获取了 12 组校正数据。《王同蓬莱庵诗刻》刻于明嘉靖二十五年（1546 年），从题刻的 7 个文字中获得 9 组数据，其最终的平均石英宽度为 0.11。《卢绍题刻》刻于唐大中十二年（858 年），从题刻的 5 个文字中获取了 5 组石英数据，最终的平均石英宽度为 0.27（见表 3-4）。鉴于《王同蓬莱庵诗刻》距今年代较近，有效度范围相对较小，所以没有采用两个石刻的平均系数，而是直接采用《卢绍题刻》的系数作为将军崖微腐蚀断代的校正数据。

表 3-4 2015 年将军崖岩画微腐蚀断代校正数据

题刻名称	题刻年代	距今年代	石亏（比例值）	观测倍数
《王同蓬莱庵诗刻》	明嘉靖二十五年（1546 年）	469 年	0.11	100X
《卢绍题刻》	唐大中十二年（858 年）	1157 年	0.27	100X

通过观察分析，笔者从将军崖五组岩画中获取了 23 组年代数据。其中，将军崖第一组岩画获取了 9 个图像的年代数据、将军崖第二组岩画获取了 6 个图像的年代数据、将军崖第三组岩画获取了 4 个图像的年代数据、将军崖第四组岩画获取了 3 个图像的年代数据。将军崖前 4 组岩画中，各图像具有一定的时间跨度，可见各组不是在一个时期内完成的。将军崖第五组岩画基于其制作方式、图像风格的一致性，在不同图像上获取了多组石亏数据，最终经过筛选计算出第五组整体的年代。根据在《卢绍题刻》中获取的校对数据，测算出这 23 组数据所对应图像的年代（见表 3-5）。鉴于石亏样本选取中筛选、测量等各种因素，以及对两个有明确纪年题记相互校正的误差参考，将军崖岩画本次微腐蚀断代误差以上下 200 年作为区间。其中第五组和第三组由于风化和破坏较为严重等原因，保守地推测其制作年代可能更为古老。在第一组中可以观测到较为明显的近百年来新打磨的痕迹，说明这一区域几千年来可能一直有岩画制作的传统，在原有痕迹上进行过二次甚至多次加工。

表 3-5　将军崖岩画图像、石丂数据、年代对照图①

位置	编号	图像	石丂宽度（比例值）	距今年代
第一组	1-H		0.9	3856±200
	1-R1		0.86	3685±200
	1-R3		1.05	4499±200
	1-R7		1.19	5099±200
	1-R8		1.23	5217±200
	1-R9		1.03	4413±200
	1-R13		1.13	4842±200
	1-R15		1.23	5270±200
	1-R16		0.93	3985±200

①　对将军崖岩画的分组，沿用了连云港市重点文物保护研究所的分组方式，在编号中 H 代表禾苗、R 代表人面像、T 代表太阳、F 代表抽象符号。

第三章 将军崖岩画的测年分析

（续表）

位置	编号	图像	石亏宽度（比例值）	距今年代
第二组	2-R1		1.14	4884±200
	2-R7		1.2	5142±200
	2-R8		1.24	5313±200
	2-R10		1.2	5142±200
	2-R11		1.03	4413±200
	2-T2		1.33	5699±200
	2-F8		1.23	5270±200
第三组	R1		1.1	4713±200
	R3		1.2	5142±200
	3-R6		1.17	5013±200
	3-R11		1.3	5570±200
第四组	4-F1		0.86	3685±200
	4-F3		0.475	2035±200
	4-F6		0.2	857±200

99

（续表）

位置	编号	图像	石亏宽度（比例值）	距今年代
第五组	5		1.75/1.52/1.3	7370/6513/5564±200

需要说明的是，2005年汤惠生对将军崖岩画进行了第一次微腐蚀断代，其最古老的年代推至距今11000年；2014年罗伯特·贝纳里克、汤惠生、库马尔和笔者对将军崖岩画再次进行了微腐蚀断代，数据为距今5280—360年。这些数据看似差异很大，实则不然。首先，汤惠生所言的距今11000的年代数据是对山上基岩凹穴的测定，不在将军崖五组的分类范围内，因而不能把这个数据误解为人面像的数据加以讨论。其次，在2014年的断代数据中，距今5280年是指第四组"石社"上凹穴的年代，也非人面像的数据，笔者在对将军崖岩画的"石社"研究中也采用了这个数据。在年代的判定上，不能把将军崖岩画的年代作为一个整体得出一个年代结果，也不能把将军崖岩画中某个图像的年代等同于整个将军崖岩画的年代，尤其不能习惯性地把将军崖岩画第一组的"人面稻米图像"指代为包含上百个图像的将军崖岩画。

第四章　将军崖周边地区岩画及遗址研究

> "我的目的是研究现代环境中的静态和动态之间的关系。如果了解了大量的细节，它会给我们提供一块罗塞塔石：将发现于考古遗址的静态的石器'翻译'成那里当时人们生机勃勃的生活。"[①]
>
> ——宾福德

在苏北鲁南这片土地上，早在旧石器时代早期就有人类活动的痕迹，北有沂源猿人，南有南京直立人。如第二章中关于生态环境的讨论，史前文化多发源于山麓和河谷等适宜生存的地带，在连云港地区也是如此，岩画与史前遗迹在锦屏山、马陵山、大伊山周边交相分布，共有石器时代遗址19处；其中1959年发现的锦屏山二涧遗址和1978年发现的马陵山左口乡大贤庄遗址是我国东部沿海地区为数不多的地层关系明确的旧石器时代遗址。对这一地区岩画和史前遗址[②]的分析为全面系统地理解将军崖岩画提供了基础和场景，

[①]　Binford, L.R., *In Pursuit of the Past: Decoding the Archaeological Record*, London: Thames and Hudson, 1983, p.24.

[②]　本章重点讨论的为连云港行政区划内的岩画和史前遗址，至于和将军崖有关的其他地区的岩画和史前遗址（如尧王城遗址、东海峪遗址、陵阳河遗址等）在后文中随着对将军崖岩画图像的具体分析一并论述。

也为微腐蚀测年的结果提供了交叉验证的条件。

层峦叠嶂的锦屏山中山涧密布,曾孕育了诸多史前遗址:将军崖旧石器遗址、桃花涧旧石器遗址、蚂蟥涧遗址、酒店遗址、夹山遗址、孔望山遗址、二涧遗址、陶湾遗址、马腰岭遗址、尾矿坝遗址、千条涧遗址、白鸽涧遗址及历史时期的孔望山摩崖石刻等。在锦屏山系中岩画遗址也十分密集:锦屏山、蜘蛛山、刘志洲山、孔望山、石棚山、二涧、白鸽涧等皆有岩画发现。在锦屏山岩画与史前旧石器、新石器遗址的交相分布说明了这一地区史前活动的密集性和延续性,特别是二涧史前遗址与二涧岩画基本处于同一位置,将军崖岩画与将军崖旧石器遗址相距仅150米,为通过史前遗存探求岩画创作的群体和文化提供了得天独厚的条件。

马陵山属沂蒙山支脉,古人也称为陵山或马岭山,地处苏北鲁南,为低山丘陵地貌,经郯城县、东海县、新沂市,南止于宿迁境内的骆马湖边,整个山体连绵起伏,长达百余公里,古代号称"八百里马陵",也是"马陵之战"的古战场。马陵山旧石器和细石器遗址非常丰富,北上与临沂地区沂沭河两岸的石器遗址关系密切。马陵山有羽山、磨山等岩画点,多以凹穴为主。

大伊山,又名黛伊山或大言山,位于灌云县城西北隅,伊山镇和伊山乡境内;据传商汤时宰相伊尹曾在此隐居,故称大伊山。大伊山地处南北要塞,是历代兵家必争之地,素有"镇航左塞,南北咽喉"之称。据《汉书》记载楚汉相争,项羽麾下名将钟离眛曾驻守于此与汉王韩信对峙。新石器时代遗址大伊山石棺墓就位于山麓台地,并有诸多石器工具和具有刻画符号的陶钵出土。此外,还有藤花落遗址、朝阳遗址、大村遗址、小村遗址。在大伊山山系中,

第四章 将军崖周边地区岩画及遗址研究

大龟腰山、小龟腰山、大伊山①、东磊太阳石、狮子山皆有岩画发现，岩画造型以凹穴（浅凹穴居多）、方格纹、船形、太阳符号居多。

本章对连云港境内的岩画点进行了系统的调查，并以锦屏山、马陵山、大伊山中分布的岩画和史前遗址为主体，探讨了将军崖所在的连云港地区岩画的分布、主要类型和图像风格特征，为将军崖岩画的比较分析提供了基础。布鲁斯·特里格指出："考古学最主要的优势就是能够为直接与过去相联系的意识提供物质材料。"② 本书通过对连云港地区遗址所表征出来的生计模式、经济类型和文化信仰进行分析，并结合将军崖岩画制作的时间跨度对其所涉及的考古学文化类型进行探讨，以期描绘出这一地区史前的发展轮廓，把将军崖置于更为完善的时空框架之中加以阐释。

此外，本章基于对连云港地区岩画的系统考证和对史前遗迹、考古学文化类型的分析，结合将军崖岩画的微腐蚀测年结果，以交叉断代（cross dating）③ 的方式进一步论证了将军崖岩画的年代并证实了微腐蚀断代的准确性。

连云港境内，锦屏山、大伊山、马陵山是岩画点和史前遗址最为密集的区域，具有从旧石器开始的完整时空链条，尤其是锦屏山、

---

① 大伊山既是大伊山整个山系的名称，下涵盖了诸多小山（如龟腰山），也是大伊山系中，名为"大伊山"山头的称谓。

② 陈淳：《文化与族群——〈族属的考古——构建古今的身份〉译介》，载《中国文物报》，2016年1月26日第6版。

③ 交叉断代法（cross dating）最早是英国考古学家彼特里在20世纪初发掘埃及王陵周围小墓时首创和使用的断代方法，亦即用未知年代的遗迹与遗物与年代已知的遗迹遗物进行对比，形制上的相似也就意味着年代上的相近。这种方法在我国被张忠培先生称为"横联法"。

马陵山，皆有丰富的细石器发现，说明这一地区早在1万年以前就有诸多以采集狩猎为生的游群活动于此。连云港地区岩画与史前遗址的分布呈现伴生的形态，这说明岩画不是孤立存在的，岩画的制作者和遗留遗址的先民可能是同一群人，制作岩画是他们生活和信仰的一部分。

第一节 将军崖周边地区岩画的分布及其比较

在中国，连云港是岩画点比较密集的区域之一，除了最为知名的将军崖岩画之外，还有诸多岩画点。将军崖所在的锦屏山地区：蜘蛛山、刘志洲山、二涧水库、石棚山、白鸽涧、孔望山均有岩画。大伊山地区有棺材山、大龟腰山、小龟腰山、卧龙岗、任庄。此外，还有马陵山、羽山、磨山岩画也比较集中。根据笔者在连云港地区的田野调查，连云港境内主要岩画点及其类型如下。

第四章 将军崖周边地区岩画及遗址研究

表4-1 连云港境内主要岩画及其类型

岩画点		岩画类型
锦屏山地区	将军崖	岩刻——人面像、禾苗、凹穴、方格纹、符号、沟槽
	蜘蛛山	岩刻——凹穴、方格纹、沟槽
	刘志洲山	岩刻——凹穴、沟槽、方格纹、船形岩画
	二涧水库	岩刻——凹穴、方格纹、沟槽
	石棚山	岩刻——凹穴、方格纹
	白鸽涧	岩刻——凹穴
	孔望山王庄	岩刻——凹穴
大伊山地区	大伊山	岩刻——船形
	卧龙岗	岩刻——凹穴
	石盘棋	岩刻——凹穴
	棺材山西坡	岩刻——凹穴
	棺材山与龟腰山之间	岩刻——凹穴、沟槽
	龟腰山	岩刻——凹穴
	十盘棋	岩刻——凹穴、方格纹
	任庄	岩刻——凹穴、人像
马陵山	上左庄	岩刻——凹穴、沟槽
	磨山村	岩刻——凹穴、抽象符号
	羽山西北坡	岩刻——凹穴、沟槽

105

（续表）

岩画点		岩画类型
其他地区	东磊太阳石	岩刻——太阳纹、凹穴、沟槽、方格纹、抽象符号
	狮子山	岩刻——凹穴、沟槽、方格纹
	团山	岩刻——凹穴、沟槽、方格纹、抽象符号
	渔湾	岩刻——凹穴、方格纹

在对连云港地区岩画进行全面调查分析的基础上，本书选取了较为典型的几个岩画点为例进行阐述：其中蜘蛛山、刘志洲山皆属于锦屏山系，与将军崖属于同一山系，距离相近。大伊山岩画位于将军崖岩画以南的灌云县，岩画点散落于新石器时代的石棺墓周围。羽山、磨山位于将军崖以西东海县的马陵山系，与旧石器、细石器遗址交相分布。由此，对将军崖和周边岩画的关系进行深入的梳理和比较研究。

一、蜘蛛山岩画

蜘蛛山属于锦屏山山系，位于海州朐阳门正南。由于风化的作用，蜘蛛山奇石突兀嶙峋，较少有植被覆盖，山下为农户和庄稼。地理坐标为：34°33′6830″N，119°08′1506″E，海拔 76 米。岩画分布在蜘蛛山的山体四周，共有 7 组岩画，主要类型为凹穴和方格纹。笔者对最具典型性的第一组和第二组进行重点分析。

第一组岩画位于山崖之上的山洞中，南北通透，岩画类型为凹穴，皆为浅凹穴，主要位于山洞的平面和西侧岩壁之上。整个凹穴密集区南北长 3.1 米，高 1.05 米。凹穴大小不一，较大的凹穴 7×8 厘米、深 3 厘米；较小的凹穴 2×2 厘米、深 1 厘米。凹穴多为南北横向排列。

第四章 将军崖周边地区岩画及遗址研究

于蜘蛛山第一组岩画由位于山洞之中，受到的自然风化因素较少，与将军崖或周边的题记完全暴露于自然环境中不同。虽然在凹穴中可辨识到石英晶体，但二者之间的风化速率有差异，所以在微腐蚀断代的层面并不满足与将军崖可资比较的条件。2014年笔者曾陪同澳大利亚岩画学者贝纳里克考察蜘蛛山岩画，基于同样的原因未对其进行断代。

第二组位于山脚下大石的水平岩面上，大石已经位于农户的庄稼之中，风化较为严重，并有破坏的痕迹。蜘蛛山第二组皆为浅凹穴，其中一个图像中间1个凹穴，周围6个小凹穴以中间凹穴为圆心等距排列，即"梅花状"凹穴。其余的图像多为不规则排列的凹穴组成，另有方格纹已模糊不清，难以辨识。"梅花状"凹穴是在凹穴中较为常见的一类组合形式，在将军崖岩画的第五组中有"半梅花状"凹穴。另外在连云港的多处岩画点以及河南的具茨山、南阳鸭河皆有"梅花状"组合方式的凹穴。

蜘蛛山岩画位于将军崖岩画以北，是距离将军崖岩画最近的一个岩画点。在岩画类型上，将军崖中第四组的"杯状穴"在蜘蛛山并未发现。蜘蛛山的凹穴与将军崖第二组、第一组的浅凹穴较为相似，由于缺少微腐蚀断代的条件，对于蜘蛛山岩画的具体年代判定还有待于更多证据或新的岩画测年方法出现。但根据笔者现场对蜘蛛山第一组、第二组凹穴岩画的观察，可判定其为石器工具加工而成，未见金属工具加工的痕迹；从第二组方格纹残留的线条分析，方格纹应为金属工具加工而成。根据现场的观察并综合岩画风化的程度，在蜘蛛山上，凹穴岩画早于方格纹岩画，这与将军崖岩画中凹穴为石器工具制作，方格纹多为[①]金属工具制作，凹穴早于方格纹

[①] 将军崖岩画的方格纹皆位于第四组，其中4-F1、4-F3根据观察为石器工具制作，其余将军崖上目前所见的方格纹皆为金属工具制作。

的情况相同。也与笔者对将军崖岩画微腐蚀断代中所得出的凹穴与方格纹的年代关系相一致。

画面中间突兀大石中的山洞为蜘蛛山岩画第一组所在的位置

蜘蛛山岩画第一组：水平岩面上的凹穴

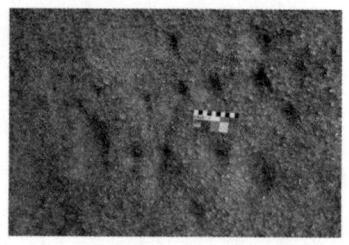

蜘蛛山岩画第一组：西侧岩壁上的凹穴

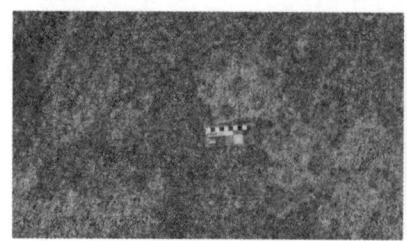

蜘蛛山岩画第二组

蜘蛛山第二组岩画中的"梅花形"凹穴

图 4-1　连云港市海州区蜘蛛山岩画

二、刘志洲山岩画

刘志洲山位于锦屏山东南端，海州区锦屏镇岗嘴村南，地理坐标为：119°36′25″N，34°31′30″E。刘志洲山自秦汉至隋唐与锦屏山统称为朐山，至宋代称为银山，清末改称为刘志洲山。刘志洲山以凹穴、方格纹、船形岩画为主；刘志洲山是距将军崖较近的一处岩画点，与将军崖同属于锦屏山系，岩体相似。由于刘志洲山有丰富的磷矿资源，近几十年来的开采造成了岩画的破坏，有些文物部门在20世纪80年代调查过的岩画如今已不复存在。

刘志洲山岩画所在的岩体

刘志洲山船形岩画　　　　　　　刘志洲山船形岩画

图4-2　连云港市海州区刘志洲山岩画

刘志洲山最具代表性的是船形岩画，目前共发现7处，其中小姐洞东南处3组，刘志洲山北坡及东北坡3组，平顶山1组。其船体造型有桅杆等，已经比较成熟，在船形岩画附近同时发现了"招信军""武都统"等石刻；在刘志洲山主峰还发现了由巨石垒成用于戍守的城垣。从图4-2中可见，船形岩画均为阴刻，线条粗细均匀、造型写实、比例准确、画面生动，船形为尖底船，这种船始于唐代，到宋代常作为战船使用，尤其是大型的海船大多采用尖底结构，以利于抵抗风浪和在深水处航行。虽然，当今的刘志洲山距海岸线30公里，根据第二章中关于连云港地区海岸线在历史上的变化可知，秦汉至唐宋时期，连云港的海岸线应在岚山头—荻水—柘汪—海州—锦屏山南侧这一条线，即当时的刘志洲山应该是临海的，为一处天然的避风港口，且具备停泊大型战船的能力。根据考证，刘志洲山曾经是宋金相互交汇的地域，发生过多次重要的海上战役，这里很可能是宋金交战时一处重要的水师基地。

刘志洲山中还散落着多处凹穴和方格纹，如在刘志洲山的北坡有一长1.85米、宽1.8米的巨石，巨石上有"梅花形"凹穴，其中中间的凹穴直径为10厘米，深2.5厘米，周围环绕着6个小凹穴，小凹穴的直径为6厘米，深1.5厘米。在刘志洲山的北坡的大石上散落着10个凹穴，大的直径约15厘米，小的直径约3厘米。在刘志洲山西北坡的大石上凹穴和方格纹相间分布，其中一个"梅花形"凹穴，中间一大，四周环绕8个小凹穴。其北侧分布着三个方格纹宽和长分别为：28×30厘米；28×45厘米；28×30厘米。刘志洲山的夹山口小姐洞、小哑巴山、平顶山也皆有凹穴和方格纹分布。

根据现场观察，刘志洲山的凹穴多为浅凹穴，并有多处出现"梅花形"凹穴，由石器工具制作而成；方格纹的制作工具，石器工具和金属工具皆有。船形岩画为金属工具制作而成，根据造型对其的年代考证为宋代。

此外，锦屏山系还有二涧水库岩画（34°32′11.4″N，119°09′15.2″E）、石棚山岩画（34°33′29.2″N，119°08′12″E）、白鸽涧岩画（34°33′20″N，119°07′15.1″E）、孔望山王庄岩画（34°33′48.1″N，

119°08′15.8″E)。根据调查，笔者认为锦屏山系岩画中的浅凹穴、方格纹与将军崖岩画中的同类型岩画具有一定的关联性或是在同样的文化背景下制作而成，属于同一系统。从制作方式和所用工具上判断，其造型相似的同类型岩画年代相当。

三、大伊山岩画

大伊山位于连云港灌云县城北2千米近河临海：东距黄海燕尾港42千米，是黄淮的交汇区，也是海、岱历史文化的交汇区。大伊山由12座山峰组成，方圆7.5千米，素有淮北平川"第一神山"之称；其地理坐标：34°18′N，119°14′E；最高峰海拔226.7米。历史记载黄河曾两次夺淮入海，灌云当地有句流传至今的俗语："黄河走海州，浪打羊山头"（羊山头是大伊山西南端的一个山峰），所以河水洪峰很可能至海州区以北流入黄海。

重要的新石器时代遗址大伊山石棺墓就位于台地之上，在石棺墓的周围50千米的范围内，分布着史前不同时期不同类型的文化遗址13处。

在石棺墓以西300米处是卧龙岗岩画，岩画位于横跨在老龙涧山沟大石上水平岩面，岩画由269个大小不同的凹穴组成。在棺材山西坡（南距石棺墓200米）、棺材山与龟腰山之间（南距石棺墓250米）、龟腰山（东南距石棺墓240米）皆以凹穴岩画为主，其中在棺材山与龟腰山之间的岩画点中有的凹穴由沟槽相连。从制作方式上看，多为石器工具凿刻或磨刻而成，金属工具的制作方式较少见。十盘棋岩画（东距石棺墓600米）主要由15个方格纹组成，在方格纹之间的岩面上零星散落着凹穴。其中米子格有3个，方框内横竖三条线相交而成的造型有4个（F—D）[①]，由大、中、小三个方

---

① 编号参见第五章中关于方格纹的分类部分。

格套置，并在小方格四条线条中间位置和四角有分别向外辐射的线条连至外侧最大的方框处（F—B），此类共 2 个。其余的方格纹造型尚不规则。任庄岩画位于大伊山西北坡（西南距十盘棋岩画 22 米），主要类型为人物和凹穴，根据笔者的观察，人物岩画为金属工具制作而成，年代较为晚近；凹穴为石器工具磨制而成，与周边的凹穴岩画相似。

大伊山县烈士陵园山上大石的垂直岩面上，有船形岩画、鱼形和祭台造型；根据观察，为金属工具制作而成。船体造型与刘志洲山的船形相似，制作年代在宋代。

    大伊山   大伊山船形岩画

图 4-3　连云港市灌云县大伊山岩画

  根据对大伊山岩画的调查研究，岩画基本上分布于石棺墓的周围，除金属工具制作的船形、鱼形、祭台之外，大伊山主要的岩画类型为凹穴和方格纹。综合而言，凹穴以石器工具制作为主，排列方式有"梅花形"、横排或纵排一字排列、四角形等，多为浅凹穴；方格纹主要见于十盘棋岩画点，就制作方式而言，石器工具和金属工具皆有。可见，与锦屏山系中的凹穴和方格纹在图像风格、制作方式上基本相似。

四、羽山岩画

羽山位于江苏东海县和山东临沭县交界,是东海县最高峰。羽山东西长约3千米,南北宽1.5千米,历史上有"羽山殛鲧"的传说。岩画位于羽山西北坡,地理坐标为:34°43′2.82″N,118°46′29.45″E;海拔96米,南距羽山村1千米,东南距羽山水库1.6千米,距羽山主峰2.6千米。羽山岩画分别位于两块大石的水平岩画之上,其中第一组岩画距离地面高度67厘米、宽2.32米、长4.1米,岩面上散落着众多凹穴,其中最大的凹穴直径为10厘米、深5厘米,部分凹穴由沟槽相连。在其西南方30米处为第二组岩画,距地面高度23厘米、宽98厘米、长1.1米,岩面上散落着20多个凹穴,其中间位置最大的椭圆形凹穴长13厘米、宽8厘米。就两组的凹穴从造型和风化程度而言,为同一时期同一文化背景下制作而成。

东海县羽山岩画第一组

东海县羽山岩画第一组局部图

东海县羽山岩画第一组

图 4-4　连云港市东海县羽山岩画

五、磨山岩画

磨山位于东海县北边，距东海县城牛山镇 25 千米，由于磨山地处苏鲁交界处，其西北角位于山东省临沭县境内，东北角属东海县南辰乡，其余部分属石梁河镇。新中国成立前这里属赣榆县辖地，是该县最西端的一座山，故称"末山"。《赣榆县志》载："山东临沂县界折南至大沙河南岸起末山。末山者，言赣邑境内诸山此居其末也。"《嘉庆海州直隶州志》载："末山在县西南 70 里，西北之山

第四章 将军崖周边地区岩画及遗址研究

至此而尽，故名。一名云末山，东南一峰突起，高插云表，峰顶如仰盂，有洞可穿而入。"后因其山石坚硬，是制作磨盘的绝佳材料，故改称"磨山"。

笔者2015年9月19日根据当地村民的介绍对此处进行了实地考察，并首次将其确认为凹穴岩画。该处位于东海县石梁河镇磨山村，农田中松林的大石水平岩面上，东临界埃村1.9千米；西临东港村西偏东1.04千米；东西距磨山村2千米；西南距羽山10千米，其正南方距磨山水库1.28千米。地理坐标为：34°40′46.14″N，118°40′14.23″E；海拔45米。根据当地村民73岁的陈士柱老人介绍，此石头名为"凤凰石"，民间乡约不开采此石。

大石的水平岩面上散落着诸多凹穴，有"梅花形"和呈横线或竖线排列的凹穴。磨山岩画中杯状穴、浅凹穴皆有，有的凹穴之间有沟槽相连。制作方式皆为石器工具凿刻或磨刻而成，但部分凹穴中有明显的后期加工的痕迹。从对制作方式和风化程度的观察中可知，此处岩体中的岩画，杯状穴的时间早于浅凹穴。

东海县磨山岩画岩体北侧照片

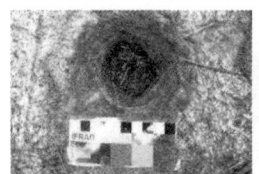  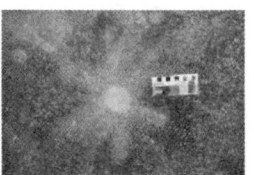

东海县磨山杯状穴　　东海县磨山凹穴与沟槽　　东海县磨山"梅花"状凹穴

图 4-5　连云港市东海县磨山岩画

羽山、磨山岩画同属于马陵山系，与马陵山一带的旧石器和细石器遗址交相错落分布。说明在 1 万多年以前这里就有史前人类频繁的活动，采集狩猎为生。马陵山系中羽山、磨山的浅凹穴与锦屏山系和大伊山系的浅凹穴相比，具有一定的差异，年代更为古老。磨山的杯状穴与将军崖岩画第四组中的杯状穴所在位置（大石水平岩面）、造型和风化程度相似，年代可能相近，产生于相同的文化背景之下的可能性较大。

六、狮子山岩画

狮子山位于连云港市朝阳区，地理坐标为 34°41′5004″N，119°18′4198″E，海拔 56 米。狮子山岩画位于山麓大石的水平岩面上，以凹穴（皆为浅凹穴）和方格纹为主：部分凹穴由沟槽相连，其中两个方格纹为 F-B 造型。凹穴的制作工具笔者不易明确判定，方格纹为金属工具制作而成。

东磊太阳石、狮子山、团山、渔湾岩画分布于近海地区，与新石器时代的大村遗址、小村遗址、藤花落遗址交相分布。相比锦屏山系和马陵山系，这一区域的岩画年代相对晚一些，方格纹的比重有所增加，凹穴中不见杯状穴，皆为浅凹穴。总体而言，马陵山系和锦屏山系的岩画较为古老，大伊山系和东磊太阳石、狮子山、团山、渔湾岩画次之。

第四章　将军崖周边地区岩画及遗址研究

狮子山岩画点所在的岩体：狮子头

狮子山岩画中的方格纹

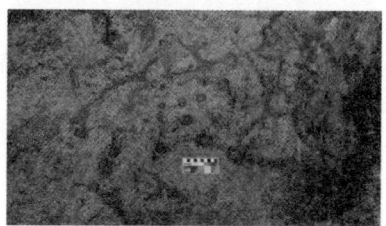

狮子山岩画中的凹穴与沟槽

图 4-6　连云港市朝阳区狮子山岩画

需要特别提及的是，海州区的锦屏山为磷矿产地，至今仍有矿车往返于山间，在前些年更是有用炸药炸山开矿的行为，毁于其中的岩画不计其数。东海县为水晶产地，特别是 20 世纪八九十年代以来对山体的挖掘、破坏较为严重，直到最近几年政府才禁止开采水晶矿。据此笔者推断，这一地区的山间崖壁和田间大石中，岩画曾更为丰富；特别是凹穴类岩画多不易辨识为文物，破坏更是严重。目前得益于偏僻和乡约而留存下来的岩画应只为少数。在史前时期，这里的岩画应更为丰富，尤其是凹穴岩画比较普遍，而浅凹穴可能在历史的进程中已由巫术融入进民俗生活。

通过对连云港境内各个岩画点的考察分析，从石器工具制作的凹穴到金属工具制作的方格纹的分布来看，可知这一地区一直存在着广泛的岩画制作传统。将军崖岩画与连云港境内的其他岩画点既有联系又有区别：

（1）将军崖岩画是目前连云港地区唯一具有人面像的岩画点，大伊山地区的人形岩画从制作工具和造型风格而言与将军崖迥异，且明显属于历史时期，可以确定其不属于人面像岩画的范畴。

（2）将军崖岩画第二组中的浅凹穴组成的星象图与锦屏山系的蜘蛛山岩画、二涧岩画、刘志洲山岩画以及大伊山系的岩画制作手法、造型特征相同，排列方式诸多相似，应属于同一系统。

（3）将军崖岩画第四组大石上的杯状穴与磨山的杯状穴制作方式、造型相似，可能具有一定的关联性。

（4）将军崖岩画第四组中的方格纹与二涧岩画、刘志洲岩画、大伊山系岩画、东磊太阳石岩画、狮子山岩画中皆有造型相似的部分。连云港地区的方格纹制作工具以金属工具居多，但也有少量的石器工具。将军崖岩画中的方格纹与锦屏山系、大伊山系及连云港境内其他地区的方格纹具有较强的关联性，应属于同一系统或在相同文化背景下创作而成。

总体而言，将军崖岩画中的人面像①、禾苗图像在连云港境内自成体系。而将军崖岩画中的凹穴、方格纹与连云港地区其他岩画点的同类型岩画属于一个体系，是在相同的文化背景下制作而成。

---

① 将军崖岩画中的人面像是连云港地区唯一的人面像岩画，自成体系；但将视域扩大，将军崖人面像岩画与内蒙古阴山、宁夏贺兰山，乃至俄罗斯的西伯利亚和北美西海岸人面像岩画具有一定的关联性。

第二节　将军崖周边地区石器时代遗址的分布及其关联性

在距今 3 万—2 万年前,全球经历了最后一次冰川期,人类历史步入了以狩猎采集为主的旧石器时代。在距今 1.2 万年前,冰川期结束,人类社会进入了新石器时代,开始了农业革命;在这一时期,连云港的海岸线从黄海平原西缘的高地延伸至浅海和临海平原地区,云台山也从陆地山峦成为海中群岛,在冰川期结束后,先民创造了精美的磨制石器,进而开启了稻作农业的辉煌,挥洒出东方文明的曙光,遗留了诸多文明的遗迹。李永宪在西藏岩画的研究中指出,"岩画其实是一种高原古遗址的特殊形式,它可能与墓葬、居住址、祭祀遗迹,甚至某些石器地点等具有'共时性'、'共地性'的遗存构成一种共同体,它们各自代表不同的文化因素,记录和反映了同一时段、同一地域人群的多种活动"[①]。而这一方法论在岩画研究中是普遍适用的,将军崖岩画周围分布着旧石器时代、新石器时代的文化层,遍布后李文化、北辛文化、大汶口文化、青莲岗文化、龙山文化、岳石文化遗址,对其周边考古遗址分析有利于进一步厘清将军崖岩画所处年代中的物质状态、精神生活和社会结构。

---

① 李永宪:《札达盆地岩画的发现及对西藏岩画的几点认识》,见霍巍、李永宪主编:《西藏考古与艺术国际学术讨论会论文集》,成都:四川人民出版社 2004 年版,第 40—41 页。

表 4-2　将军崖周边考古遗址及其分部

遗址名称	距今年代	考古学时期/文化	地理位置	直线距离
将军崖遗址	10000 年	旧石器时代	海州区锦屏山南麓	100 米
桃花涧	50000—40000 年	旧石器时代晚期至新石器时代早期	海州区锦屏山南麓	350 米
二涧遗址	7000—6000 年	青莲岗文化	海州区锦屏山南麓镇岗嘴村	1000 米
酒店	19080 年	旧石器时代晚期	锦屏山南麓酒店庄	1000 米
大贤庄	12000 年	旧石器时代	东海县西部马陵山上	32000 米
大伊山	6500 年	青莲岗文化	灌云县伊山乡任庄村大伊山东麓	30000 米
藤花落	4500—4000 年	龙山文化	连云区中云办事处西诸朝村南部	28000 米

　　锦屏山一带石器遗址的密集程度和文化层的厚度，以及新石器时代早期和晚期遗存的叠压关系都说明这里在较长的历史时期中一直有人类的活动并有定居。锦屏山中的蚂蟥涧、桃花涧、二涧村、酒店均有旧石器出土。特别是距离将军崖岩画仅 150 米的将军崖旧石器遗址，参与发掘的南京博物院房迎三先生曾言，相较于苏北鲁南其他旧石器点，由于该地区自晚更新世以来地壳一直处于上升阶段，更新世堆积多遭剥蚀，所发现的石器地点多受缺乏地层和时代证据的困扰，而将军崖遗址具有较厚的第四纪堆积，多数石制品出自原生层位，故年代信息较为可靠。根据对遗址堆积和地层的研究，主要文化堆积层的地质年代从晚更新世持续到全新世早期，"将军崖遗址也是江苏和山东南部地区目前发现的唯一一处跨越旧石器时代

第四章 将军崖周边地区岩画及遗址研究

晚期和新石器时代早期文化的遗址。可靠的发掘资料是研究中国东部沿海从旧石器时代晚期向新石器时代过渡的宝贵资料"①。这为将军崖岩画的研究奠定了重要的基础。

一、连云港地区旧石器时代主要遗址

1. 将军崖旧石器时代遗址

在将军崖西北 150 米处，距今约 1 万多年前人类活动的原始地层中发现面积约 5000 平方米的遗址，主要包括人类石铺生活面 1 处、可能属于灶坑的遗址 2 处、石器工具 1500 余件，其工具类型以刮削器为主，石片石器和细石器各占一定比例。在南京博物馆 2002—2006 年对将军崖旧石器时代遗址的挖掘中，把遗址分为了东、西两个区。其中西区位于蚂蟥涧两侧，即将军崖岩画的后山上，面积为 150×50 平方米；东区位于桃花涧西侧，面积为 50×50 平方米。本章主要讨论位于将军崖岩画后小山上的旧石器时代遗址，即西区遗址；至于对东区遗址的探讨，并入对桃花涧旧石器遗址的探讨之中。西区共发掘了两个探方，北探方 T1203、南探方 T2301，两处探方面积均为：5×2 平方米；按照 T2301 北壁的地层，自上而下分为 7 层。根据层位关系分析，"在将军崖遗址附近，大约 1 万年前曾经历过两次人类活动：一次可能在 2—3 万年前，保留下旧石器原生层位；一次大约在 1 万年左右，遗留下细石器文化"②。T1203 和 T2301 两个探方共出土石器 1185 件，其中第四层和第五层出土的石器最

---

① 房迎三、沈冠军：《江苏旧石器时代考古 20 年回顾》，载《东南文化》，2010 年第 6 期，第 53 页。

② 汤惠生、梅亚文：《将军崖史前岩画遗址的断代及相关问题的讨论》，载《东南文化》，2008 年第 2 期，第 16 页。

多。"石器的制作主要用间接锤击法,其次是直接锤击法,也有一部分使用了砸击法。"① 石铺生活面出自 T2301 的第四层底部,距地表 100—110 厘米、残存面积约为 3.2 平方米、在其上覆盖的第四层中出土了大量的石器工具,是 T2301 主要的文化层。

在将军崖旧石器时代遗址中,发现两处疑似灶坑的遗存,第一处位于 T1203 第二层底部,由 13 块片麻砾石围城一个外径 40 厘米、内径 30 厘米、高 20 厘米的石圈;另一处位于 T2301 的第三层,由 31 块片麻岩构成长 50 厘米、宽 25 厘米的椭圆形;根据其外形观测,两处石圈很像原始人搭建的灶坑,但由于两处石圈内部及其周围尚未发现炭坑和其他相关遗存,因此还有待进一步考证。根据南京博物院对将军崖旧石器时代遗址的研究结论:"除顶部次生堆积外,早期文化大约处于更新世晚期偏早阶段,晚期文化应该为晚更新世末期,或晚更新世与全新世之交"②,即距今 1 万年左右。

将军崖旧石器时代遗址地层情况具体如下:

第 1 层:灰黑色砂质黏土,现代耕土层;质地疏松,有少量石器和陶片;层厚 10—32 厘米。

第 2 层:灰色细砂,无明显层理,属低能的坡面水流携带而来的堆积物,有大量细石器和少量陶片;厚 16—28 厘米。

第 3 层:黄色砂质黏土,质地疏松。由东向西逐步变薄,下部含砂增多,局部夹个体较大的片麻岩角砾;出土物以石器工具为主,有少量陶片出土;层厚 23—46 厘米。

第 4 层:棕黄色砂质黏土,质地坚硬,夹大量片麻岩风化后产生的粗岩屑和少量片麻岩角砾。出土物为石器,未见陶片;层厚

---

① 房迎三、惠强、项剑云、骆琳、刘锁强:《江苏连云港将军崖旧石器晚期遗址的考古发掘与收获》,载《东南文化》,2008 年第 1 期,第 19 页。

② 房迎三、惠强、项剑云、骆琳、刘锁强:《江苏连云港将军崖旧石器晚期遗址的考古发掘与收获》,载《东南文化》,2008 年第 1 期,第 19 页。

第四章 将军崖周边地区岩画及遗址研究

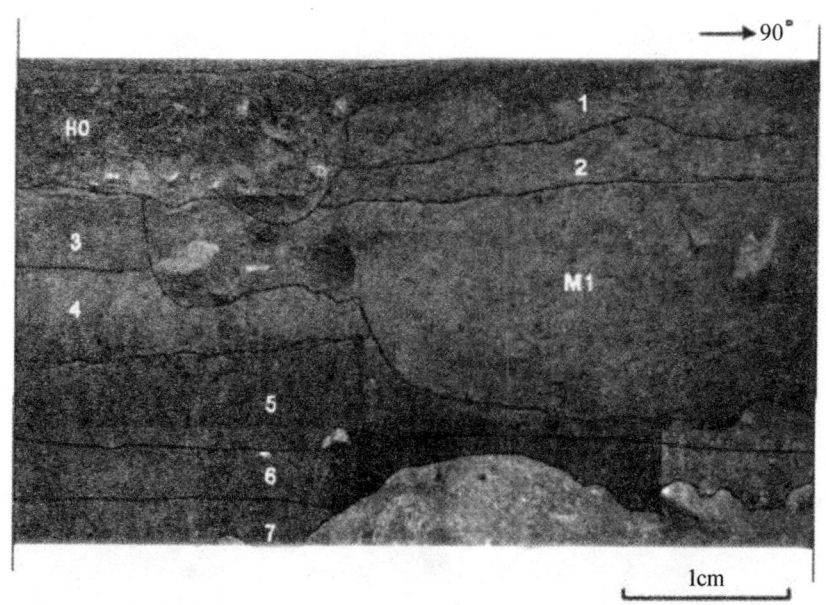

图4-7 将军崖旧石器时代遗址T2301北壁剖面中的地层关系

12—45厘米。（其中M1是宋代墓葬，打破第3、4层）

第5层：褐红色砂质黏土，质地坚硬，砂粒明显减少，有石器出土，层厚10—80厘米。

第6层：红褐色砂质黏土，含小型黑色铁锰结核。本层角砾数量较第5层明显增多，岩性以石英、石英岩、燧石、水晶、片麻岩为主，也含一些硅质灰岩。石制品数量大幅增加；层厚2—6厘米。

第7层：红褐色黏质粉砂，含黑色铁锰结核。粉砂中含有石英岩、片麻岩角砾，本层出土石器较少，层厚10—100厘米。[①]

---

① 层位关系及图片来源，参见房迎三、惠强、项剑云、骆琳、刘锁强：《江苏连云港将军崖旧石器晚期遗址的考古发掘与收获》，载《东南文化》，2008年第1期，第16页。

123

石核			
石片			

第四章 将军崖周边地区岩画及遗址研究

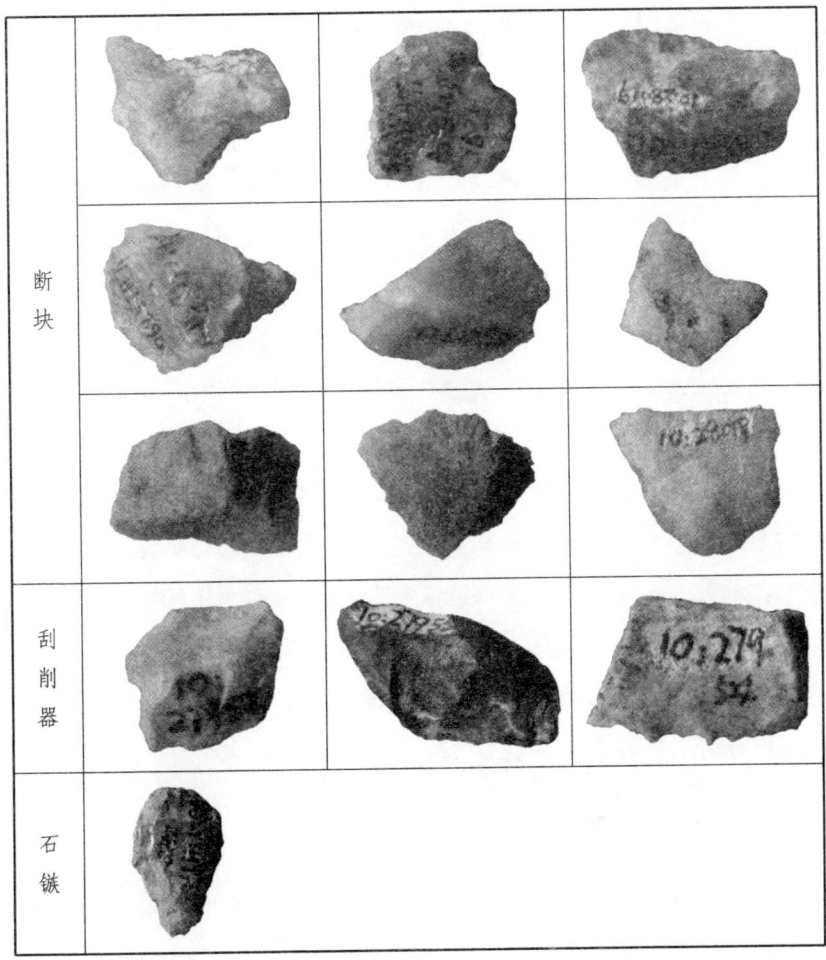

图4-8 连云港将军崖旧石器时代遗址出土的部分石器（摄于南京博物院）

在将军崖西侧的蚂蟥涧，发源于万丈崖，在将军崖北麓折向东与桃花涧汇合，流入八一河，全长1.1千米，有网坠、骨针、陶片、纺轮、石斧等发现，其中出土的细石器多为质地坚硬的玛瑙石制作而成。根据当地考古学家描述，在将军崖东边约1000米处的另一个山头，有一个天然的石棚，不排除是原始人生活的遗居场所，但在20世纪50年代开山采石中被毁，现已无从考证。在将军崖附近的桃花涧、酒店、孔望山、哑巴山、二涧均有细石器发现，通常细石器

125

起源于旧石器时代晚期，盛行于中石器时代和新石器时代，在个别地区一直延续至金属器的出现。细石器是适应于采集和渔猎经济的需要而存在的，随着农业的出现就慢慢地消失了。加之，酒店发现的亚洲象、水牛、鹿、马等动物化石，是更新世晚期或全新世早期的湖相沉积层，说明这里在1万年以前是一个近海靠山、气候温暖湿润的地区，适宜原始农业和渔猎经济的发展。根据将军崖及其周边的遗址考古结果表明，至少在全新世早期，在锦屏山周围人类的活动已经较为普遍。由于将军崖"发掘的石制品没有经历磨圆和分选，也没有明显的定向排列，表明它们基本上没有经过流水搬运，或仅有近距离的位移。遗址性质应该是古代人类在山麓积裙地带活动的遗存"[1]。细石器的繁荣表征了这一阶段人类以狩猎经济为主要来源：矛头、石球等适合投掷的工具与狩猎活动密切相关，大量的刮削器、石片等利刃工具，特别是在其周边出土了动物骨骼，说明这里和猎物的屠宰与肢解活动有关，即1万年以前这一区域的生计方式以狩猎采集为主。

2. 桃花涧旧石器时代遗址

桃花涧位于锦屏山南麓，发源于马耳峰，经龙生顶西坡与万丈崖东坡之间的峡谷，穿过桃花村，向南汇入八一河，形成"凹"形冲沟，延绵数公里，是锦屏山最长、最大的山涧。地貌为裸露的基岩以及含砾石的黄色黏土陆相残破沉积所组成的山麓台地。在桃花涧的东南侧有一海拔30米的小山，有力地阻挡了季风的入侵。周围山林相间、滨临河涧、淡水资源丰富，加之近海，深得山林走兽和鱼贝之利。东距酒店化石产地直线距离1000米，再向东距二涧遗址

---

[1] 房迎三、沈冠军：《江苏旧石器时代考古20年回顾》，载《东南文化》，2010年第6期，第53页。

直线距离1500米。据《云台新志》记载："俗传殷女通医,以桃愈疾,人种桃两株以为报,数年花满岩谷",故名"桃花涧"。1979年,考古专家在桃花涧发掘汉代墓葬时,在地表下55厘米处的黄土堆积层里发现了十几个打制而成的燧石旧石器;之后又在黄土层和基岩之间发现了以石英石为主要材质的旧石器100余件。经过系统发掘,桃花涧旧石器时代遗址堆积层厚约2米,总面积5000平方米;出土石器有舟状石核、两极石核、漏斗状石核、半锥体石核、刮削器、尖状器、人工石片和小石叶等;其中一部分为燧石、蛋白石,皆非产自锦屏山,而与东海县大贤庄的细石器石料相同;另一部分石英脉、石英岩和混合岩的石料,经考证与锦屏山岩体基本一致,应为就地取材加工而成。桃花涧也是我国目前已知的距离海岸线最近的细石器地点。

图4-9　连云港市海州区桃花涧遗址景观①

---

① 连云港市海州区桃花涧遗址已经回填。

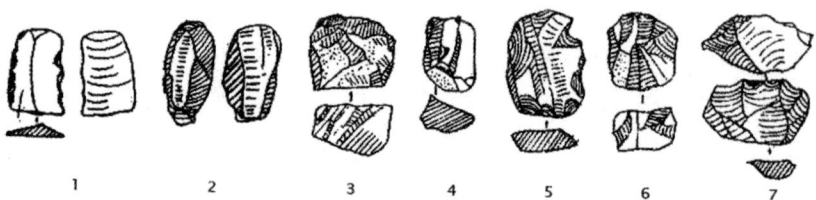

1：燧石石叶器：27×17×4.5 毫米，灰色燧石制成

2：两极石核：31×15×9 毫米，白色石英制成

3：多面体石核：30×25×19 毫米，白色石英制成

4：两极石核：26×16×12 毫米，紫色石英制成

5：凹刃刮削器：35×26×6 毫米，白色石英制成

6：多面体石核：28×19×14 毫米，紫色石英制成

7：漏斗状石核：39×21×19 毫米，紫色石英制成

图 4-10 桃花涧遗址出土的石器工具①

"桃花涧遗址地表以及地层中均未发现石器时代的陶片，探坑内可见有两种不同的文化意涵，第二大层（上更新统）的上部第（2）工作层，即含角砾黄土层所含的材料约为旧石器时代晚期以至新石器时代早期的遗物。与桃花涧及酒店地表采集的船底形石核以及砾石石器的时代相当，应归结于'小石叶'工艺系统。工作层第五层覆盖于基岩之上的砾石透镜体层内的较多的石器材料时代偏早，约为距今 1 万年前的旧石器时代晚期遗存，应归结于'不规则小石片'工艺系统。在直接覆盖于基岩之上的砾石透镜体里含有的材料，以产生不规则的小石片的各种石核所占比例大、类型多、加工痕迹细小，而且多为石核石器。两极石核也完全可以和山西峙峪旧石器时代遗址中的标本相对照。应该说，细小石器构成了这批材料的文化特征。所以，它也应该属于华北旧石器文化系统中的周口店第一地

---

① 李洪甫：《连云港市桃花涧旧石器时代晚期遗址试掘报告》，载《东南文化》，1989 年第 3 期，第 212 页。

点——峙峪系。"① 这也说明了在距今1万年左右的锦屏山地区受到来自北方的影响因素更多。

3. 二涧遗址

二涧遗址位于今连云港市海州区锦屏镇岗嘴村锦屏山东南麓的南屏山和小姐洞之间，海拔约17米，距今7000—6000年前；经过1959年和1960年两次发掘，共发掘面积2万余平方米。遗址的文化堆积层主要有三层，上层为汉代堆积，分布较广，厚度约2米；中层为黑灰土，堆积较薄，属龙山文化；下层系黄褐土，为新石器时代早期堆积。新石器时代早期的遗迹主要是墓葬，共发现7座，均为单人葬，葬式清除者均为仰身直肢，头向东。随葬品较少，一般1—3件。7座墓葬中有5座具有用红陶钵覆盖头部的习俗，相同的情形也见于附近的大村、大伊山和万北遗址，出土的遗物主要有石、骨、陶器。石器有打制和磨制两种，打制石器比较粗糙，器形有斧、锛、刀、镞、磨棒和砺石等。骨器发现较少，主要是针、锥，制作较粗糙。陶器以夹砂红褐陶为主，泥质红陶次之，夹砂灰陶和泥质灰陶较少，均为手制。器表以素面为主，纹饰有刻划纹、附加堆纹、乳丁纹、指甲纹、戳印纹等。在遗址的下层，采集到夹有稻壳的红烧土块。② 二村遗址包含着龙山文化、青莲岗文化两种新石器时代遗存，在二村遗址中心地带发掘中发现7座青莲岗文化墓葬，且文化层较厚，范围比较大。仅在遗址的北侧发现龙山文化遗存，文化层较薄；表明在这一地区青莲岗文化早于龙山文化，且青莲岗文化占据了主导地位，比龙山文化持续的时间要长。

---

① 李洪甫：《连云港市桃花涧旧石器时代晚期遗址试掘报告》，载《东南文化》，1989年第3期，第212页。

② 王英、尤振尧：《江苏连云港市二涧村遗址第二次发掘》，载《考古》，1962年第3期，第116页。

此外，从二涧村和大村所发现的8座墓葬，可以看出青莲岗期墓葬的主要特点是：各墓均作单身仰卧伸肢葬，头向东，随葬品一般很少，如二涧村的7座墓，其中2座无随葬品，其余的多用一个大红陶钵覆盖在死者的头部，有的除陶钵外，还随葬个别的石斧、骨锥、陶鼎、陶盘等物。也说明在这个时空范围内是以青莲岗文化为主。

将军崖旧石器时代遗址、桃花涧旧石器时代遗址、二涧新石器时代遗址皆位于锦屏山系，且分布于将军崖岩画周围。这一地区自旧石器时代开始一直有丰富的遗存，说明这里有着悠久的人类活动历史且具有一贯的连续性。这种古老性和连续性说明，最初生活在这里使用石器的人和制作将军崖岩画的人在血缘上和文化上可能都有承继关系。

4. 马陵山以及大贤庄遗址

马陵山位于沂、沭河流域的山东郯城、临沭和江苏东海、新沂境内，是一条南北走向的低山，长约50千米，最宽处约5千米，中间被沭河分割成南北两部分。南段最高海拔125米，山坡低缓、冲沟发育、坳谷地形较多，在这里发现了多个石器地点。而北段最高海拔184.2米，山高坡陡，发现的石器地点相对较少。1978年以来先后在马陵山发现45处细石器遗址，其中以白鸡窝①、黑龙潭②和爪墩③三个最具代表性。

大贤庄地处鲁中南丘陵的南部边缘马陵山地区，北与山东省的郯城交界，具体位置为东海县西北角的山左口公社的西南方约4千

---

① 位于郯城县城东南20千米的大尚庄东。
② 黑龙潭的层位关系表明它是以细石器为主要文化意涵的凤凰岭文化，在年代上要晚于旧石器时代晚期。
③ 爪墩遗址位于江苏省东海县山左口乡大贤庄西南约2千米的爪墩山。

米，离县城约 31 千米，山体由白垩纪紫红色砂岩、泥岩等组成。大贤庄附近基岩裸露较多，山坡冲沟发育，多呈"V"形，切割可达 10 米之深。1978 年 9 月，由古脊椎动物与古人类研究所和南京博物院等单位共同组成的调查小组，在东海县左口乡大贤庄村南山岗和冲沟中采集到一批主要用石英岩和石英脉制成的石制品；类型有石核①、石片、石锤、砍砸器、刮削器和尖状器等共计 300 余件②；但这批石制品没有确切的层位关系，据分析为旧石器时代晚期，也有可能年代更晚。即距今 1.6 万年至 1 万年前已经有人类在此活动。

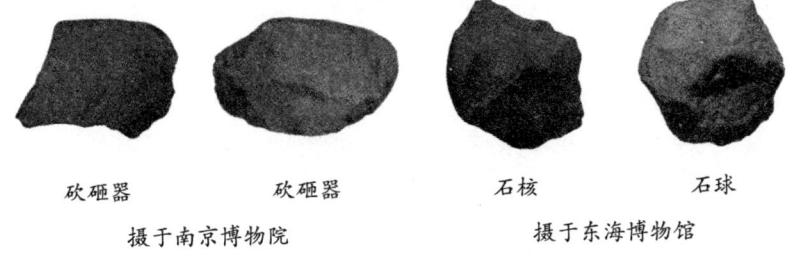

砍砸器　　　　砍砸器　　　　　　石核　　　　石球

摄于南京博物院　　　　　　　　摄于东海博物馆

图 4-11　连云港市东海大贤庄遗址出土石器

沿着马陵山北上就是鲁南地区，莒南县大青峰峪村、郯城黑龙潭水库西岸、沂水南洼洞等都有旧石器时代遗址发现，在沂沭河流域、汶泗流域共发现细石器 140 余处。桃花涧、大贤庄出土的船底形、楔形、柱状石核及圆头刮削器剥落下来的细长小石叶、石片与鲁东南地区有很多相似之处。其中不规则小石叶的标本用料多为石英或石英脉，与鲁东南基本相同（另外，在辽宁旅顺口、营口等地区出土的此类石片也多为石英）。根据所发掘石器的类型和制作技术

---

① 石核共 27 件，其中单台面石核 10 件，双台面石核 10 件，多台面石核 6 件，船底形石核 1 件。

② 李炎贤、林一璞、葛治功、张祖方：《江苏省东海县发现的打制石器》，载《古脊椎动物与古人类》，1980 年第 3 期，第 273 页。

的相似性以及空间分布,可判定这一区域在距今一两万前的旧石器时代关系紧密,虽然根据现在的行政区划分属不同的省,但在旧石器时代其都属于沂沭河下游区域,并和沂沭河中上游有着频繁的活动交往,可以推知这里在旧石器时代接受和吸收来自北方的因素更多。这一地区发达的细石器文化,也为苏北和鲁中南的新石器时代文化奠定了基础。

在马陵山周围,如上文提及的羽山、磨山,其岩画就刻痕而言都较为古老,这可能和这一地区上古时代发展较早有关系。马陵山及其旁边的沂河、泗水、沭河都在马陵山周围穿插绕行,加之马陵山山间台地较多,这就为早期采集狩猎的发展提供了条件,从而孕育了这一地区的早期文明。

二、连云港地区新石器时代主要遗址

1. 大伊山石棺墓遗址

大伊山石棺墓位于连云港市灌云县伊山乡任庄村大伊山东麓的青风岭之上,南距灌云县政府所在地2千米。1981年伊山县砖瓦厂取土时发现该遗址,现存遗址东西长70米、南北宽45米,总面积约3000平方米,约距今6500年,是中国迄今发现的最早的石棺墓。1985年2—4月连云港市博物馆进行抢救性发掘,揭露面积约200平方米,发现38座新石器时代早期墓葬;1986年3—4月南京博物院进行第二次发掘,发掘面积350平方米,发现新石器时代早期石棺墓24座,清理出新石器时代早期墓葬62座(其中石棺墓61座),岳石文化和西周时期灰坑各1个,汉代墓葬10座,文化层厚约1米,地层堆积清晰。石棺墓全部采用大伊山上自然石板镶砌而成。在大伊山遗址中有17座墓葬用陶钵覆盖墓主头部,多数墓葬有1—3件随葬品,最多者8件,其中有16座墓无随葬品,共出土陶器、石器、骨器、玉器等文物170余件。石器均磨制，少数留有打制痕迹，器形有斧、锛、铲、凿、杵、研磨器等；骨器有针、锥；玉器有璜、玦、耳坠等；陶器以夹砂红褐陶、泥质红陶为主，均为手制。墓葬中随葬陶器以釜、钵、罐或鼎、钵、盆为基本组合，鼎釜多带腰沿，钵多为平底，部分为盖在死者头部的"红陶钵"，其中6件底部有刻画符号。

图4-12 大伊山石棺墓

| 石镰 | | 单孔舌形石斧 | | 石锛 |

图4-13 大伊山石棺墓遗址出土的石器工具（摄于灌云县博物馆）

陶钵多为平底，部分为"红顶钵"，有的钵、盆带有羊角状的把手；另有圆柱状陶支座；红陶钵覆盖在墓主人头部或面部的丧葬习俗，称为"红陶钵覆面葬"。这种习俗主要分布于太湖地区、江淮东部及北部地区，其流行的年代主要在新石器晚期早段。1984年大伊山石棺墓第一次发掘的38座墓葬中，有16座有红陶钵覆面，在1986年第二次发掘中至少有1座墓葬采用了红陶钵覆面（根据墓葬登记表，出红陶钵的墓葬为4座，但在记录随葬器物时却只有3座墓葬有红陶钵，其中M39的红陶钵在足底，M46的较小难于覆面，故推断只有M64为红陶钵覆面葬）。除了大伊山石棺墓之外，二涧村遗址（青莲岗文化早期）3处墓葬有红陶钵覆面，为单人仰身葬，且头向均为东或东略北，常见红陶钵与石斧组合；大村遗址有1处红陶钵覆面，沭阳县万北遗址（青莲岗文化）有2处，常州圩墩遗址有1处，高邮龙虬庄遗址有7处。吴县草鞋山遗址、江阴祁头山遗址、嘉兴南河浜遗址也有发现这一现象。根据遗址的具体情况，大伊山、二涧村、大村、万北遗址中为单纯的红陶钵覆面，葬式、头向一致；而太湖地区的墓葬中，除了用红陶钵进行覆面，还有用陶斧、陶碗等，葬式、头向也更为复杂，这可能与年代的早晚有关，即这一习俗在淮北地区出现较早，然后向南传播。从出土资料看，中国东部红陶钵覆面葬习俗的时空区位主要集中在距今6500—5900年的淮北、江淮东部、太湖地区和豫西南的丹淅流域。此外，在西辽河流域的夏家店上层也有红陶钵覆面葬，可见在这一时空区域中文化上已经存在传播，并且可能北方的因素强于南方，并对其形成影响。

2. 藤花落遗址

藤花落位于连云港市连云区中云乡西诸朝村南，西距新浦18千米，北距连云港海岸7千米，遗址处于南云台山和北云台山之间的谷底冲积平原上，34°41′00″N，119°20′30″E，海拔高度为6—7米，是江苏省发现的第一座龙山文化时期城址，也是中国发现的 50 余座龙山文化城址中保存最完整的、最适宜做聚落形态考古的大遗址，藤花落遗址被誉为黄海之滨的庞贝古城。"藤花落古城的始建年代约距今 4300 年前的唐尧时期，其废弃年代约在距今 4100 年前左右的夏初"①，即产生海岱龙山文化的早期，也是全新世气候转暖的时期，藤花落古城的出现说明在这一阶段已经跨入文明时代，并出现了早期国家的雏形。

 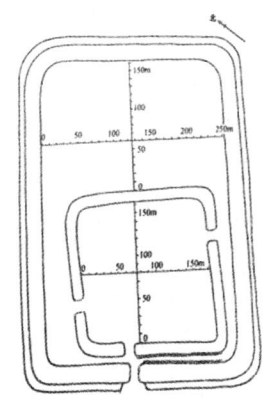

图 4-14　藤花落遗址北区全景俯视图②及平面图③

具体而言，藤花落出土的古物包括"石器、陶器、玉器以及各类动物遗骸标本。生产工具中，石器特别发达，斧、锛、刀、镰、凿等各类石器形式多样，且大部分磨制极为精致；玉器仅发现小件

---

① 叶万松、李德方：《藤花落古城与苏北早期文明》，中国古都学会会议论文，2000 年 11 月，第 447 页。
② 图片来源：连云港市博物馆。
③ 图片来源：裴安平：《稻作与史前社会演变的关系新探》，见裴安平、张文绪：《史前稻作研究文集》，北京：科学出版社 2009 年版，第 343 页。

玉锛、玉坠和玉锥形饰和六棱形水晶柱状体等"[1]。尤为重要的是，在藤花落遗址中发现了丰富的稻作遗存，在灰坑和城壕等遗迹中出土了大量的碳化稻米，在内城中也发现有龙山时期的稻米遗存。且根据 1998—2000 年对藤花落的钻探取样和考古发掘，藤花落外城南部有大面积的水稻田种植遗存，其水田、水口、水沟中的土壤均含有大量的水稻植硅体。通过钻探、现有发掘区内的现象和土壤植物硅酸体的测定，初步认定城外和北部内外城之间有着保存较好的稻作农业生产区。藤花落遗址与同时期的日照两城和山东半岛如胶州三里河等龙山文化遗址相比较而言，农业经济相对发达，特别是稻作农业经济已成体系。

根据裴安平在《稻作与史前社会演变的关系新探》一文中的研究："藤花落，地处苏北，山东龙山文化城址，并可分内城、外城两个部分。城外总面积约 15 万平方米，内城总面积约 4 万平方米。其中，所有的夯土台基和房址都位于内城，外城除稻田外，既无房址，也无生活废弃物的堆积层。对此，专家认为内外城之间不仅存在功能上的区别，而且外城可能还是生产区。然而，内外城之间的生产区范围过于狭小，最大的空坪隙地面积也仅为 250×160 米，约 4 万平方米，即使全部种植水稻，年均亩产 200 斤，总产也不过 1.2 万余斤，去除稻壳以后的稻米约 9000 斤，勉强够 20 人一年食用，根本不足以养活内城所有居民。首先，稻田用城墙保护，重要性非凡；其次，稻田与内城的大型夯土台基，在外城圈内共存，而内城的发现则以大型夯土台基为主。迄今已发现 3 座，总面积占内城面积的

---

[1] 孙亮、陈刚、刘厚学、项剑云、李虎仁：《江苏连云港藤花落遗址考古发掘纪要》，载《东南文化》，2001 年第 1 期，第 38 页。

第四章 将军崖周边地区岩画及遗址研究

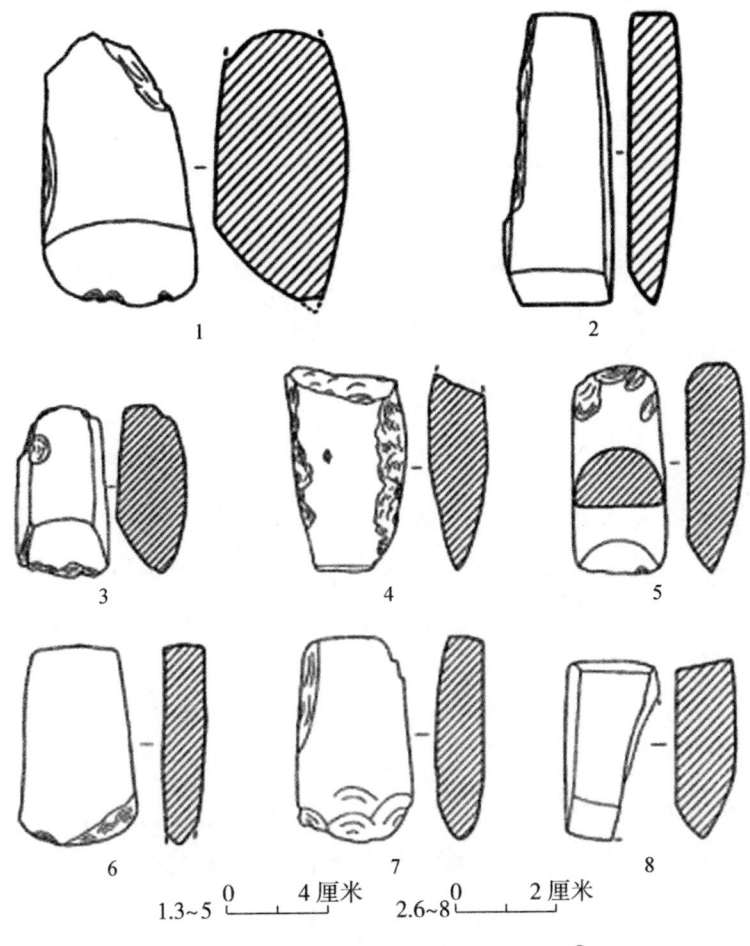

图4-15 藤花落遗址G8中出土的石锛①

1/3。其中Ⅰ号台地约7000平方米，Ⅱ号台基约2100平方米，Ⅲ号台基600平方米。此外，台基上还有房址数十座，最大一座'回'字形，面积达110平方米。因此，稻田应该归内城的主人所有，并拥有高于外城所有稻田的地位和重要性。而且，其作用也应完全服

---

① 图片来源：南京博物院、连云港市博物馆：《藤花落——连云港市新石器时代遗址考古发掘报告》（上），北京：科学出版社2015年版，第61页。

从内城少数主人的需要,并可能与祭祀和礼制有关,由此,裴安平推断出这些稻田在当时有特殊地位和意义。"①可见,在龙山文化时期,稻米在社会生活中可能已经具有了象征财富、作为祭品的功能,在将军崖岩画中出现的稻米图形与其文化背景不可割裂。

在藤花落遗址中,发现有大型红烧土广场和多处烧土堆、祭祀坑,显示出当时已经有盛大的祭祀场景,宗教仪式已经具有一定的规模和体系。其具有的双城墙结构,也是我们到目前为止发现最早的有城和郭两重城(土垣)结构的城址。《吴越春秋》:"鲧筑城以卫君,造郭以守民,此城郭之始也。"可以推断藤花落古城的内城为"君王"的居所,应该是宫城。在藤花落遗址中曾发现有北辛文化时期的遗存,这为进一步研究藤花落古城的龙山文化来源提供了地层学的证据。从对藤花落古城的考察来看,城池的规制已经显现出国家的雏形,宗教信仰、仪式制度也初步具备。相比周围地区,这里的农业,尤其是稻作农业更为发达。藤花落遗址体现了史前原始氏族社会向国家社会过渡时期的灿烂文明。根据对将军崖岩画第一组的微腐蚀断代,发现其年代与藤花落遗址的年代相近。第一组画面反映的主要是人面像和稻米图形,其稻米图形与藤花落稻作文化繁盛相互印证。当然,关于将军崖的稻米图形和这一地区稻作文化的起源与繁盛以及其背后的宗教信仰,后文还将进一步探讨。

关于藤花落的消亡,李兰等学者认为"藤花落遗址的消亡与海侵无关,距今4200年左右龙山晚期文化应是在经历较长期的陆地水患事件后才彻底被毁灭的"②。在藤花落遗址中,先民居住于南云台山和北云台山之间的冲积平原上,有河流经过,在全新世大暖期这

---

① 裴安平:《稻作与史前社会演变的关系新探》,见裴安平、张文绪著:《史前稻作研究文集》,北京:科学出版社2009年版,第342页。

② 李兰、朱诚、姜逢清、赵泉鸿、林留根:《连云港藤花落遗址消亡成因研究》,载《科学通报》,2008年第S1期,第139页。

第四章 将军崖周边地区岩画及遗址研究

一环境适应水稻等农作物的生长,后来因气候异常,经历突变性水生环境(陆地洪水)后被彻底毁灭。

基于上文的分析,可以发现在距今4000多年的龙山文化时代,在这一地区稻作农业已经初具规模。事实上,除了藤花落,在苏北鲁南地区还有东海峪、尧王城等遗址,也都同属于龙山文化时期,共同的特点是稻作农业发达、城邦建设完善。本节对于龙山时期古城的探索,将为第一组稻米图像的解释提供证据,藤花落遗址也为距今4300—4100年之间的岩画意涵解释提供了丰富的考古学资料。

通过以上几个连云港地区重要遗址的分析,笔者梳理了从将军崖、马陵山的旧石器时代遗址到大伊山、藤花落的新石器时代遗址,并分析了这一地区的生计方式、宗教信仰,以及社会如何从狩猎采集的平等社会逐步发展到具有阶级的农业社会。

基于将军崖遗址、马陵山系都出土了诸多细石器遗物,所以有必要对细石器与生计方式之间的关系做一下简单的梳理:细石叶技术的发展,表现了人们对自然物质利用率的提高和生产力的进步。原始先民从有限的石块中进行选取并对边缘进行切割以便于狩猎和肢解动物。细石器轻巧、利用率高、便于携带、适合流动性大的狩猎群体、能有效消解因流动而产生的风险,细石叶通常用于镶嵌,以形成复合式工具满足更多的使用需求。细石叶工艺作为一种有利于狩猎采集者高度流动的石器技术,它是狩猎采集者对于末次盛冰期前后资源变化的适应,同时也是流动性狩猎采集生计发展的顶峰。[1] 此外,它也是史前人类在更新世末和全新世初在北方地区成功繁衍发展的一个重要条件。[2] 细石叶工艺不仅代表了一种工具类型或

---

[1] 陈胜前:《史前的现代化——中国农业起源过程的文化生态考察》,北京:科学出版社2013年版,第116页。

[2] 陈虹:《华北细石叶工艺的文化适应研究——晋冀地区部分旧石器时代晚期遗址的考古学分析》,杭州:浙江大学出版社2011年版,第3页。

技术，更代表着人类文化适应的一种重要转变，是具有强大优越性和适应性的技术革新，与其相对应的狩猎采集经济、人数不多的原始游群形态都是特定环境背景下人地互动的结果。到目前为止，连云港境内发现过细石器的地点有桃花涧、将军崖、二涧、酒店、夹山、大贤庄和黑龙潭。连云港地区出土的细石叶与北方的石片石器工艺更为接近，说明在这个时空场域之中，其与北方的关系更为密切。

根据对将军崖岩画周边考古遗址的梳理，我们可以看到"距今15000—9000年黄河中下游地区诸遗址中，细石叶和石磨盘、石磨棒都是普遍存在的，在个别遗址中，石镰、蚌镰等也是有所发现的……但是宏观上讲距今15000—9000年黄河中下游地区应该已经基本进入高级阶段的狩猎采集经济"①。在将军崖岩画的研究中，不仅要深入分析细石器的类型、使用方式等所表征的生产力和社会文化，也要注重磨制工具所表征的生产力和社会文化。"在中国，磨制工具的出现蕴含于可从最后一个冰期后的考古遗存中离析出来的更广阔的相互关联的变化之中。这些变化往往在不同程度上包括定居生活、人们建造半永久性房屋构成的村落。为弥补采集和狩猎的不足，村民以种植农作物和饲养家畜为食物来源。"②磨制石器与稻作文化、农业发展、定居生活和社会结构的演进息息相关。

通过对连云港地区考古遗址的分析，可得出以下结论：这一地区石器时代遗址丰富，从将军崖、大贤庄等多处旧石器晚期遗址出土的大量细石器证明早在1万多年前，先民逐步在这里超越了粗放的狩猎生活，进入到以弓箭为工具的渔猎阶段。说明这一地区较早

---

① 钱益汇、李昱龙：《距今15000—9000年黄河中下游地区的谷物生产与加工工具》，载《首都师范大学学报（社会科学版）》，2012年第6期，第33页。

② ［美］杜朴、［美］文以诚：《中国艺术与文化》，张欣译，北京：世界图书出版公司2011年版，第4页。

就有人类的活动并创造了相对发达的文明。之后，位于灌云县的大伊山石棺墓与将军崖岩画第二组人面像年代相当，同属于青莲岗文化。位于朝阳区的藤花落遗址与将军崖岩画第一组年代相当，同属于龙山文化。将军崖岩画的制作传统跨越近万年（近百年来的在其上的磨痕并不属于岩画的范畴）。这里需要说明的是，将军崖由于地处鲁南苏北，故受到南北两方面的影响，这种特点在青莲岗文化中表现得尤为明显。也可以说，从青莲岗文化开始，连云港地区的文化更活跃地融入了南北双方的因素。

第三节　将军崖岩画所在区域的考古学文化类型分析

将军崖岩画所在的鲁南苏北地区有着悠久的历史，在沂河、沭河及其两侧丘陵和沂沭河谷冲积平原、汶泗河流域有着多个旧石器时代、新石器时代的遗址，早在四五十万年前，这里就有沂源猿人在此活动繁衍。这一区域比较典型的旧石器时代早期的遗址有位于沂水县诸葛乡范家村西南山顶部、西距沂河6.5千米的南洼洞旧石器遗址。旧石器时代晚期比较典型的遗址有位于新泰市刘杜乡的乌珠台早期智人遗址、沂源县土门镇北鲁山的千人洞遗址、沂源县土门镇芝芳村北的上崖洞遗址，等等。这些遗址在文化类型上依次为凤凰岭文化、后李文化、北辛文化、青莲岗文化/大汶口文化、龙山文化、岳石文化，之后便是商周时期。

连云港地区有着连贯的考古学文化序列，在前文对连云港地区重要遗址分析的基础上，本节着重探讨该区域的考古学文化类型，从对遗址作为"点"层面的探讨，到整个考古学类型关于同时期遗址特点的高度概括和抽象，即提取其共性，以便从人地互动、生计关系、聚落形式、宗教习俗、阶级状况等层面探讨岩画背后所表达的意涵。例如：在以采集狩猎为主的平等社会，对应于第五组岩画，其画面的图像相对独立，缺少主次之分和叙事性。到第一组岩画所对应的农业社会，画面逐渐体现出了叙事性和场景性，这必然是基于当时社会的祭祀活动且在比较有组织的情况下产生的。

表4-3 连云港地区所涉及的考古学文化类型与将军崖岩画

考古时代	考古学文化类型	距今年代	典型遗址	将军崖岩画典型图像①
细石器时代	凤凰岭文化	10000年	凤凰岭遗址	第五组
新石器时代	后李文化	8500—7500年	后李官庄遗址	第五组
	北辛文化	7300—6100年	北辛遗址	第五组
	青莲岗文化	7000—6000年	二涧遗址	第二组、第三组、第四组
	大汶口文化	6500—4500年	陵阳河遗址	第二组、第三组、第四组
	龙山文化	4500—4000年	藤花落遗址 尧王城遗址	第一组
	岳石文化	4000—3500年	泗水尹家城遗址	第一组

一、凤凰岭文化、后李文化、北辛文化与将军崖岩画

凤凰岭是以细石器为主的文化遗存，位于沂河和沭河之间的冲积平原上，其年代约在更新世末至全新世初，距今约1万年。以细石器为主体，并伴有较为粗大的打制石器，但不与磨制石器和陶器

---

① 将军崖岩画典型图像即为每组的主体图像，是本书主要讨论的图像。

第四章 将军崖周边地区岩画及遗址研究

并存。在加工技术方面，在直接打击法的基础上已经产生出间接打击的压剥技术，且在生产石片和第二步加工中均已运用。同时，普遍存在砸击技术，但在石制品中所占比例不大。凤凰岭文化时期居民的经济活动，是以狩猎为主，兼具捕鱼和采集，农业尚未发展，定居的聚落还未形成。

后李文化中比较有代表性的是后李官庄遗址①、西河遗址②、小荆山遗址。③ 后李文化的年代跨度大约在距今 8500—7500 年之间，前后延续了约 1000 年。在后李官庄、西河、小荆山三处遗址中均发现后李文化的聚落，但聚落中心区的范围不大，一般在数万平方米，聚落内的房屋方向一致，结构也相同。由此表明这一时期的居民早已进入稳定的定居生活阶段，但聚落规模和人口密度都不大。根据出土的石斧、石铲、蚌铲、蚌镰、石磨盘和石磨棒等可知这一时期农业已经初具规模，同时，渔猎和采集狩猎是不可缺少的经济活动，家畜饲养也已出现，各种原始手工业门类比较齐全。从后李文化墓葬中均无随葬品可知这一时期社会生产的规模仅能维系人们的生存需要，私有财产的概念还没有形成。

北辛文化时期，北辛文化主要分布于鲁南的汶泗河流域地区，尤其是最近几十年来鲁北东起平度，西到长清，东西数百千米范围内发现 10 余处北辛文化遗址；北辛文化的典型遗址有北辛遗址④、

---

① 后李官庄遗址位于淄博市临淄区齐陵镇淄河东岸的二级台地上。
② 西河遗址位于章丘市龙山镇村西北约 200 米，即泰沂山脉西段主峰泰山北侧的山前平原上，东距著名的城子崖遗址约 1600 米。
③ 小荆山遗址位于章丘市刁镇茄庄村西南约 500 米处，南依长白山脉西端的小荆山，故得名。
④ 北辛遗址位于滕州市官桥镇北新村北，遗址东、西、南三面临水，地处丘陵与平原的过渡地带，海拔 100 多米。

东贾柏遗址①等；北辛文化年代在距今 7300—6100 年之间，前后大约持续了 1200 年。北辛文化较后李文化在农业方面有明显的进步，主要表现在生产工具方面农业工具的比重加大，种类增多。在社会结构方面，以家庭作为一种社会单位可能已经开始出现，整个社会由母系氏族社会向父系氏族社会过渡，并开始由氏族公有制向家族私有制转化。

根据微腐蚀断代、图像意涵和文化背景综合分析，凤凰岭文化、后李文化、北辛文化对应于将军崖岩画的第五组，是狩猎采集时代和农业萌芽时期的作品，该时期属于万物有灵或多神崇拜的阶段，尚未形成系统的宗教体系。居住方式为从游群到聚落的过渡期，在北辛文化时期人们基本已经定居，农业也较之前有所发展，阶级开始出现。这一时期属于海进期，海岸线的位置在锦屏山的西侧，即锦屏山成为与陆地相连的近海岛屿。正是基于这一时期农业逐渐代替采集狩猎，母系社会转型为父系社会，男性因具有较强的生产力并迅速掌握经济而在社会得到尊重，基于以男性生殖器为表现的男根崇拜在这个时期开始产生并发展起来。自此，男性成为社会的主导力量。

二、青莲岗文化与将军崖岩画

青莲岗遗址位于江苏怀安县东北部，废黄河河道的南岸，距今 7000—6000 年之间；命名于 1956 年，由赵青芳先生在全国考古工作会议上首次提出。1951 年，在江苏淮安青莲岗发现以红陶为主并有少量彩陶的遗址。之后，在苏北的连云港二涧村和南京北阴阳营等地，陆续发现与青莲岗有类似特征的遗址。1958 年，在南京北阴阳营遗址发掘报告中，研究者经过简单地比较后，把青莲岗遗址和北

---

① 东贾柏遗址位于汶上县东贾柏村东南，西北距汶上县城 2.5 千米。

阴阳营下层为代表的文化命名为青莲岗文化。① 关于青莲岗文化的界定一直以来争议比较大，1963年曾昭燏、尹焕章在《古代江苏历史上的两个问题》一书中认为刘林、大汶口、景芝镇属一个文化系统，"是鲁南、苏北交界地区的一种新发现的文化"，提出了"刘林文化"的命名，并认为"与青莲岗文化有些先后因袭关系"。1964年尹焕章、张正祥和纪仲庆先生在大墩子遗址发掘报告指出青莲岗、刘林和花厅三个类型为"青莲岗文化系统的三个不同时期的代表性遗存"②。在同期发表的曲阜西夏侯遗址发掘报告中，高广仁、任式楠先生提出了"大汶口文化"的命名③，同年，夏鼐先生撰文指出刘林遗址"实际上也属于大汶口文化系统"④。1963年，南京博物院在对刘林和大墩子遗址进行多次发掘的基础上，将苏北地区早于龙山文化的遗存划分为青莲岗类型、刘林类型和花厅类型，并排定了三者的相对年代关系，把三者合称为"青莲岗文化"。青莲岗文化遗址出土的钻孔石斧、石镰等生产工具一般以石器为主，苏北地区还常常出土较多骨角器。目前，在江苏境内已经发现青莲岗文化遗址80多处，如连云港的二涧遗址、邳县大四户墩子、阜宁县黎园、高邮县龙裘庄等。其中，在二涧村、大村、圩墩和草鞋山下层墓都有用红陶钵扣在死者头部的葬俗。

1973年，吴山菁撰写的《略论青莲岗文化》中明确指出青莲岗

---

① 赵青芳：《南京市北阴阳营第一、二次的发掘》，载《考古学报》，1958年第1期，第133—148页。

② 尹焕章、张正祥、纪仲庆：《江苏邳县四户镇大墩子遗址探掘报告》，载《考古学报》，1964年第2期，第205—222页。

③ 高广仁、任式楠：《山东曲阜西夏侯遗址第一次发掘报告》，载《考古学报》，1964年第2期，第257—258页。

④ 夏鼐：《我国近五年来的考古新收获》，载《考古》，1964年第10期，第497—503页。

文化分布范围涵盖了鲁、苏、皖、沪、浙五省市部分地区,并基于江南地区和苏北淮海地区新石器文化面貌上的差异,从而提出了江北和江南两个类型的看法,并将每一类型分成若干期。① 1977年,夏鼐先生指出,江南类型和江北类型的青莲岗文化,"就整个文化面貌而论,是两种不同的文化。……以分别定名较为妥当。为了避免混淆,'青莲岗文化'这一名称,似可避免不用",可把江南、江北分别称为"马家浜文化"和"大汶口文化",而南京北阴阳营下层墓葬,似乎代表了另一种文化。② 同年10月,在南京召开的长江下游新石器文化讨论会上严文明先生在肯定苏南浙北和苏北鲁南不是一个文化系统的基础上,建议将苏南浙北的马家浜、崧泽二期一类遗存命名为"草鞋山文化",而苏北鲁南地区,则在刘林期和花厅期之间划线,前段为青莲岗文化,后段为大汶口文化,也即保留青莲岗文化,但将其时空界限缩至一个较小的范围内。③

根据发掘资料,青莲岗文化是一个很长的社会发展阶段,从它出现到后来发展成为大汶口文化和良渚文化,先后经历了1000多年。青莲岗文化可以分为早中晚三期:青莲岗早期④(碳14测定:大墩子4494BC±200年、草鞋山4325BC±200年),从出土的石器工具来看,当时的经济成分以农业为主,渔猎和采集经济仍然占有一定的比例,其中捕鱼的行为比较普遍,几乎各个遗址都有石质和陶

---

① 吴山菁:《略论青莲岗文化》,载《文物》,1973年第6期,第45—61页。

② 夏鼐:《碳-14测定年代和中国史前考古学》,载《考古》,1977年第4期,第217—232页。

③ 严文明:《论青莲岗文化和大汶口文化的关系》,见文物编辑委员会编:《文物集刊》(1),北京:文物出版社1980年版,第116—124页。

④ 参见南京博物院:《青莲岗文化的经济形态和社会发展阶段》,见文物编辑委员会编:《文物集刊》(1),北京:文物出版社1980年版。

第四章 将军崖周边地区岩画及遗址研究

质的网坠发现。而手工业处于依附地位，家畜饲养尚不发达。从大墩子三处集中堆放石器的现象和墓葬中仅有少量生产工具随葬，可知当时的主要生产工具归氏族集体所有。青莲岗早期发现的四座合葬墓，都属同性合葬，可知当时尚处于对偶制婚姻阶段，且随葬品数量少、装饰少，各氏族成员并未出现贫富不均和等级，所以青莲岗文化早期属于母系氏族社会。青莲岗中期[①]（根据地层关系和器物演变顺序：3900BC），家庭饲养在农业的基础上有所发展，出现剩余现象，较多的生产工具被作为随葬品，开始出现生产工具的私有制，墓葬中出现男女合葬现象，反映出婚姻形态开始从对偶婚发展到一夫一妻制，在青莲岗文化中母权制开始瓦解，父权制逐步萌生，具体而言处于两者的过渡阶段。青莲岗晚期[②]（根据地层关系和器物演变顺序：3000BC），私有制比中期有所发展，贫富分化明显，父权制进一步加强，属于父系氏族社会发展阶段。

由于青莲岗文化各遗址文化面貌存在着若干地域性的差异，因此可分为"江北青莲岗文化"和"江南青莲岗文化"。其中"江北青莲岗文化"主要分布于苏北徐淮平原，目前可分为三期：早期为青莲岗、中期为刘林、晚期为花厅村。至于"江北青莲岗文化"的绝对年代，其中大墩子遗址下层出土的木炭，测定年代为4494BC±200年，这说明其早于龙山文化和良渚文化，和仰韶文化的半坡类型同时期。[③] 山东龙山文化是由大汶口文化发展而来，良渚文化是在太湖流域的马家浜文化基础上发展而来。虽然大汶口

[①] 参见南京博物院：《青莲岗文化的经济形态和社会发展阶段》，见文物编辑委员会编：《文物集刊》（1），北京：文物出版社1980年版。

[②] 参见南京博物院：《青莲岗文化的经济形态和社会发展阶段》，见文物编辑委员会编：《文物集刊》（1），北京：文物出版社1980年版。

[③] 参见南京博物院：《青莲岗文化的类型、特征、分期与年代》，见文物编辑委员会编：《文物集刊》（1），北京：文物出版社1980年版。

文化和马家浜文化分属于不同的文化体系，但不可否认两者之间存在相互联系；南京博物院一直秉持将苏北大汶口文化和苏南马家浜文化统一命名为青莲岗文化就是基于此，也即大汶口文化一直延伸至徐州以南，而良渚文化最北也到了苏北的阜宁地区。此外，位于沭阳万匹乡万北村的万北遗址，东距沭河约 2 千米。由于黄泛堆积的不断增高，遗址现仅高出周围地面 2 米左右，遗迹主要有灰坑和墓葬，随葬品数量少；用红陶钵覆面习俗与大伊山、二涧村和大村等遗址完全相同。万北遗址的早期新石器文化，发掘者将其划分为两期，并认为晚期与青莲岗遗址相同，早期则与安徽定远侯家寨一期文化相似；红陶钵覆面习俗，说明与这一地区属于同一个文化圈。

具体到连云港境内，二涧村、大村、大伊山遗址都发现了具有青莲岗文化典型特征的墓葬。二涧村发现了 7 座，无墓圹、无葬具、单人葬、头向东、随葬品少，只有两三件日用陶器和少量的生产工具，大多数墓葬用红陶钵覆盖在死者头部，大村的墓葬与二涧村情况相似。大伊山墓葬则有些区别，这里两次共发掘了 72 座墓，除个别墓外，其余皆用薄石板砌成墓棺，随葬品有釜、鼎、钵等陶器，锌、斧等石器，玉磺、玉玦等装饰品，也有用陶钵覆盖在死者头部的习俗。青莲岗遗存至少可以分为早晚两期，穿孔石斧、彩陶都是较晚的遗存。从文化意涵看，二涧村遗址较早，大墩子下层、大伊山遗址较晚，后两处遗址均有一定数量的穿孔石斧出土，大墩子下层还有彩陶出土；大墩子下层碳 14 测定年代数据为距今 6445 ± 200 年（经树轮校正）。从二涧村遗址的地层关系，可以明确青莲岗文化总体上早于龙山文化的相对年代关系。

青莲岗文化中这种强烈的南北文化要素兼具的特点说明这一时期苏北鲁南地区存在着广泛的交流，南北力量咬合相交于此，此进彼退。这也是这一地区位于生态交错带，生态体系多个层面的相互交接之情形在文化上的响应。这一时期的海岸线较之前有所减退，海岸线位于锦屏山的东侧，即锦屏山成为近海山麓。

这一时期人们已经定居、聚落出现，农业成为主体，社会的分层加剧，巫术已形成一定的体系和规范；在氏族中血缘关系显得尤为重要，正是基于此，祖先崇拜在这个时期展露萌芽。距离将军崖仅百余米的二涧遗址，就属于江北青莲岗文化类型。这个时期对应于将军崖岩画第二组、第三组、第四组中较早期的图像。

三、大汶口文化与将军崖岩画

大汶口文化得名于山东省泰安市大汶口遗址，其主要分布范围东至黄海之滨，西至鲁西平原东部，北达渤海南岸，南到江苏淮北一带，基本处于古籍记载的少昊氏文化地区。据放射性碳素断代，大汶口文化年代距今约6500—4500年，延续时间约2000年。大汶口文化是在北辛文化的基础上，受江淮地区龙邱庄文化北上的强烈影响而形成的，形成后又与江淮、江浙地区文化不断交流，加上仰韶文化同时向两地施加影响，从而使海岱和江淮、江浙地区的文化面貌越来越近似，逐渐在东部沿海地区形成"鼎豆壶杯鬶（盉）文化系统"。这个南北纵向的文化系统，与东西横向的黄河流域文化系统、长江中下游文化系统互相贯穿，使公元前4000年前后的黄河长江流域文化连接为一个相对的文化统一体。

大汶口文化的典型遗址是大汶口遗址①、王因遗址②、西夏侯遗址③、三里河遗址④、陵阳河遗址⑤。大汶口文化经历后李文化、北辛文化2000多年的发展，到大汶口时期，社会经济各个领域都有了一定的发展。在农业方面，农业是大汶口文化的主要经济部门，大汶口文化的农具制作较为精致，石器多经磨光，刃部锋利，有的有穿孔。尤其是在大汶口文化中晚期阶段，粮食有了一定的剩余；特别是晚期阶段，以陵阳河遗址为例，45座墓葬共出土高柄杯（饮酒器）663件，占出土器物的45%，可见当时酿酒业已具有一定的规模。家畜饲养、渔猎是经济的重要补充，尤其是在沿海、沿河地区，渔猎占据的比重尤为多，捕捞的对象主要是鱼类、贝类和蚌。此外，在大汶口文化时期，制陶业、制石制玉业、制骨业、建筑、纺织、木材加工等方面都有较为迅速的发展。值得关注的是，大汶口文化的晚期阶段，在陵阳河、大朱村、杭头、前寨、尉迟寺和尧王城六处遗址发现文字图像，其中陵阳河文字图像最多，共计20余个，其中不重复的有六类九种。在大汶口文化时期莒县陵阳河遗址已有40万平方米的大型聚落，说明单个聚落群的发展已不再适应以实力和财富为基础的社会，将以往各自独立一盘散沙的聚落群全部组织整

---

① 大汶口遗址位于泰安和宁阳交界的地方，坐落在大汶河两条支流交汇之处，北距泰山约30千米；这一带属冲积平原地貌，海拔约120米。

② 王因遗址位于兖州市王因村东南，为高出周围1.5米的缓坡土丘，东距泗河约4千米，属黄淮冲积平原。

③ 西夏侯遗址位于曲阜市西夏侯村西，遗址面积超过10万平方米；北有泗河支流蓼河自东而西流过，这一带属鲁中丘陵的西部边缘，地处丘陵与平原的交接地带。

④ 三里河遗址位于胶州市北三里河村西的河边高地上，东南距黄海的胶州湾10千米；这一带地处胶莱平原的东南部，胶莱河西侧，面积5万平方米。

⑤ 陵阳河遗址位于莒县陵阳乡陵阳街村之东，陵阳河在遗址的北侧自东向西流过，大部分墓葬位于陵阳河主河道南侧的河滩上，现存面积约2万平方米。

合为一体，才能够更好地保护自己的利益和生存空间。大汶口文化时期开始出现巨型聚落、多聚落遗址、环壕聚落、城址等新型聚落类型，所体现的不仅是聚落本身的多样化趋势，更是各种聚落群体组织模式的等级化与复杂化。

如图4-16所示，山东莒县陵阳河遗址出土的大汶口文化晚期的陶尊上出现刻画符号，类似的符号在山东诸城前寨遗址和安徽蒙城尉迟寺遗址、湖北石家河文化的肖家屋脊遗址也有出土。

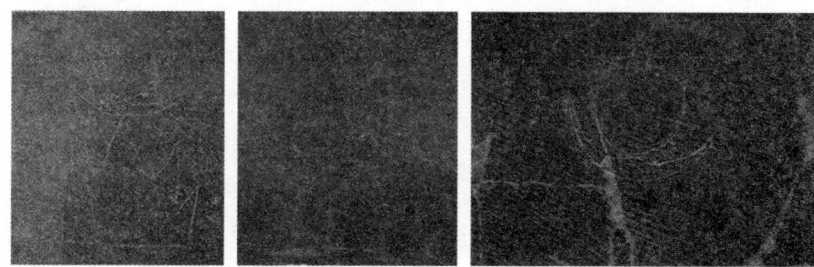

图4-16　山东莒县陵阳河遗址出土的大汶口文化晚期的陶文（摄于莒县博物馆）

大汶口文化时期农业和男性的地位已经完全确立，根据莒县陵阳河遗址可知社会阶层的区分已经比较明显。大汶口文化农业的繁盛和农耕发展的需要，促进了祖先崇拜和"观象授时"的上古天文及物候体系的建立。正是在这种背景下，将军崖岩画第二组的"浅杯穴"为代表天象的星象图，第二组、第三组中的人面岩画，都是由之前第五组的生殖崇拜传承融入而来，成为祖先神或祖先崇拜的对象。也正是基于大汶口的农业文化，综合微腐蚀断代和周边考古遗址，将军崖岩画第四组的"杯状穴"为血祭或酒祭之功用，第四组中的四块大石为这一时期的社祭遗址。大汶口文化的年代与第三章中2014年贝纳里克对"杯状穴"断代（距今5380年）是基本一致的。

我们可以想象，在这一时期将军崖背山面海，每天太阳从海上升起从山后落下，到晚上漫天的星斗点缀着长夜。人们观察着大自然的变化，从中寻找规律，在人与自然的互动中，即在适应中创造出了关于描述这些自然现象的史前艺术,以祈求上苍给予丰产和丰收。

四、龙山文化、岳石文化与将军崖岩画

距今约7000年前的全新世最大海侵使江苏东部沿海地区遭到淹没,青莲岗文化遗址多分布在基本未受海侵影响的陆相环境,刘林文化遗址的锐减预示着距今5500年前后全新世高海面的到来;龙山文化时期苏北大部分地区成为陆地,文化再度进入繁荣期。龙山文化的时期距今约4500—4000年,正是全新世大暖期的后期,气候温润,生态环境适宜动植物生长和人类生存;海岱地区龙山文化的前身为绵延千年的大汶口文化、龙山文化之后为岳石文化。就龙山文化的范围而言,"山东是龙山文化的故乡。尽管借以命名的龙山镇城子崖遗址由于位置偏西而受到后岗二期文化的影响,但从整体来看,山东省运河以东的全部和江苏北部仍然构成一个比较统一的文化区。这里在新石器时代早期便有北辛类型,到新石器晚期发展为青莲岗、大汶口文化,龙山文化就是在大汶口文化的基础上成长起来的"[1]。龙山文化的典型遗址有城子崖遗址[2]、两城遗址[3]、东海峪遗址[4]、

---

[1] 严文明:《龙山文化和龙山时代》,载《文物》,1981年第6期,第42页。

[2] 城子崖遗址位于章丘市龙山镇镇东武原河畔称为"城子崖"的台地上,遗址处于泰山北侧的山前平原,西北距小清河15千米,距黄河23千米,遗址面积超过20万平方米。

[3] 两城遗址位于日照市东北部,目前东距黄海约6千米,遗址北侧有两条河流流过,遗址面积约在百万平方米,是目前所发现的最大的龙山文化时期的城址。

[4] 东海峪遗址位于日照市东海峪村之西北,东临黄海,西依奎山,遗址面积约8万多平方米。

尧王城遗址①、早期和晚期的分界线大约在距今4300年前后。50多年前，梁思永先生曾推测龙山文化的经济基础是农业，并有家畜、狩猎和捕鱼捞蚌作为补充。②大量的资料证明了这一推测，目前已经发现龙山文化遗址达1000多处，且多坐落于宜于农耕的浅山丘陵和河岸湖滨地带，这为农业的快速发展提供了条件，农作物主要是粟和黍，此外在栖霞杨家圈和日照尧王城遗址还发现有碳化水稻的遗存。

在龙山时期，农业得到了较大的发展，从遗址和规模分析，稻作农业发展迅速；就出土的工具而言，渔猎经济的比重明显下降，农业的比重上升，如石犁、扁平穿孔石铲、蚌铲、骨铲、大型半月形双穿孔石刀、蚌刀、蚌镰、石镰等用于开垦土地和收割的农具大量使用。聚落遗址的数量增多，表明了生产力的发展和人口的增加与聚集。礼制已经度过了萌芽阶段，逐渐地成熟起来，并向着规范化和制度化的方向发展；不同文化区之间的文化交流、碰撞、融合的力度加大，主要区域之间一体化进程的速度加快等；……进入了古代文献中所记载的"城郭沟池以为固"的历史时期。

岳石文化上接龙山文化下启殷商文化，其年代大约据今4000—3500年之间，个别地区下限可能还会稍晚一些。根据出土文物中农具所占的比例分析，在龙山文化早期阶段，农具占比30%；龙山文化晚期阶段占比40%；到岳石文化时期占比上升到45%~55%之间③，可见在岳石文化时期，农业有了一定的发展，并成为当时经济的主体。

---

① 尧王城位于日照市西南约17千米处，目前东距黄海约5千米，遗址总面积超过50万平方米。

② 梁思永：《龙山文化——中国文明的史前期之一》，载《考古学报》，1954年第1期，第5—14页。

③ 栾丰实：《东夷考古》，济南：山东大学出版社1996年版，第319页。

张光直曾言："分支宗族的聚集核心，是城墙环绕的城邑。"[①]李约瑟认为：无论古代的或现代的中国城市，都"不是人口自然集中，资本或生产设备自然聚集的结果；它不单是，或者说本质上不是一个市场中心。它首先是一个政治心脏，是形成网络中的一个结，是官僚（或）……或古代封建领主的据点"[②]。龙山文化时期城邑的建设为在郊外举行的大型的祭祀活动提供了可能，而以血缘关系为缔结的宗族聚居，自然在祭祀活动中更倾向于以祖先崇拜的形式进行宗族关系的凝聚和巩固。

在龙山文化和岳石文化阶段，海岸线再次西进至锦屏山东侧，锦屏山成为近海山麓。从龙山诸多城址及其规模，可知这时苏北鲁南的大地上城池耸立，农业已经比较成熟，且已规模化种植。社会阶层分化加剧，宗教初步形成。这时期的将军崖岩画主要是第一组，从藤花落等诸多稻米遗存可知这一时期稻作农业的繁盛，画面中用禾苗祭祀祖先正是表征了这一文化背景。随着宗教体系的完善和祭祀礼仪的发展，表现在画面上为第一组岩画更具有叙事性和场景性，整个画面也更为生动。这一时期的图像意涵仍然是继承着之前关于农业崇拜与祖先崇拜的主线。

---

① ［美］张光直：《美术、神话与祭祀》，郭净、陈星译，沈阳：辽宁教育出版社2002年版，第6页。

② Joseph Needham et al., *Science and Civilization in China*, Vol.4, Pt.3 "*Civil Engineering and Nautics*", Cambridge: Cambridge University Press, 1971, p.71.

第五章　将军崖岩画主要"类型"分析

"每种信仰产生自己的造型艺术，其形状都可追溯自某种基础的范型（canon）与广泛的类型，这都是教义信条的表现，在不同时空的宗教美术中均有此类现象。"① 根据对将军崖岩画的数据统计和绘图分析，结合岩画研究中主要关注的几类图像，本章选取了将军崖岩画最具代表性的人面像、太阳纹、凹穴和方格纹进行重点分析。当然对于图像的分析不能脱离其所在的整个画面，在对典型要素与周边遗址、遗物风俗信仰分析的基础上，后文将会以每组岩画为一个小的整体进行阐释。

第一节　将军崖岩画主要类型之一——人面像

"人面像"岩画是对具有类似面部特征岩画的统称，是目前国内岩画界一种约定俗成的称谓。此外，人面像在中文还有"兽面""鸟面""类人首""神格面具""人面纹"等称谓；在英文中有"mask""human face""anthropoid faces""eye-mask faces""eye/

---

① 郭静云：《天神与天地之道：巫觋信仰与传统思想渊源》（上），上海：上海古籍出版社 2016 年版，第 18 页。

nose faces"等称谓。仅从名称中我们就可以看出在对人面像的判读上有神面、人面、兽面之争。本书对此按目前国内岩画界的习惯用法，用"人面岩画"一词对此类图像进行统称。至于图像背后所体现的是神、人或是兽、鸟，后文将在每幅岩画的阐释中进行一定的说明，但浩浩远古，并不是每一个图像我们都有论据去支持阐释，故本书也只是对部分能够阐释的图像进行了尝试和探索。

  首先对中国人面岩画展开研究的是陈兆复，他认为："人面像岩刻最重要的特征是：绝大多数并非描绘真实的人面，倒像是某种确定的面具。大部分人面像作品，有着惊人的简洁，以及图案化、抽象化的表现，每一个人面又都有着自己的性格，有着互相区别的特点和细节。换句话说，我们看到同一个题材却有着无穷的多样性。这些粗糙的石头上所铭刻的印记，揭示出史前艺术的奇异而神秘的世界"[①]。之后，宋耀良先生在20世纪80年代末90年代初系统地调查了中国的人面岩画，并对其分布规律进行了总结，对其来源、意涵和意义进行了探讨。宋耀良认为："据近十多年来的考古发现，中国境内至少存有约十万余幅古代岩画，可以分作若干的区域或系统。其中人面形岩画是意涵最为深刻的一个系统，它分布在中国北部和东部沿海总长为四千公里的带状区域中，构成了中国上古文化源头的一个方面……观全体岩画又不得不承认，中国的人面形岩画，又是最具有规范特性的，它变幻无穷，却又万变不离其宗，数以千百计的散布在相距三四千公里范围内，却严格地遵循着其内在的规定性，这不能不说是一种极壮观的史前奇迹。这只能用同一的文化或文化的同一性才能给予合理的解释。"[②] 宋耀良先生进一步在其著作

[①] 陈兆复：《中国的人面像岩画》，载《寻根》，1994年第2期，第25页。
[②] 宋耀良：《人面形岩画的图像特征与类型》，载《学术月刊》，1993年第2期，第45页。

第五章　将军崖岩画主要"类型"分析

《中国史前神格人面岩画》一书中将中国的人面像岩画分为东部、中部和北部分布带，并进一步推论分布在北美洲太平洋西海岸的人面像岩画是从中国东部传播过去的。

阿纳蒂多次来中国分别考察了将军崖岩画[①]及阴山、贺兰山等涉及人面像的岩画区，认为中国人面像岩画开始的时间大概类似于俄罗斯黑龙江流域人面像的年代，即距今五六千年。[②] 在空间分布上，人面岩画通常分布在环太平洋沿岸。在时间上，人面像通常产生于新石器时代，往往没有欧洲旧石器时代的洞穴岩画那么古老。张亚莎、龚田夫在《中国人面像岩画文化浅谈》一文中也曾提出中国的人面像岩画的分布和形成过程是互相影响而产生的，并认同宋耀良的观点认为人面岩画的源头可能在连云港将军崖，并由此分别向南和向北传播。向南传播到福建仙字潭、台湾万山；向北传播到内蒙古的西辽河流域，并由此向西到达阴山，在阴山形成第一个繁荣期，继续向西到达贺兰山，在贺兰口形成第二个繁荣期，并最终消失在宁夏中卫县的北山一带。就人面岩画的创作者而言，"人面像岩画的创作者很可能是原居于江苏、山东的从事原始农耕的东夷人，人面像岩画因东夷人的迁徙而发生长时间及长距离的传播，给人一种规模宏大的假象。人面像岩画是人的思维在人的形象上的体现，是中国原始艺术的巨大成就"[③]。

人面像在中国北方岩画中占了很大比例，而关于人面的史前艺术品更是遍布全球，为何原始先民对"人面"这一事物情有独钟呢？人面用于仪式在全球范围内古代社会是普遍盛行的，常用于表演、

---

① 阿纳蒂于2010年考察了将军崖岩画1—4组，尤以禾苗人面为主，虽当时第五组已发现，但山路崎岖未安排考察。

② 陈兆复：《中国的人面像岩画》，载《寻根》，1994年第2期，第27页。

③ 龚田夫、张亚莎：《中国人面像岩画文化浅谈》，载《中央民族大学学报》，2006年第3期，第67页。

狩猎、运动、盛宴、战争或仅仅是用于装饰。①"在古代世界，面具是化身为精灵的一种手段，是神灵存在的体现，认为神灵藏在面具中，人只要戴上面具，就可以改变作为一般人类形态的存在，马上就成为动物、精灵或死者灵魂。"② 据《山海经》中"西母蓬发戴胜"，其中"戴胜"可能就是一种面具。具体到将军崖岩画而言，《山海经·海外东经》："东方句芒，鸟身人面，乘两龙。"《太平御览》引《临海云》"（夷州民）战得头著首还，于中庭建一大材，高十余丈，以所得头差次挂之，历年不下，彰示其功"。都是关于这一地区人面（首）的神话传说和记载，具体到周边出土的考古文物从距今8000年前的北福地陶面到大汶口文化、龙山文化皆有或石质（玉质）或陶制或骨制的遗物发现。

图 5-1A 是出土于山东省滕州市岗上村大汶口遗址的玉质人面像，器物呈扁平体，略呈方形，阴线刻制而成，双目微闭，口鼻形呈倒三角形，神态宁静中不失肃穆，背面中央有一垂直的凸脊。脊上有一横穿可供穿系；器物高 3.2 厘米，宽 3.9 厘米。图 5-1B 藏于山东省临沂市的东夷博物馆，具体出土地与年代尚待考证，双目为两凹陷的圆窝，口鼻线条简练。图 5-1C 为距今 8000 年的磁山文化遗物，双眉相连，呈"M"形，口中竖立的阴刻线条类似牙齿。图 5-1D 为在河北易县西南 12.5 千米处北福村新石器时代遗址中出土的陶制面具，距今约 8000—7000 年，陶面呈长形，双目

---

① William Healey Dall, "On Masks, Labrets, and Certain Aboriginal Customs, with an Inquiry into the Bearing of Their Geographical Distribution", in Powell, J.W., Third Annual Report of the Bureau of Ethnology to the Secretary of the Smithsonian Institution 1881-82, Washington D.C.: U.S. Government Printing Office, 1884 (reprinted 2010), pp.73-151.

② 束锡红、李祥石：《岩画与游牧文化》，上海：上海古籍出版社 2007 年版，第 24 页。

微睁，口鼻硕大。图5-1E是龙山文化时期的陶塑人面，1960年出土于潍坊姚官庄，为泥质红陶的小型雕像，面呈椭圆，两眼外凸，眉骨高，高鼻梁。

A. 玉质人面
山东省滕州市岗上村遗址，摄于滕州市博物馆

B. 石刻人面
（出土地与年代不详）摄于东夷博物馆

C. 石刻人面
磁山文化，新石器时代早期，摄于河北省博物馆

D. 陶制人面
河北易县北福地遗址
摄于河北省博物馆

E. 陶制人面
山东省潍坊姚官庄遗址
摄于山东省博物馆

图5-1 将军崖周边的遗址出土的人面类遗物

在远古时代，为何会制作这些人面像？对此的解释也十分丰富，如布洛克认为对于人面的表现是基于其与灵魂世界的关系："艺术品与它所表现之物的关系在原始艺术中就是描述方式与实际身份之间的关系……不仅是某一社会中所崇拜的神灵需要通过面具来理解，而且因为面具是那种神性的寄寓处，它本身就与那一灵魂世界有某种特殊的神圣关系"[①]。温格特认为人面往往与祖先崇拜的信仰相联系：在祖先崇拜和神灵崇拜中，原始人们喜欢拥有一些表现神的有

[①] [美] 简·布洛克：《原始艺术哲学》，沈波、张安平译，上海：上海人民出版社1991年版，第274页。

形的象征符号或描述方式来作为他们举行宗教仪式的对象。这是因为他们有这样一种信仰：在这种时候，开始时举行的仪式就能使神灵真正附体到这些象征符号或描述方式上来。但无论是祭祀，还是萨满通灵等都有一个共同的体现就是"首"这一事物十分重要，在苏北鲁南地区的史前社会存在着颅骨崇拜、红陶钵覆面等习俗都体现这一地区文化上与人面之间的密切关系；具体到将军崖岩画，本书根据微腐蚀断代、图像的类型分析及其所表征的意涵，对将军崖中所出现的人面像分为四类，如图5-2所示。

1. 人祖形人面像：中间长形，两边各有一个圆形为其主要造型元素，并随着不断的演化，出现各种变体，在后期两边的圆形演化成双目同心圆，这可能和对太阳崇拜有关；嘴部出现牙齿的造型，但造型的结构仍是以"原型"为主。图像主要表现的是男根崇拜和祖先崇拜，年代在距今8000年一直延续至距今5000年左右，后期可

名称	距今年代	风格及其意涵	代表性图像
人祖形人面像	8000 ↓ 5000年	男根崇拜，采集狩猎到农业社会初期，生殖崇拜向祖先崇拜演化	
		双目同心圆，露齿	

(续表)

名称	距今年代	风格及其意涵	代表性图像
"M"形人面像	6000↓4000年	采集狩猎晚期到农业早期,由生殖崇拜演化而来具有祖先崇拜和太阳崇拜的要素	 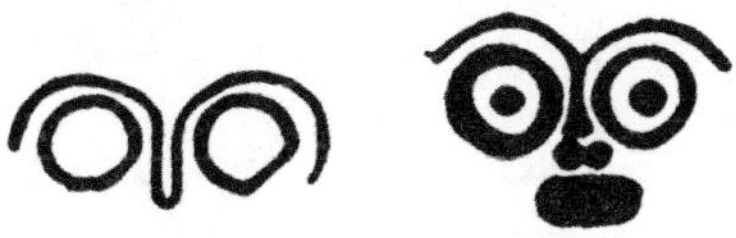
类人面形人面像	5500年	祖先崇拜,农业社会初期	
双目网纹人面像	4000↓3000年	祖先崇拜,双目同心圆,农业社会进入成熟期,宗教形成初期	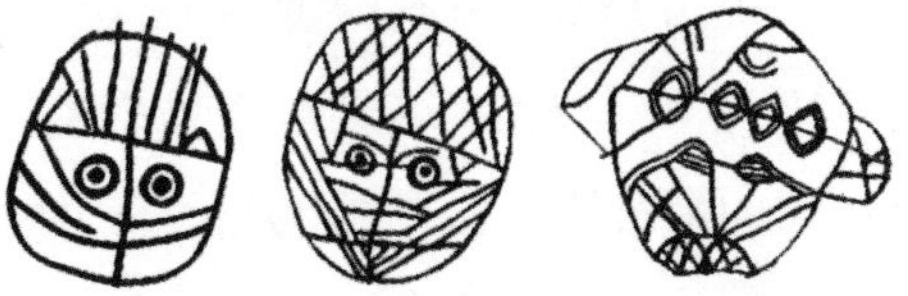

图 5-2 基于将军崖岩画的人面像分类

能有太阳崇拜的因素,但意涵的主体仍是对男根崇拜和祖先崇拜的延续。对应于采集狩猎/游牧和农业社会的早期阶段。人祖形人面像对应于旧石器时代晚期和新石器时代早中期。

2. "M"形人面像:最典型的特征为双眉相连呈类"M"的造型,鼻子与眉中相交,两眼为圆形、双目同心圆或一个圆圈内有一点,年代距今 6000—4000 年,是"人祖形人面像"岩画分支上的一种形态,即吸收了"人祖形人面像"中的部分要素,如眼睛和嘴部的刻绘。主要在农业社会早期。"M"形人面像对应于新石器时代早中期。

3. 类人面形人面像：有外轮廓和眼鼻口的刻画，头顶有各种不同形态的造型自头顶向上延伸，图像在距今 5500 年左右，主要在农业社会早期，对应于新石器时代早中期，但这类图像一直延续至新石器时代晚期，直至夏商周三代仍有此类图像。此类图像的意涵可能是祖先崇拜和神灵崇拜，但也有学者解释为是对原始萨满通神中巫师形象的刻画，这与祖先崇拜和神灵崇拜并不矛盾而是相互交叉的。（这里神灵主要指的是氏族中伟大人物的神化或祖灵等）

4. 网纹人面像：线条丰富、刻画生动，有轮廓并突出了对研究的刻画，眼睛为圆形、双目同心圆或一个圆圈内有一点，面的上半部多为网纹，下半部脸颊处有线条。距今 3500 年左右，农业技术已经比较稳定成熟，祭祀制度已形成完整的体系，主要在龙山文化、岳石文化时期，对应于新石器时代晚期。

在中国，人面岩画的类型十分丰富，将军崖岩画中所包含的仅是其中几个比较有代表性的人面岩画类型，但如阴山、贺兰山一带常出现的带芒线的太阳神人面等，并未在将军崖中出现。基于中国人面岩画分布区域之广泛，类型之繁复、意涵之深厚，非将军崖岩画所能代表或涵盖。将军崖所在的苏北鲁南地区是较早和中原文化融合进入文明时期的，其中所代表的东夷文化成为先商文化的重要组成部分之一。所以这一地区是发展演进较早的，由于各个地区的演进绝非同步，所以以上对年代的推判和类型分析仅限于将军崖岩画，但笔者认为有一点是共通的，即图像所代表的社会进程：人祖形人面像在将军崖所代表的采集狩猎社会晚期和农业社会初期，这是基于文化背景下信仰模式的推断，在他处也是如此，由此我们可以通过图像与社会演进类型的对应关系对其他地区的人面岩画的分析提供一种参照的可能性。

基于交叉断代和图像风格，本节对将军崖人面像进行了分类，关于这四类人面岩画意涵的推判和解读，将其置于每组图像之中，在"篇章"中对"单词"进行释义。本书基于将军崖岩画的传统的分组方式进行研究，而"组"的顺序与年代的顺序却相反，第一组年代最为晚近，第五组年代最为古老，这也为本章的写作带来少许不便，所以本节将将军崖岩画最重要的类型："人面像"岩画抽取出来，在时间关系、风格流变和内涵变迁等方面进行了讨论。事实上，人面像不仅是将军崖岩画中的主要类型，也是中国岩画的主要类型，诸多岩画专家如陈兆复、盖山林、宋耀良、张亚莎、李祥石等都对人面岩画有过研究，人面岩画的年代与分期、图像与内涵、传播与流变都是岩画学界长期以来关注的问题。而将军崖是中国人面岩画系统中重要的一环，曾被宋耀良称为中国人面岩画的起源之地。

第二节 将军崖岩画主要类型之二——太阳图像[①]

克斯·缪勒（Max Muller）认为人类创造出的最早的神就是太阳神，最早的崇拜形式即为太阳崇拜。在中国、印度、埃及、希腊和南美的玛雅文化中均存在着太阳崇拜，是史前社会最为普遍的宗教信仰。詹·乔·弗雷泽在《金枝》中记载了世界多个地区有关太阳崇拜的习俗和仪式；伊利亚德通过论述埃及宗教中太阳神与植物盛衰的关系，从而引申出把太阳的运行作为人类命运的一种范式，一种日出日落、生死轮回的模式；缪勒从语言学与比较神话学的角度论述了太阳作为生命之源的崇拜。在中国的史前文化中同样遗存了许多关于太阳崇拜的图像，如仰韶彩陶中的"金鸟负日图"、河姆渡

---

① 本节主要讨论单纯的太阳纹样的岩画图形，而对于一些具有芒线的人面图形、双目同心圆人面图形虽然可能和太阳或太阳崇拜有着一定的关联性，但在上文中已将此类并入人面像的讨论范畴，所以本章节只讨论更为具象的太阳图形。

文化象牙梳上的日鸟图像、成都金沙遗址出土的商周时期的太阳神鸟纹金箔饰等，距今七八千年的城背溪文化晚期，太阳崇拜转向人格化特质，此外，前人对墓葬方向的选择也与太阳的升落有一定的关系。史前先民们如此崇拜太阳，将太阳抽象化、符号化，记载于神话传说之中、绘制于器物之上，并产生固定的祭祀制度，可见在先民的生活中太阳被作为至高无上的神，主宰着世间万物，随着历史的发展，统治者进一步将其神圣化，并与祭天的习俗逐步合为一体。

苏北鲁南地区有关太阳的史前遗物也非常丰富，莒县凌阳河、大朱村、褚城前寨、安徽蒙城尉迟寺遗址中均有"日火"结合的图像刻于陶尊的腹部，有的还加以朱彩。当然，最具代表性的还是在鲁东南地区莒县陵阳河遗址出土的陶尊上发现的"☉"符号，上日下山/火①的造型，以刻画的形式出现于陶缸的中上部。王守功认为："从民族学资料看，在农业出现之前，在一些狩猎、游牧民族中，已存在着太阳崇拜"。②

连云港将军崖、内蒙古阴山、赤峰、宁夏贺兰山、广西花山、云南沧源……无论是北方的岩刻还是南方的岩绘，都有太阳元素的出现。总体而言，反映太阳崇拜的岩画可以分为三类（见图5-3），第一类是对太阳图像的直接刻画；第二类是人面与太阳相结合；第三类是拜日图像，即太阳在上方或中间位置，下方或四周有人形做祈祷状。将军崖岩画中出现的太阳图形为第一类，即是对太阳的直接刻画。结合第三章中的微腐蚀断代结果，第二组第二个（2-T2）

---

① 对于"☉"学界主要有两种认识，比较有代表性的一是栾丰实等认为是上日下山，表现自然现象；一是王树明认为是上日下火，是对大汶口人用火即"燔柴"祭天这一事实的摹写。

② 王守功：《海岱地区史前考古论集》，北京：文物出版社2016年版，第288页。

太阳图像距今约 5700 年；与大汶口的陶文"◐"和"☒"（距今 5800 年）中的太阳图像年代相当。

第一，太阳图像本体。主要在万物有灵的阶段，旧石器晚期到新石器时代早中期，农业萌芽并刚刚发展，社会等级制度不明显，属于原始巫术的范畴。

太阳图像与社会进程 →		
 太阳图像 （将军崖岩画）	 太阳神人面像① （贺兰山岩画）	 拜日岩画② （阴山岩画）
万物有灵、多神崇拜阶段，旧石器时代晚期到新石器时代早中期 巫术阶段	人神合一阶段 新石器时代中晚期 巫术阶段	人祭太阳 新石器时代晚期 宗教阶段

图 5-3　岩画中的太阳图像的分类

第二，人面太阳纹岩画。多以人面和芒线组合的形式加以表现，人神合一的太阳神崇拜阶段，新石器时代晚期，对农业物候具有一定的知识和掌控度，阶级分化进一步增强，氏族首领成为绝对权威，

---

① 位于宁夏回族自治区银川市贺兰山口山体的崖壁上。

② 位于内蒙古自治区阴山磴口县格尔敖包沟畔崖壁上；《史记·匈奴列传》中记载，匈奴为夏后氏苗裔，在汉代的匈奴人仍保持了每天早上拜日的习俗，或为夏代风俗的遗留；古代蒙古人亦有拜日习俗留存，他们"崇拜日月山河五行之属。出帐南向，对日跪拜，奠酒于地，以醉天体五行"。

属于原始巫术的范畴。

第三，人祭拜太阳图像。具有一定的场景性，等级制度进一步固化，形成完整的太阳崇拜体系，已具有宗教的初步形态①。

我们也可以把这三个阶段大致对应于《国语·楚语下》中的"民神异业""民神杂糅"和"绝天地通"。在连云港和中原地区，"民神杂糅"阶段大致为新石器时代中期到商代，这时期人即神、神即人，氏族首领即最伟大的神。第三阶段"绝天地通"始于商结束于周，这时期在文献中多为"帝日""宾日""拜日"等祭祀仪式。②再之后，太阳不再作为单独的崇拜个体，而与月、星等一起形成"天"的概念，开启了天授皇权的时代（这一阶段目前并无岩画图像涉及）。这三个阶段和之后"天"的概念也是由巫祝文化到礼乐文明的转变过程。

当然，将军崖岩画第二组中，同时出现了太阳图像、凹穴（星象）、类月图像；但这所反映的并非"天"的概念，根据本书的交叉断代，这三种图像相差千年，并非一个时期所为，时间顺序分别是太阳图像距今 5700 年，凹穴距今 4000 年左右，类月图像尚无明确的断代，但根据刻痕可以判断为金属工具制作，年代晚于前两者，上限在距今 3000 年，甚至更晚近一些。

关于太阳图像的分类还要阐明两点：首先，并不是每个地区的太阳图像都经历了这三个阶段。这三个阶段仅是以巫术到宗教演进的相似性为基础做出的判断，图像所对应的不是绝对的时间概念而

---

① 关于巫术和宗教的区分问题，本书主要参考马林诺夫斯基的观点（巫术活动包含的观念和目标是清楚明确的，有很明确的实用和功利的目的，而宗教仪式并非具体的目的，它表达的是一种感情。）和马克斯·韦伯的观点（巫师用巫术手段来影响鬼神，而教士则作为祭典的专职人员来荣耀鬼神。）

② 王守功：《海岱地区史前考古论集》，北京：文物出版社 2016 年版，第 268 页。

是社会形态，因为中国岩画分布地域广泛、民族丰富，每个地区其演进过程中的时间节点各不相同。其次，这一分类涉及一个岩画概念界定的问题，青铜时代之后，牧民在石头上刻的图像是否属于岩画？因为我们不能排除个体创作中有对太阳的直接描绘，故本书中所言及的岩画在集体创作的具有巫术或宗教性质的范畴之内。

第三节　将军崖岩画主要类型之三——凹穴

凹穴，在国内又称为"石穴"，英文称为："cup and ring marks" "cup marks"或"cupules"；所谓凹穴，多指刻凿成半球状，多发现于岩石的水平岩面上，偶见位于垂直或倾斜的岩面之上的岩画。在尺寸上，凹穴岩画直径通常在2—10厘米之间，深度在0.5—2厘米之间[①]，偶尔也有尺寸较大的凹穴岩画，其剖面大抵呈半球或锅底状。凹穴岩画的空间分布，也是全球性的，除了南极洲之外，各大洲均有发现，且数量巨大。[②] 此外，凹穴图形与沟槽（linear grooves）、方格纹组合出现的形式，也具有普遍性。凹穴通常被认为在更新世和全新世时期已经出现，在考古资料和民族志资料中有关凹穴的记录并不常见，凹穴在世界范围内普遍存在，具有较长的历史传统且在部分地区一直延续至今，凹穴也是世界上目前现存数量最多的岩画类型。贝纳里克认为凹穴、沟槽、圆环、多重同心圆、三叉线、之字线、波浪线、多重弧线的岩刻技术普遍存在于旧石器时代中期。目前已知的最古老的凹穴位于印度中央邦的首府博帕尔

---

① Bednarik, R.G, "A Short Ethnography of Cupules", in Querejazu Lewis, R., Bednarik, R.G. (Eds), *Mysterious Cup Marks*: *Proceedings of the First International Cupule Conference*, Oxford: Archaeopress, 2010, pp. 109-114.

② Bednarik, R.G. *Cupules. Rock Art Research*, 2008, 25(1), pp.61-100.

市东北方 45 千米处的比莫贝特卡岩画（Bhimbetka rock shelters）①，其中凹穴岩画和沟槽发现于旧石器时代早期的考古地层中。② 在中国，凹穴岩画主要集中在东部沿海地区和中部平原，且以河南最为集中，数量最多。此外，在辽宁鞍山、江苏连云港、台湾万山凹穴也相对集中。凹穴又可分为"杯状穴"和"浅凹穴"。"杯状穴"指通常以磨刻手法制作、凹穴直径与深度均较大的一类凹穴。"浅凹穴"指凹穴直径和深度相对较小，通常在 6 厘米以内的凹穴，凹穴在一些地区的阿舍利文化（Acheulian）中已经出现并持续至奥瑞纳文化（Aurignacian），其发现的凹穴类型有单凹穴、双凹穴、双排凹穴、梅花状凹穴、散状凹穴、方形凹穴、沟槽及凹穴或沟槽、方格纹、抽象符号之间的组合图形。

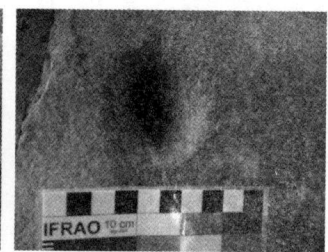

图 5-4　印度比莫贝特卡岩画会堂岩画③

目前，关于凹穴的解释已经有上百种，包括星象、血祭杯、圣水杯、性穴、太阳、月亮、气候变化、道路、对于生死或战争的记

---

① 贝特卡岩画于 2003 年列为联合国教科文组织世界遗产，贝特卡岩画可分为五个岩画点，共 400 多幅彩绘岩画；这里的文化序列从旧石器时代早期一直延续到中世纪的早期。

② 在 1969 年，Wakanakar 挖掘了礼堂岩石。最底层提供了阿舍利文化工具（手斧、劈刀、各种刮板、齿状物、刀、凹位、薄片和刀片）。中间层生成了旧石器时代中期的石英砂石工具，顶层是细粒石英的中石器时代工具。

③ 贝纳里克对此处的凹穴（库玛尔手指的位置）进行过微腐蚀断代。

第五章 将军崖岩画主要"类型"分析

录等。陈兆复认为：凹穴在古代的东方宗教中，特别是在古代及后来的印度宗教中，在祭祀的雕像中，大都与崇拜母亲——土地的多产有关，象征整个生命的开始。奥德科拉尼科娃在她的《西伯利亚和北美太平洋岩画》中，曾介绍北美印第安人妇女将生孩子的时候，丈夫要上山刻制环形凹穴，以祈求生育顺利。世界许多地方发现的凹穴岩画，是作为生殖崇拜的符号存在的。而在日本和韩国发现的凹穴岩画则被直接称为"性穴"。张亚莎认为："新发现的鞍山东南部浅山区的大量凹穴岩画，在凹穴岩画主题集中出现且分布密集、遗址地貌、制作手段等诸多方面，与河南具茨山、连云港凹穴岩画均有较高的相似性……上述几个地区的凹穴岩画是能够找到一些共性的：一是这些岩画遗址旁边或附近通常也会出现旧石器时代或新石器时代的遗址；二是岩画遗址通常会与一些天然石棚相伴生；三是凹穴岩画的排列方式中有成排排列，也有散漫排列，并均有相当数量的'梅花'图；四是凹穴以浅穴为主，但均有所谓'杯状穴'的存在。"[①] 汤惠生在《玦、阙、凹穴以及蹄印岩画》一文中，谈及凹穴岩画，认为其是通天的象征，连接凹穴的沟槽则是通天的通道，凹穴是中国古代萨满文明中以"通天"为核心的信仰体系的遗存物。[②]

福建仙字潭、珠海宝镜湾、香港东龙、澳门寇娄岛、台湾万山岩画皆有凹穴，李洪甫认为这是少昊文化亦东夷文化逐渐南传所致。但基于凹穴以及凹穴与人面像相伴生的现象在大洋洲、美洲西海岸等较广的全球时空尺度内皆存在，其断代和背后的文化意涵还有待于考证，对于宋耀良、李洪甫等学者的"将军崖源头说"，笔者认为

---

① 顾玉顺编著：《鞍山岩画》，沈阳：沈阳出版社2015年版，第4页（序言）。
② 汤惠生：《玦、阙、凹穴以及蹄印岩画》，载《民族艺术》，2011年第3期，第97—102页。

169

该说法更多的是一种基于神话传说和两地、多地岩画相似性而进行的大胆推测,尚待更多有力实证的支持。

同时,凹穴的研究不能忽视其与巨石文化之间的关系。在20世纪早期,一些学者[①]认为所有的巨石遗迹都属于一个"巨石文化"的范畴。而巨石文化与岩画之间在地理亲缘上的关系和意涵意义的连通性主要体现在欧洲,如英格兰的西尔布利山(Silbury Hill)、格拉斯顿伯里(Glastonbury Tor)、撒丁岛(Sardinia)的蒙特·达科迪(Monte d'Accoddi),都在巨石遗存附近存有同心圆、沟槽、杯穴等形式的岩画。在东南亚(如印尼、印度)、美洲大陆也都有类似的情况发现。在中国,从辽东半岛的赤峰到连云港再向南到珠江流域,以及中原地区的河南,岩画点附近普遍具有巨石遗存,其类型涵盖:支石、叠石、列石、石棚以及用小石块排列而成的石圈、线列等。江苏连云港将军崖岩画,位于一块山间的巨石之上,苏秉琦等考古学家认为将军崖的巨石是史前祭祀的场所。在河南具茨山,凹穴就常与巨石、祭坛和石构建筑遗址相伴生。这表明巨石文化与岩画之间的关系,在世界范围内具有一定的普遍性。

将军崖岩画第二组中的"浅凹穴" 　　将军崖岩画第四组中的"杯状穴"

图5-5　将军崖岩画中的"浅凹穴"和"杯状穴"

---

① 例如:曼彻斯特学派的 Grafton Elliot Smith 和 William James Perry。

将军崖上的凹穴主要集中在将军崖第二组岩画中。此外，在第五组岩画中也有一些凹穴出现。在连云港的大伊山、磨山、羽山、刘志洲山等山体上存在着大量的凹穴岩画。具体到将军崖岩画而言，包含了两类凹穴：一类是"杯状穴"位于将军崖岩画第四组的石社之上，根据微腐蚀断代，其年代是距今5380年。另一类是"浅凹穴"位于将军崖岩画的第二组，并组成所谓的"星象图"；将军崖第三组的"浅凹穴"和方格纹相伴出现，第一组的"浅凹穴"和人面像相伴出现，第五组中有"浅凹穴"和"杯状穴"两种类型，第二组岩画中的凹穴，其年代根据推断为距今4000年左右。

需要再次强调的是，将军崖岩画中的"杯状穴"与"浅凹穴"分属不同的体系，第二组的"浅凹穴"星象岩画与连云港其他地区的星象岩画是一个系统，有着相似的创作目的和文化背景。第四组的"杯状穴"在连云港地区相对独立，笔者在考察中未发现类似图像，也可能和将军崖岩画在这一地区的岩画类祭祀遗址中具有最高的神圣性有关。

第四节　将军崖岩画主要类型之四——方格纹

方格纹又称为"棋盘"或"棋盘纹"，是存在比较广泛的一种岩画形式。在中国方格纹主要存在于北部草原地区、东部沿海地区（含中原岩画）的岩刻中，在广西等西南地区也有发现，但就目前所掌握的调查数据而言，西南地区的方格纹数量不多。方格纹以河南具茨山、方城最为集中，与凹穴相伴出现，或凹穴与沟槽相连形成方格纹；在浙江仙居也较为集中，笔者对送龙山的方格纹（方框）微腐蚀断代的年代为距今1300年左右。

将军崖上的"方格纹"出现在第四组的石社的下方，F1距今约3685年。在对第四组的观察和断代中，我们可以知晓，方格纹有较长的制作传统，从石器工具到金属工具皆有制作。河南新郑的具茨山、南阳鸭河工区的方格纹中也有类似的情况，但浙江仙居的方格纹以金属工具制作为主，笔者在田野调查中尚未在仙居发现石器工具制作的方格纹。

方格纹						
所在位置	4-F1	4-F2、F3、F5、F6	4-F7	4-F4	4-F9	4-F8
类型	F-A	F-B	F-C	F-D	F-E	F-F

图 5-6　将军崖岩画中出现的方格纹图形

方格纹通常上下左右对称，外框为方格，内部通过线条纵横相交形成网格状，有的方格纹在线条相交的点上会有凹穴。在连云港境内，F1类型的方格纹仅在将军崖岩画中发现，F-B、F-C、F-D最为常见，在刘志洲山、蜘蛛山、东磊太阳石、北固山的灯盏石、大伊山、蝙蝠山、华盖山、小团山、狮子山等地皆有发现这三种中的某种类型。与连云港境内的情况类似，在内蒙古、辽宁、河南仙居方格纹岩画较多出现的地域，F-B、F-C、F-D也较为多见。图5-7中位于内蒙古磴口县苏木图沟的方格纹岩画，根据盖山林的调查和推断，其年代为西夏至元代，即距今1000年左右，这与将军崖上金属工具制作的方格纹年代相当，也与仙居的送龙山凹穴岩画的近似。

第五章　将军崖岩画主要"类型"分析

内蒙古磴口县苏木图沟岩画

鞍山羊耳峪岩画

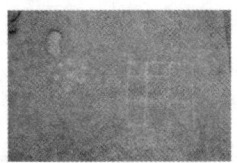
鞍山市忠心堡村岩画

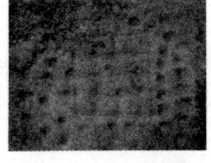
河南新郑市具茨山

浙江仙居西塘岩画

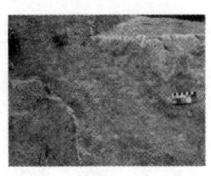
广西百色靖西县
一场山一场洞岩画①

图 5-7　岩画点中的网格纹图像

方格纹持续性时间长、分布区域广泛，图像高度的抽象，这就为方格纹的阐释带来了一定的困难。通常，关于方格纹的阐释，有"棋盘""河图洛书""周易八卦"等观点，至于方格纹是在某一个地区独立发明与传播还是在多地独立发明，基于其在全球地域分布的普遍性、形式的多样性，笔者更倾向于后者。在岩画解读中，尽管我们可以把图像置于岩画"篇章结构"中，但在有些方面对意义的解读仍然很模糊。当索图拉（Sautuola）的小女儿第一次看到阿尔塔米拉洞穴顶部的公牛形象时，会辨识出来；这并不意味着她读懂了数万年前坎塔布里亚（Cantabria）的象征和意义体系。她只是看懂了具象的图像所指示出的内容。诚然，大量的具象性岩画图像为我们的解读提供了指征性，但当我们面对"凹穴""同心圆""方格纹"等抽象图形时阐释颇具困难。目前关于岩画中抽象图形的解释，有必要提及南非岩画学家路易斯·威廉姆斯的神经心理学和萨满教

---

① 图片来源：广西民族大学民族研究中心副教授，肖波。

理论，他也是目前唯一从神经心理学实验的角度去解读岩画的学者。路易斯·威廉姆斯（James David Lewis-Williams）和托马斯·道森（Thomas Dowson）在金山大学从神经心理学的角度对岩画进行了研究，着重关注人类神经心理学上的普遍认知模式和萨满教之间的联系，尤其是基于人神经系统的结构而产生的幻觉类型。他们用医学和民族志材料分析了欧洲旧石器时代的岩画，并在欧洲和非洲的岩画研究中引起了广泛的影响。他们在金山大学建立了针对致幻剂研究的实验室，并建立了在致幻剂作用下意识状态不同阶段的神经心理学模型。这一模型有力地证明了主体的幻觉和意识状态之间的关系。就全球的尺度而言，虽然各个地区存在文化、环境上的差异，但这一理论的普遍适用性是以人类在神经学上的同一性为基础的。正是基于神经心理学实验室的实验数据，路易斯·威廉姆斯证明了为何在全球的狩猎——采集社会中艺术形式会如此的相似。此外，他结合萨满教仪式及民族志资料对南部非洲的岩画进行了分析，认为它们是萨满教艺术的遗存，反映了当时人们的宗教信仰和宇宙观。也即路易斯·威廉姆斯认为方格纹等这类抽象图像是萨满艺术的产物，是萨满通神状态下通过"内视"所看到的图像的摹写。

  方格纹无论是在地域的广度和时间的跨度上都极为宏大，从北半球的因纽特人到南半球的澳大利亚土著艺术，从史前的陶器、岩刻到当代少数民族地区的纹样皆有方格纹出现。再加之方格纹极其抽象，对于方格纹意涵的解释面临诸多困境。笔者认同威廉姆斯的观点，在各地区广义的萨满教盛行阶段，方格纹是内视现象产生的图像。但对于这种纹式的探讨还要放在具体的当地文化场景之下，当然，并不是每个地区或每种图像都有足够的实证资料去阐释这些图像，这也是客观条件所限，应正视现实，而不应望图生意强加附会。至于有些观点认为方格纹是"河图洛书""周易八卦"的前身，大多是基于一种对宏大历史的想象和构建。

第五章 将军崖岩画主要"类型"分析

根据前文中的测年数据和周边考古遗存所体现出来的社会结构及文化信仰,笔者对"人面像岩画""太阳纹"进行了进一步的分类,对其演进进行了阐释,并结合图像演进与社会演进的关系对图像的风格表征进行了说明。由于这四个类型在整个岩画研究中都是备受关注的议题,所以,本章在对每个类型进行讨论时,将这些类型从将军崖岩画的范畴扩展到整个岩画场域之中,以期对它们进行更完整的勾勒和研究。

第六章　将军崖岩画的意涵研究

"考古材料固然可以提供给我们有关宗教信仰的材料，但是以为这些信仰便代表着史前人类的全部信仰，这样的结论是错误的。单凭考古发现无法勾勒出他们的神话、神学、仪式的结构与形态"[①]，岩画的图像学研究面临缺少文献资料或文献资料可信度不高的现实，"要从这样一种困境中解脱，就需要大量人类学材料的获得和相关理论的完善，更多地掌握处于同一发展阶段的民族、部落的相关信息，增加我们对相应的社会背景与文化知识的了解"[②]。基于史前艺术研究所面临的种种问题和岩画研究在学科分类和方法论上的困境，本书对将军崖岩画的意涵分析，从考古人类学、东夷神话、民间风俗信仰等几个方面入手，以期勾勒出将军崖创作时空中的社会精神文化背景和与岩画有关的要素，并在前文生态环境、科技断代、考古学背景分析的基础上进一步对其意涵进行阐释。当然，岩画作为珍贵的史前遗产，对于岩画的研究和阐释，将为我们了解远古人类的精神生活提供一个重要通道。

阿纳蒂认为智人（Homo Sapiens）出现之后，随之有了更为复

---

① [美]米尔恰·伊利亚德：《宗教思想史》，晏可佳、吴晓群、姚蓓琴译，上海：上海社会科学院出版社 2004 年版，第 462 页。

② 王青：《从"图像证史"到"图像即史"——谈中国神话的图像学研究》，载《江海学刊》，2013 年第 1 期，第 179 页。

杂的交流需求，声音（vocalization）、手势和其他一些既不是语言也不是图像的交流方式，不能保存下来。而图形的产生促进了交流的发展，我们现在在各个大陆看到的岩画为研究史前人类提供了一个新的视角，亚洲、非洲、美洲、欧洲和大洋洲许多国家的岩画都具有结构上的相似性。岩画是早期人类世界观的体现和对自我的表达。岩画可以帮助我们理解文化模式，当我们掌握了岩画的年代序列之后，它们对应表达了不同历史阶段的文化，再与其主题相联系，我们就可窥见史前人类生活的一些方面。狩猎和食物采集表征出了人的生活方式，武器、工具和一些别的器物表征出了当时人的技术能力，一些表现神话和信仰的图像，其背后根植于当时人的精神世界和对人、自然、超自然的关系的认识。岩画的研究会使我们对人类历史的构建、对特定族群和文化的认知产生重要的作用。"从艺术研究本身来看，基本的精神驱动力的产生，同样与发现主要认知机制和研究的年代序列现象相关，决定了人类行为习惯的可预见性。在破译前文字时期人类艺术的过程中，对主要艺术现象的认识，有助于我们理解人类精彩的精神传达的本质。"[1] 所以，对岩画的"阅读"（reading）是我们探知史前文化方方面面的一个通道，它承载着人类初期的历史和记忆。

"人类是唯一能在身后留下记录的动物，因为他是唯一能以其作品在'心灵唤起'某种有别于作品物质实体的观念的动物，其他动物也使用符号，组建结构，但它们使用符号却不能'觉察意义的关联'，组建结构却不能觉察建构的关联。"[2] 即通过单体的符号可以构建出篇章的意义。同理，宾福德曾言："我的目的是研究现代环境

---

[1] 张亚莎主编：《岩画学刊》（第1辑），北京：中央民族大学出版社2014年版，第190页。

[2] 转引自曹意强、迈克尔·波德罗等：《艺术史的视野——图像研究的理论、方法与意义》，杭州：中国美术出版社2007年版，第5页。

中静态和动态之间的关系。如果了解了大量的细节,它会给我们提供一块罗塞塔石:将发现于考古遗址的静态的石器'翻译'成那里当时人们生机勃勃的生活。"① 只有构建出创作的时空场域才有对岩画准确解释的可能。宾福德把一个文化系统看作是由技术、社会和意识形态三个亚系统所组成的,文化的运转和演变是这种文化系统与大的自然环境相互作用的结果;"器物并非与文化单一亚系统互动,而是反映了三个亚系统:器物的技术规则(technomic)方面反映了它们是如何被用来应对环境的,社会技术(sociotechnic)方面的基本状况反映在社会系统的各个方面,而思想技术(ideotechnic)方面则与其意识形态领域有关。1962年,他提出每种器物类型可以从基本对应的三种亚系统中的一种来进行解释,到了1965年,他指出个别器物常常同时含有三个亚系统的信息,例如:一把刀可以用来切割,但是它的金质刀柄可以显示拥有上层阶级的社会地位,而镌刻在刀刃上的符号可能是祈求神灵对他的保护。"② 宾福德认为考古学中对器物的阐释存在于亚系统中,因此便要确定器物在文化系统中所起的作用,并将文化作为功能上运转的系统来加以重建;但从考古发现中还难以全面地构建起人们的思想观念,还应借助人类学对社会行为、信仰与物质文化之间的关系对社会意识形态加以探索。透物见人,在前文田野调查、图像统计、生态环境分析、微腐蚀断代以及将军崖周边石器时代考古遗址和考古学文化类型分析的基础上,本章进一步结合连云港地区的史前人的精神生活和信仰习惯,用结构语言学的方法分析将军崖岩画的意涵。

---

① Binford, L.R, *In Pursuit of the Past: Decoding the Archaeological Record*, London: Thames and Hudson, 1983, p.24.

② [加拿大]布鲁斯·G.特里格:《考古学思想史》,陈淳译,北京:中国人民大学出版社2010年版,第399页。

第六章 将军崖岩画的意涵研究

第一节 将军崖岩画第一组意涵研究

将军崖岩画第一组,是整个将军崖岩画中最具代表性的图像,常常被外界误认为第一组岩画等同于整个将军崖岩画。在第一组岩画中共有人面像 16 个、禾苗 14 个,其中有 4 个人面像与禾苗相连,太阳图像 1 个、米字符 1 个以及散落于画面中的诸多凹穴。根据第三章微腐蚀断代的结果,第一组禾苗的年代为距今 3856 年,其中微腐蚀可测的 8 个人面像中,年代从距今 5270 年一直延续至 3685 年,这一年代区间代表了第一组岩画的主体时间。如同本书第三章中所言,直至近现代岩画上仍有反复磨刻制作的痕迹,但这已不是完全意义上岩画的范畴,甚至是一种破坏,故书只针对创作岩画的主体时间段进行探讨。

图 6-1 将军崖岩画第一组线描图(图像来源:高伟)

在将军崖的五组岩画中,第一组岩画是创作时间最晚的,也是图像最为丰富的;经过第五组岩画(最古老)到第二组、第三组、第四组的过渡,最终形成第一组的岩画样貌。本组岩画中已经具有生动的叙事性和场景性。根据画面内容,本组的阐释具体分为以下几个部分,首先是对人面像的分析;其次是对禾苗的分析;再次是进一步阐述两者之间的关系，即用禾苗祭祀祖先；最后，根据对画面中诸多要素的分析，把"词语"连接成"篇章"，阐述整幅画面及其在将军崖岩画整体中的意义。

一、网纹形人面像

第一组的人面像制作是一个持续的过程，首先为人祖形人面，这类人面虽在第一组中未取得合适的石亏进行断代，但基于第五组和第二组的断代结果、类型比较、刻痕、风化等方面因素的考量，人祖形人面仍是第一组最古老的人面像，年代在距今 8000—6000 年左右；其次是"M"形人面，这个在第三章微腐蚀断代中获取了两个年代结果，一个是 1-R15 距今 5270 年，一个是 1-R16 距今 3985 年。类型相似但年代有一定的差距，这可能有两方面的原因：一方面，1-R16 数据可能在距今 3985 年左右经历了一次磨刻，导致所读取的石亏为后期制作的数据而非初次制作数据；另一方面，这种风格延续了 1000 多年，在这 1000 多年的过程中可能会有反复刻制的现象。笔者认为两种可能性皆有可能。但根据第二组中类型相似的 2-R1 的断代结果为距今 4884 年，并综合考虑人面岩画的演进过程，笔者把这一类岩画的主体创作时间归为距今 5000 年左右。

1-R7 的年代为距今 5099 年，1-R8 的年代为距今 5217 年，基本这类岩画的主体制作时间在距今 5000 年。1-R1 的年代为距今 3685 年、1-R3 的年代为距今 4499 年、1-R9 的年代为距今 4413 年，制作的主体年代在距今 4500—4000 年左右的龙山文化时期。基于在本组中网纹类人面是整幅岩画的主体图像，故本节针对此类图像展开探讨。人祖形人面和"M"形人面分别作为第五组和第二组的主体图像在对应的小节中进行分析。

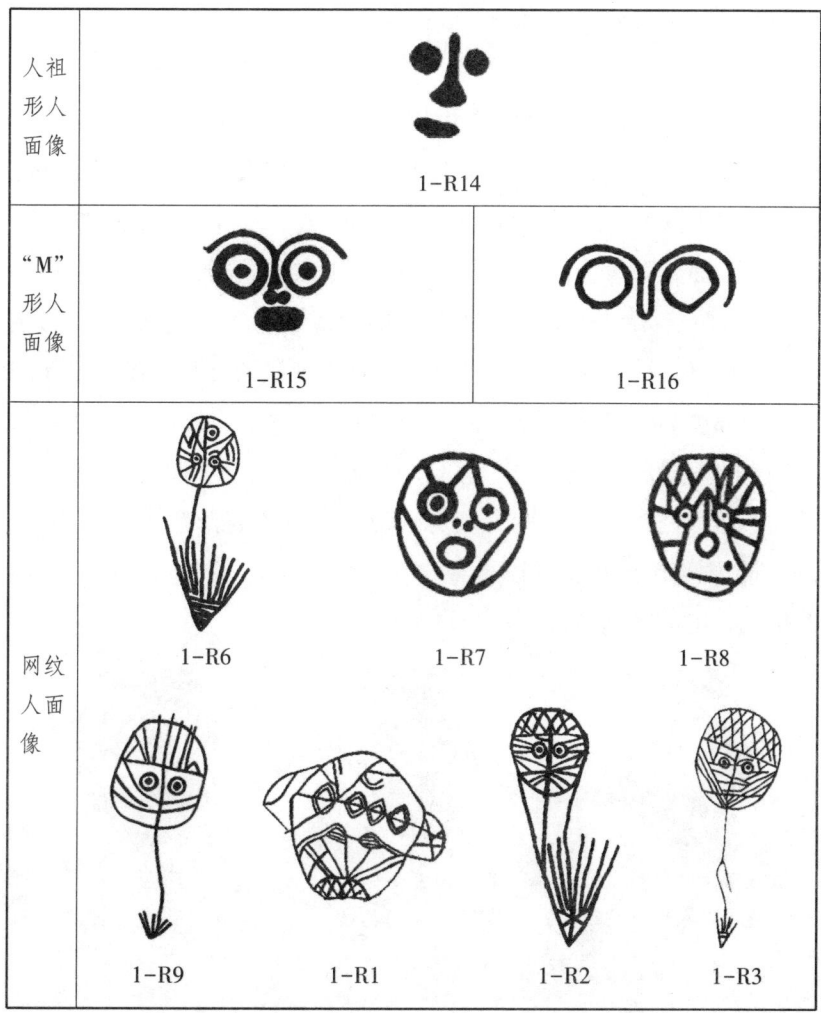

图 6-2　将军崖岩画第一组中"人祖形人面像""M 形人面像"和"网纹人面像"

网纹形人面在时间上从距今 5000 年一直延续至距今 4000 年左右,即从青莲岗文化/大汶口文化一直延续至龙山文化时期。这类人面像的最典型特征就是网纹和双目同心圆。下文分别从这两个要素切入与考古遗物进行比较并进行意涵的探讨。

1. 网纹形人面像中的要素——网纹

网纹是在新石器时代存在比较广泛的一种纹样，从马家窑文化到仰韶文化、大汶口文化、青莲岗文化皆有绘制网纹的彩陶发现。尤其是在大汶口遗址中彩陶的发现尤为丰富，到龙山文化时期由于主要以素面黑陶为主，网纹作为彩陶的典型纹样逐渐弱化。如图6-3所示，图6-3A是1959年大汶口遗址出土的"网纹彩陶壶"，为盛酒/水器、侈口、园腹下收、平底。颈部堆成置两环耳。器表施红陶衣，肩部绘黑彩网纹。图6-3B是1959年大汶口遗址出土的"彩陶背壶"，盛水器、泥质红陶、侈口、长颈溜肩、椭圆腹平底。肩饰水波纹，腹饰网纹，腹一侧置竖鼻一对，另一个有凸钮一个。图6-3C，凌阳河遗址出土的"彩陶壶"、泥质红陶、两耳、溜肩、椭圆腹平底、肩部绘有网纹。

A 网纹彩陶壶
摄于山东博物馆

B 彩陶背壶
摄于山东博物馆

C 彩陶壶
摄于东夷博物馆

图6-3 大汶口文化中的网纹彩陶

网纹是史前艺术中比较常见的一种纹样，分布的地域和民族十分广泛，具体到将军崖周边的区域及相关的考古学文化类型，网纹在器物上主要出现在青莲岗文化、大汶口文化和龙山文化（特别是龙山文化早期），但至岳石文化和商周及历史时期仍不时出现。网纹也称为渔网纹，在仰韶文化的人面鱼纹盆中，网纹被认为是渔业文化的象征。基于将军崖岩画所处的年代环境和考古文化学文化类型，笔者认为虽然将军崖在距今三四千年之前，距海岸线并不远，但当时的生计方式仍是农业为主体、渔猎为补充。尤其是将军崖周边的二涧遗址、藤花落遗址更是发现了稻米遗存和规模化种植的痕迹，基于此笔者认为在将军崖岩画中，人面像中的网纹是一种农业文化的符号。

2. 网纹形人面像中的要素——"双目同心圆"

眼睛是双目同心圆岩画中非常典型的特征，在画面中着重突出了对眼睛的塑造，通常以同心圆或圆环中一点的形式存在。在第一组岩画中，"M"形人面和网纹人面皆有双目同心圆，在将军崖第二组中也有典型的"M"形人面，其典型特征之一就是双目同心圆。在诸多类型的人面岩画中，都有这一特征，并具有较长时间的传承和延续性。

回归对眼睛本体的谈论，置于上古时期的社会文化之中，当时的人们又是如何看待眼睛的，其象征意义又是什么？

首先，眼睛象征太阳或日神。如甲骨文中的"日"字；在战国和秦汉关于舜的"重瞳"描述，瞳是日神的重要隐喻。关于眼睛与太阳之间象征关联性的文章颇多，对这一象征意义的理解已在学界形成一种共识，在此就不再赘述。

其次，眼睛具有洞察世事的功能。眼睛并非只是日神的标志物，作为一种洞察和照耀一切的器官，它还要从日神那里分离出来，成为近乎独立的巫术器官，那就是"眼睛偶像"（eyes idols），自武丁年间殷人就热衷于一种名为"郊望"的仪式，即观看境内名山大川的动静（气象）并加以祭拜①，这种手法被大量运用于战争之中，

---

① 顾颉刚：《汉代学术史略》，北京：东方出版社1996年版，第6页。

并跟女巫、咒语、大铙和铜鼓一起使用①,静穆式巫术("看")和聒噪式("喊")戏剧性的结合。在殷商之后,周人还用"观星"和"望氛"以此来"张望事务"。②

双目同心圆这一造型并非岩画所独有,在如玉琮、玉锛等上古时代出土的遗物中也有丰富的遗存;另外,在大汶口文化时期的彩陶中广泛存在的涡旋纹也可能与双目同心圆具有一定的亲缘关系。王仁湘曾专门撰文讨论过龙山文化和良渚文化中的旋目纹,他定义"旋目"是指史前玉器上见到的一种附带旋线的眼目图像,它同样还出现在彩陶和后来的铜器装饰纹样中③。具有旋目的这类图像又称为"旋目神祖",在岩画、彩陶、玉器、青铜中出现的涡旋纹或双目同心圆之间的亲缘关系是存在的,可能是由于文化的传播或相似意识形态、宗教信仰下产生的表现形式。

图 6-4 日照两城遗址出土玉锛及其线描图

---

① [日] 白川静:《中国古代文化》,加地伸行、范月娇译,台北:文津出版社 1983 年版,第 51—57 页。

② 晁福林:《先秦民俗史》,上海:上海人民出版社 2001 年版,第 219—228 页。

③ 王仁湘:《中国史前考古论集》,北京:科学出版社 2003 年版,第 503 页。

第六章　将军崖岩画的意涵研究

图 6-5　江苏省金坛市西岗三星村新石器时代遗址

图 6-6　良渚玉琮 常州寺墩遗址出土

图 6-4 为连云港以南的山东省日照市两城遗址出土的玉锛①，其眼睛的造型即为双目同心圆，王仁湘认为日照两城遗址出土的玉锛上的旋目纹样为龙山文化中发现的最典型的一件旋目神面图像标本。图 6-5 是江苏省金坛市西岗三星村出土的石钺。② 图 6-6 为常州寺墩遗址出土的良渚文化玉琮。在红山文化中较为典型的勾云形玉佩也有典型的双目同心圆特征，可见这一要素在史前文化中流传是比较广泛的。特别是在大汶口文化和龙山文化的分布区有相当数量的旋纹彩陶出土，如山东兖州王因墓地、江苏邳县大墩子墓地、庙底沟文化的彩陶（如河南陕县庙底沟遗址）。此外，红山文化的勾云形玉佩（单眼的勾云形玉佩在夏家店下层、内蒙古敖汉旗大甸子遗址都有出土）等也都有旋纹的出现。王仁湘认为"彩陶上所见的旋目与旋纹，时代一致，特点相似，旋纹可能就是旋目神面的图案化或最初形式，它有时以圆点为目，有时又省略了目形。庙底沟、大河村、大汶口文化的双旋纹彩陶特征相同，都与旋目神面接近，或许

---

①　日照两城遗址发现于 1934 年，并于 1936 年对遗址进行了发掘；玉锛于 1963 年由当地村民在两城遗址上采集所得。

②　据碳 14 测定和考古学研究，三星村遗址的年代为距今 6500—5500 年左右。

它就是旋目神面的一种变体。我们可以进一步推测,广布于中国新石器文化中的彩陶旋纹,本身已经具有了神格"①。郭大顺在对红山文化中的勾云形玉佩的分析中认为勾云形玉佩只作为红山文化大型墓葬中的随葬品,并非为通常理解的佩饰,而是一种类似斧钺或权杖的神器。

综上所述,"M"形人面和网纹人面主要出现在青莲岗文化/大汶口文化和龙山文化时期,与周边出土的彩陶、玉锛等纹样中流行的涡旋纹时代相当,应属当时的空间场域中较为主要的一种纹饰,这也验证了微腐蚀断代的准确性。另外,根据关于"眼睛"的意涵概括和王仁湘、郭大顺对此类纹样在彩陶、玉器中的分析可知,岩画中的双目同心圆是可能有一定的神格意涵,或许是神性或权利的象征。网纹形人面像可能是保护丰产丰收的农业神或祖先神,并会举行一定的仪式用稻米进行供奉。

二、禾苗图像

在将军崖岩画中,只有第一组出现了禾苗图像;禾苗位于第一组岩画的下部,部分禾苗图像的线条一直向上延伸并与人面像相连。根据第三章微腐蚀断代的结果,禾苗的年代为距今3856年,考虑到第一组中禾苗的风格和刻痕的一致性,基本可把禾苗的年代推断为距今3800年左右。

探讨禾苗图像的含义和鲁南苏北地区的史前农业格局,首先从稻米的发现、演变和种植谈起,稻是中国最早栽培的农作物之一,而稻作农业指以稻为主要栽培作物的农业。世界上栽培稻通常分为两种,一种为"亚洲稻",一种为"非洲稻"。1928年,日本学者加

---

① 王仁湘:《中国史前考古论集》,北京:科学出版社2003年版,第511页。

藤茂包又将亚洲稻分为印度型亚种（长型）和日本型亚种（圆型），并为国际学术通用。在中国，根据农史学家丁颖先生的研究，通常把亚洲稻分为"籼亚种"和"粳亚种"。

稻作遗存包括碳化稻米、红烧土中遗留下来的稻壳及茎叶等印痕、土壤和陶片等遗存中的水稻植硅体以及种植水稻的农田等。如图6-7所示，"根据考古资料，我国稻谷的栽培有1万年的历史，到公元前6000年前，水稻种植在长江流域中游和淮河流域已颇具规模。后又经过数千年的发展，到公元前3000年时，水稻种植已遍布整个长江流域和广大华南地区，此时在黄河流域地区，人们也开始种植水稻"①。根据宫本一夫对东北亚地区农耕的形成与扩散的分析，他认为在更新世到全新世的气候变动时期，夹杂着短暂的气候寒冷期，华中地区出现了稻作农耕。最初这些作物的产出较低，但在公元前6500—公元前3000年的暖温湿润的气候中，在农耕开始产生的地区发展为有组织的协作农业使得社会组织快速进化。也即在这一时期野生稻向人工稻大面积地转化，在生产力不断提高和定居农业发展的基础上，稻米在社会生活中的重要性逐步凸显。

就目前的考古发掘资料而言，鲁南苏北地区最早发现稻作遗存的是距离将军崖仅百米的二涧遗址，二涧遗址归属于青莲岗文化时期，在遗址的红烧土中发现有稻壳的印痕，距今约6500年，这说明在这一地区有着悠久的稻作农业历史，将军崖岩画中出现的稻米图像可能是对稻作农业的一种表征。关于稻作农业的起源和传播路线，学界有不同的看法，由于在中国岩画中，目前仅将军崖发现有稻作岩画的图形，所以本书只针对连云港及其周边地域的稻作文化，以及其与将军崖岩画之间的可能性和关联性进行探讨。

---

① 陈勇：《人类生态学原理》，北京：科学出版社2012年版，第106页。

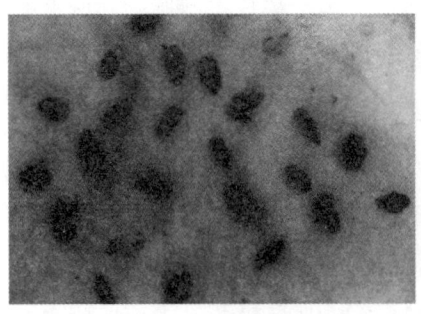 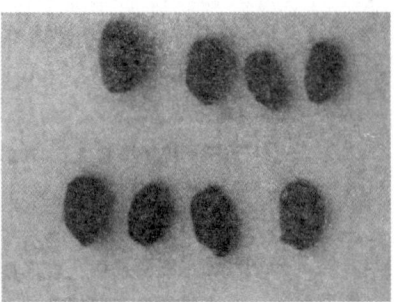

图 6-7　藤花落遗址古稻 H97（左图）、H72（右图）①

图 6-8　日照尧王城遗址出土的碳化稻（摄于日照市博物馆）

连云港地区到目前为止，共发现野生稻遗迹29处。最早的遗址可追溯至旧石器时代晚期的左口公遗址，1962年江苏省文物工作队在二涧遗址下层，发掘出夹有粳稻谷壳的红烧土，且出土的两件陶杵也可能与稻谷加工有关。1959年徐州博物馆在赣榆县盐仓城遗址的龙山文化下层采集到粳稻稻粒（距今7000年左右），说明在距今

---

①　图像来源：裴安平、张文绪：《史前稻作研究文集》，北京：科学出版社2009年版，第153页。

第六章 将军崖岩画的意涵研究

7000年以前连云港地区已有粳稻的种植。位于新浦与连云港市区之间的朝阳遗址，南京博物院和日本宫崎大学农学部联合对该遗址出土陶片的分析，检测出水稻植硅体。陶片的时代为距今6000—5000年，应属大汶口文化。① 到龙山文化时期，连云港地区的稻作农业已十分普及，在赣榆县后大堂遗址（古稻采样1份，测得年代为距今4200—4000年）有古稻样本出土，藤花落古城遗址发现了7条排水沟和上万平方米的稻田遗迹，有力地证明了在距今4000年以前这一区域就有大面积的水稻种植（连云港藤花落遗址古稻共采样4份，分别为H97、H72、H149、G8，测得年代为距今4500—4000年）。且藤花落古城遗址和赣榆县后大堂遗址出土的古稻是古稻向粳米方向演化并逐渐定型的关键时期。② 在东海县焦庄遗址下层出土了商代碳化粳稻稻谷，在二涧遗址的二次发掘中发现了大量的战国时期的排水设施，这说明在3000年前这里的排灌水利已具有一定的规模，应与稻作农业紧密相关。

此外，与稻作农业有关的石器工具在连云港地区的新石器时代遗址中也有颇多发现，如在灌云县大伊山石棺墓中发现了用当地所产的花岗岩、细粒片麻岩、角闪片岩等石料制作的穿孔石斧、石凿、石镰等生产工具。在朝阳新石器时代遗址、大村遗址有石锄出土，在大村遗址、二涧遗址、白鸽涧遗址、花果山乡新华村遗址均有石镰出土。在中云乡胜利村遗址、伊山镇砖瓦厂遗址中有石刀出土，在东陬山遗址有可供水稻脱粒的石磨棒出土。

在连云港周边的遗址中也有稻米发现，如日照南部沿海的六甲庄遗址（在其龙山文化早期的土样中浮选出碳化稻米），日照南部沿

---

① 数据来源：栾丰实、[日]宫本一夫主编：《海岱地区早期农业和人类学研究》，北京：科学出版社2008年版，第42页。

② 林留根、张文绪：《黄淮地区藤花落、后大堂龙山文化遗址古稻的研究》，载《东南文化》，2005年第1期，第15—19页。

海的尧王城遗址（浮选出龙山文化时期的碳化稻米，经鉴定为粳米），日照两城遗址（龙山文化）发现大量农作物遗存，其中有数量较多的碳化稻粒，同时，还检测出大量的水稻植硅体。另外，在滕州市庄里西的5个灰坑土样浮选中发现碳化稻粳米280多粒。

根据连云港及其周边地域的考古资料，可知在这片土地上，稻米的种植历史（有考古证据可考的）可追溯到距今7000—4000多年前的龙山文化时期，中国水稻种植已相当普遍，遍布鲁南苏北各地。① 在龙山文化到岳石文化时期，相关水利设施已颇具规模，稻作农业已经规模生产。将军崖岩画中的禾苗图像制作于距今3800年左右，制作区间应在龙山文化晚期和岳石文化初期，也是上古时期稻米种植最为繁盛的时期。

宫本一夫认为农业的产生改变了史前人们的生活方式，从狩猎采集性经济生活转向了生产性的经济生活。在社会组织方面，农业生产的出现，促进了史前时期聚落形态的迅速发展；同时，与农业有关的巫术、祭祀也相应出现。根据野生稻向人工稻的转化和史前先民对于种植技术的掌控，对稻作农业的祭祀应发生在水稻成为主要的食物来源并大规模种植之时，即祭祀稻米现象的出现，应在野生稻变为人工培育水稻之后。这也与该地区稻作文化的繁盛期相一致。

笔者在田野调查中发现，赣榆县赣马镇马场村现在仍有用禾苗祭祀的习俗：一般祭祀的时间为春秋两季，祭祀的形式是向石祖焚烧禾苗。但随着城市化的进程，这种祭祀仪式只有村中为数不多的老者还在使用。

---

① 裴安平、张文绪：《史前稻作研究文集》，北京：科学出版社2009年版，第153页。

三、网纹形人面像与禾苗图像之关系

第一组岩画中有四个人面像与禾苗相连,且图像较大、造型生动、古朴中不失典雅,成为将军崖岩画中最具代表性的图像。关于禾苗与人面像的关系及其对此的阐释,有一种观点认为图像所表述的是人面像从禾苗图像中生长出来,即植物生人的传说;或从图腾的角度认为禾苗是氏族的图腾,而人面像是氏族首领。仅世界各地流传的植物生人的传说并不足以证明本组中图像的意涵即为此,这一推断尚缺乏针对将军崖岩画的实质性证据。笔者认为这是岩画研究中较为典型的望图生意的解释。笔者根据对刻痕的观察、微腐蚀断代数据、当地的稻米文化和整个将军崖岩画中人面像的序列及逻辑分析,认为将军崖第一组岩画中,禾苗的年代晚于人面像,其意涵是用禾苗祭祀人面像(神灵或祖先)。

第一,笔者根据田野调查和文献资料,认为在鲁南苏北地区上古时期,即在东夷文化的框架下,多以鸟崇拜、鸟卵生人(天命玄鸟、降而生商)为主;尚未发现有关植物生人或稻米作为氏族图腾的相关资料。缺乏大的文化背景支持,仅凭图像臆断,在散文、小说等艺术创作中或许无妨,但在研究中是不可取的。

第二,根据现场的刻痕观察,在同一个岩面上,人面像的刻痕更深,且风化更严重。如果是植物生人,禾苗与人面应是同时创作,在原始艺术中通常都是遵守对称均衡的表现方式,如周边出土的彩陶、玉器上的纹样皆是如此,而人面像与禾苗之间的关系缺少这种对称均衡的美感,且禾苗与人面相连线条的走向颇有顺势而为之意,尤其是 1-R3 和 1-R7 中,人面像的中心线与禾苗之间具有明显的衔接痕迹。

第三,根据微腐蚀测年结果,禾苗的年代为距今 3856 年,而人面像 1-R1 的年代为距今 3685 年,1-R3 的年代为距今 4499 年,1-

R7 的年代为距今 5099 年，1-R9 的年代为距今 4413 年，仅 1-R1 的年代晚于禾苗，但进一步根据刻痕和图像风格分析，1-R1 与 1-R3、1-R9 应该是同时期的，所以 1-R1 在微腐蚀当中所获取的年代可能是被后期加工过的，故未采用，而是根据其他网纹人面像的年代，仍将这类的创作时间锁定在龙山文化早中期。整体而言，禾苗的年代是晚于人面像的创作年代的，那么植物生人的论点自然也就不成立。

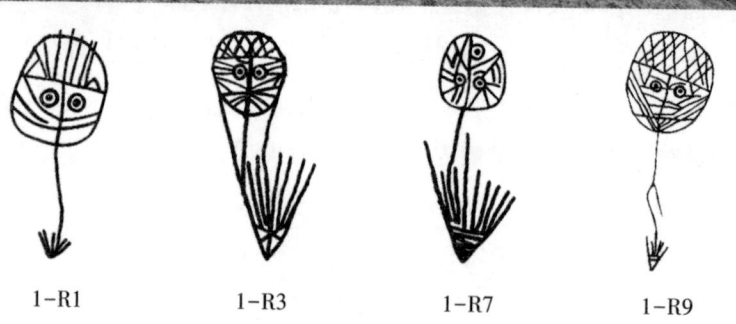

1-R1　　　　1-R3　　　　1-R7　　　　1-R9

图 6-9　将军崖岩画第一组中的人面像——稻米图像

第六章　将军崖岩画的意涵研究

第四，就整个将军崖岩画而言，人面岩画的制作可以追溯至至少距今8000年左右的"人祖形人面"，且人面像在第二组、第三组、第五组皆是主体图像，它在将军崖岩画中有着明显的传承关系。禾苗图像仅在第一组中出现，稻米的人工栽培，这一地区最早的为二涧遗址，即青莲岗文化时期，之后在龙山文化时期开始繁荣。所以上古时期的人们先创造了人面像，且人面像已经具有一定的体系性。之后，随着稻米的驯化，水稻主要在这一地区成为重要的农作物，稻米图像才反映到岩画之上。

第五，从思维模式和社会结构的角度而言，稻米岩画的创作在龙山文化晚期和岳石文化初期，农业比较成熟、稳定，并进入到宗教形成的初期，形成了相对完整的祭祀制度和体系。而植物生人的观念，往往出现在人类社会的初期万物有灵的巫术阶段，这类神话背后所解决的是"我从哪里来"的哲学问题，显然在城邦林立、阶级分化的龙山文化及其之后的历史时期，宗教主要解决的问题是物质上的丰产和精神统治上的"君权神授"，即通过祭祀、宗教强化统治阶级统治的合法性。

四、将军崖岩画第一组意涵分析

将军崖岩画第一组是整个将军崖岩画中最为被外界熟知的，在文字的宣传和表述上也多被外界误以为将军崖岩画第一组就等同于将军崖岩画。尤其是第一组中与禾苗相连的网纹形人面像，常被作为将军崖岩画的代表性图像出现。这凸显了对岩画现场实地考证的重要意义。笔者根据前文中的考察和综合分析，认为将军崖岩画第一组主要有以下几方面意涵：

第一，将军崖岩画第一组主体图像的年代大约对应于龙山文化时期和岳石文化早期。是将军崖五组岩画中年代最晚近的一组，在社会组织形式上是从酋邦到亚细亚式的国家（Asiatic state）的过渡及定型阶段。

第二，将军崖岩画第一组的主体图像是"网纹形人面像"以及"禾苗"图形。两者之间的关系是用禾苗祭祀祖先或神。"网纹形人面像"具有一定的神格属性，可能是与农耕文化有关的祖先或神崇拜的表征。

第三，在图像上，相对于另外四组岩画，第一组主体图像的表达形式更为细致和深入，在制作过程中磨制程度也更高。特别是网纹形人面像具有了一定的细节描绘。

第四，在将军崖的五组岩画中，第一组岩画的画面是最具场景性和叙事性的，这与第一组的制作年代较晚，宗教体系已初步形成有关。

总之，第一组岩画是将军崖岩画中成熟度最高的作品，体现的是以血缘为基础的亚细亚式的国家中农业祭祀的图像语言。

第二节　将军崖岩画第二组意涵研究

第二组岩画位于岩体的南侧，涉及的图像有人面像、太阳纹、抽象符号、凹穴等，其中人面像和凹穴分属两个系统。关于人面像主要涉及人祖形人面和"M"形人面，皆由第五组传承而来。在本组中人祖形人面像出现了一个新的特征，就是露齿，即对牙齿的着重刻画。由于人祖形人面像是第五组的主体图像，因此将在第五组中结合男根崇拜进一步进行阐释，但露齿作为第二组中出现的典型要素，将在本节进行重点分析。

关于凹穴的解释，笔者认同星象说。由于本组凹穴缺少微腐蚀断代的条件，笔者从周边地区与天文相关的史前遗迹入手，分析了上古时期在不同时间节点上先民对天文的认知程度。并进一步结合刻痕等要素推断了凹穴岩画的年代。

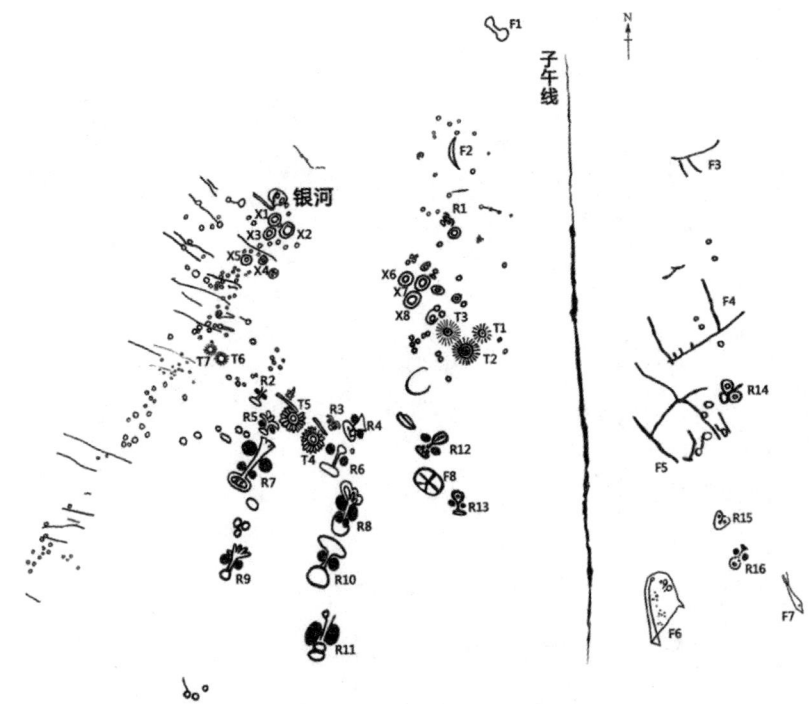

图 6-10　将军崖岩画第二组图像

一、"M"形人面像

"M"形人面像不仅出现在将军崖岩画中，在贺兰山、阴山一带以及俄罗斯西伯利亚地区也广泛流布着这类人面像。笔者认为在连云港将军崖岩画中，"M"形人面像是由"人祖形人面像"演化而来的，是男根符号的变体和抽象化。在人祖形人面像造型的基础上，进一步突出了眼睛和眉毛。

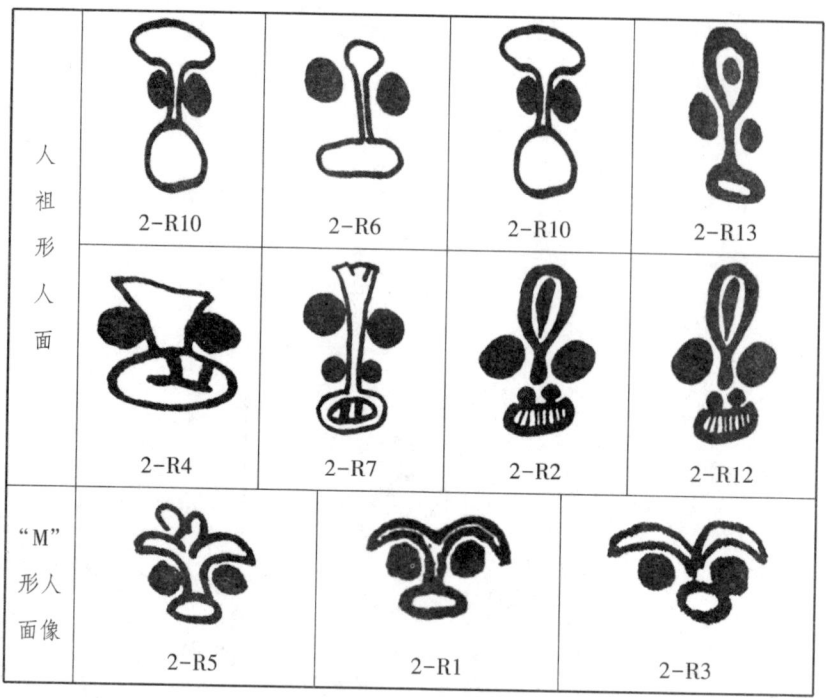

图 6-11 从"人祖形人面像"到"M 形人面像"的过渡

二、"M"形人面像中的要素——露齿

在将军崖岩画的第二组和第五组中,有一部分露齿的人面像,根据年代的判定,第二组的露齿人面应是由第五组传承而来,鉴于露齿人面在第二组的造型更具典型性,所以本节主要针对人祖形中的露齿人面进行阐释。

如图 6-12 所示,通过对图像造型的分析和甲骨文中"齿"字的对照,笔者认为人面岩画图像口中所刻画的线条应为对牙齿的表现。露齿类人面像不仅在将军崖有发现,这类人面岩画的分布十分广泛,从贺兰山、阴山、西伯利亚到北美西海岸皆有遗存。分布如此广泛的图像,其象征意义又源自何处?笔者认为象征是对现实的映射,因此,从史前先民牙齿的实用功能入手,分析其可能的象征来源。

第六章 将军崖岩画的意涵研究

第一，就实用性而言，牙齿在原始先民的生活中十分重要。牙乃骨之外露，是暴露在外的身体中最坚硬的一部分，在茹毛饮血的时代，牙齿除了咀嚼之外，可能在实际生活中还有一些别的功能，如切割物品等。牙齿对于史前人类的生存而言应该是至关重要的，失去牙齿可能意味着生存能力的弱化或消失。牙齿的健康与生命的长短、生命质量有着密切的联系："发堕齿槁"在以获得生存为首要任务的原始社会，牙齿可能是寿命、健康、力量的外化表现。

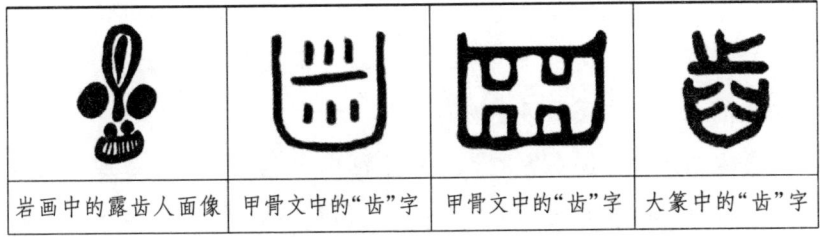

| 岩画中的露齿人面像 | 甲骨文中的"齿"字 | 甲骨文中的"齿"字 | 大篆中的"齿"字 |

图 6-12　将军崖岩画中的"露齿"类人面像与甲骨文中的"齿"字

第二，换牙与成年。据《大戴礼记·易本命》记载，"男以八月而生齿，八岁而龀，女七月生齿，七岁而龀"。现代科学研究通常6—7岁下颌的乳中切牙（中门牙）开始摇动、脱落；12—13岁，乳牙全部脱落，恒牙替换完毕。牙齿换完的时间基本和原始社会中成年的时间相近。目前，在非洲和澳大利亚一些原始部落中，成人礼往往在12—14岁。所以牙齿（换牙）可能象征着成年。

第三，是萨满教中"牙齿崇拜"的反映。"火是世界最圣洁的神物，凡经过火洗礼才可以驱邪存正，永葆真魂，而骨骼经火化灰烬后唯有牙齿不易焚化，火葬后将祖先牙齿捡回，穿孔串在一起，挂于萨满脖颈上祈神，或藏于神篓、神匣、神罐中，或放于屋帐后面树洞中，设神舍，或堂舍，族人向其膜拜，便是对祖先灵魂的崇拜。"[①] 在萨满教中，牙齿是祖先灵魂的所在，而人面像岩画在由生殖崇拜向祖先崇拜融入的过程中，突出表现牙齿很可能是祖先崇拜的一种表达方式。

第四，古代形容男子俊美时关于牙齿的描写常用"编贝"。如《汉书·东方朔传》："目若玄珠，齿若编贝。"朱彝尊之《沁园春·齿》："文贝编成，密锁华池……瓠犀难拟，排玉还铦。"《韩诗外传》（卷九）："目如摒杏，齿如编贝。""编贝"意为编排起来的贝壳，常用以比喻洁白整齐的牙齿，我们知道在原始社会贝壳的重要性，相当于货币。按照拉康所言"换喻"的原则，这种比喻所体现和继承的是原始先民对于牙齿的态度。

综上所述，牙齿在原始先民的生活中可能象征力量、成年、战斗力、权威，有如此之多的露齿人面岩画、对牙齿形象的充分刻画和突出表达必是根植于当时的社会文化背景和象征意涵之中。

三、天体岩画

文化是一个整体，某一事物的出现，在一定时空格局中不是孤立的，尤其是观象授时的知识需要一个长时间段对自然事物的观察、总结和沉淀。本节从周边地区的相关古天文遗迹中勾勒了苏北鲁南地和中原地区史前先民对天文知识掌握的进度和对天象的表达。中国最早的天文学文献是《尚书·尧典》，记载了帝尧时代的天文学观测和历法状况。"乃命羲和，钦若昊天，历象日月星辰，敬授民时。"观象授时的活动使先民首先完成了对时间与空间的规划，而人们对时间的认识则是通过对主授农时的标准星象的运行变化实现的。

[①] 孙新周：《中国原始艺术符号的文化破译》，北京：中央民族大学出版社1998年版，第67页。

第六章　将军崖岩画的意涵研究

《白虎通》："古人之皆食禽兽肉，至于神农，人民众多，禽兽不足，于是神农因天之时，分地之利，制耒耜，教民农作，神而化之，使民宜之，故谓之神农也"。

图 6-13　将军崖岩画第二组图像

农业的产生要"因天之时"，严密的天文知识的形成促进了原始农业的稳步发展，根据冯时的判定，这个时间可以追溯到新石器时代早期。即在旧石器时代晚期产生了初步的天地、灵魂升天的观念；到新石器时代早期，伴随着农业的发展需要，观象授时的天文知识更加系统和实用，即大约 8000 年前，人们已经能够测定分至；在天文仪器发明之前，古人的观测活动往往要借助于某些自然物来进行，前文提及的莒县陶器符号所描绘的太阳从五峰山的中锋正上方升起的景象，这种现象只在春分和秋分的时候出现。

冯时根据出土的帛书分析认为："天地乃由伏羲娶女娲为妻之后才得以开辟，这意味着人类对于天地的认识似乎与一种固定的婚姻制度的产生同步出现，而最早的严格意义上的婚姻制度正是标志着母系氏族社会诞生的族外婚制，女娲作为古人心目中的女性祖先及婚制的创立者，也正可视为母系制诞生的标志。帛书所讲伏羲迎娶女娲，其实不过是后人以父系对偶家庭为模式对祖先生活的追忆而已。因为，大约在旧石器时代晚期，先民显然已具备了明确的天与地的概念。当然，这些概念应该适应着一种原始的对祖先神的敬慕心理，它表现为早期先民对于人类生死异界的朴实的想象。事实上，这种想象不仅最终导致了天文学的产生,同时也造就了独具特色的原始宗教。"①

追溯星象图的历史,可知在距离将军崖直线距离约380千米的西水坡仰韶文化遗址M45的原始天文图像,反映了墓主人是知天地又能沟通天地者,具有崇高地位和权利的巫觋,西水坡M45的墓穴形状呈现出天圆地方的传统观念,墓内还有北斗星、苍龙、白虎等表现春秋分日和冬至日的现象,且年代久远(距今已有6000多年)。有学者认为它已形成了星象体系;它不仅仅是几个星座,它所反映的已是当年所见的整个星空;它当然还是初成系统,但已能和有史以来的星象体系相呼应。这说明在距今6000年以前,中国早期天文学已经得到了充分的发展,古人对于星象的观测也已达到了相当的水平。从濮阳西水坡星象图所反映出的一个完整的识星体系来看,把距今6000年前看作是包括赤道坐标在内的各种坐标系统的起源时代是合理的,至于赤道坐标在战国时期的面貌,那显然已是一种相当完善的独立系统了。

所以将军崖岩画第二组的凹穴所代表的星象岩画,其上限不会早于距今6000年。而藤花落遗址的农业体系和规模说明在这一时期先民已经掌握能够支持规模化农业的天文知识,观天授时的体系已基本完善。从而可以判断将军崖岩画第二组星象图的年代下限不晚于距今4000年,甚至更早。

随着人口的增长和对食物需求的上升,当先民从原始的采集狩猎经济转向人工驯化农业的时候,天文学的重要性就凸显了出来;不识天文、物候不足以掌握农业的生产规律,也不足以将野生稻米转化为驯化稻米,所以农业起源与天文的发展具有密切的关系。原

---

① 冯时:《中国天文考古学》,北京:中国社会科学出版社2011年版,第49页。

始先民适时进行农业耕种和生产，以及进山游猎、出海捕鱼，并适时举行祭祀和庆典都需要对时间和节气的准确掌握，那么日、月、星辰等天体的运行变化就成为了判定的标准和依据。随着农业生产率提高和解决了农业种植中面临的实际问题，对于星象观测的准确度也不断地提高，并通过星象运行的周期建立起时间周期。"凡农之道，厚之为宝……夫稼为之者人也，生之者地也，养之者天也。"（《吕氏春秋》）在维持生存的物质高度依赖自然环境的原始社会，自然规律和物候的把握对于生存而言就尤为重要。只有耕其时才有可能丰谷仓，即农业发展的需要，是对天文知识深度掌握的动力。

　　在原始社会并非人人都能掌握天文知识以观象授时，那么掌握这一类知识的巫师或氏族首领就具有了一定的权力和地位，这也是原始社会权利的来源之一。由于观象授时的工作始终为统治者所垄断，这使天文学从其诞生的那天起即具有了强烈的政治倾向。很明显，在生产力水平相当低下的远古社会，如果有人通过自己的智慧与实践掌握了在多数人看来神秘莫测的天象规律，并通过敬授人时维系氏族的生存，那么这种知识本身也就具有了权力的意义。当观象授时作为王权政治的基础存在的时候，人王的权力源于天授的认知便自然产生了。基于这样的认知，至上神上帝开始被创造，帝廷组织得以建构，帝与人王的直接血缘关系得到确认，以祖配天的观念由此形成，进而对天地、天象、祖先、社稷的祭祀及相应的典章制度与礼器制度，以及有关阴阳、刑德的哲学思考相伴而出现。《逸周书·度邑》言武王治民作邑"其惟依天"，上古王权的基础当然在于对观象授时的掌握，由此则逐渐发展出君权天授的政治思想。天文知识在很大的意义上是一种政治统治术，由于精通司天占验乃是位及君王所必备的本领，帝王的通天特权与巫觋的专职化互为因果，统治者在向民众敬授天时的同时，也操纵者民众的命运；随着社会的发展，这成为君权神授的渊源。再反观将军崖岩画中的星象图,在生产力尚不发达的新石器时代,制作如此规模的星象岩画绝非个人的艺术创作,而是族群生存和发展的需要,也是巩固族群首领领导权的方式。

四、将军崖岩画第二组意涵分析

将军崖岩画第二组的主要图形是浅杯穴组成的星象图和"M"形人面像,此外还有太阳图像、抽象符号等。

第一,星象图和"M"形人面像的创作可能不在一个时间,也分属不同的系统。"M"形人面像属于将军崖岩画人面像流变过程中的一个环节。浅凹穴组成的星象图在将军崖五组岩画中仅此一幅,它与连云港地区其他岩画点,诸如二涧岩画、白鸽涧岩画中的星象图是一个体系。

第二,第二组中太阳符号的年代与大陵河遗址出土陶尊上的刻画符号年代相当,都在距今 5800 年左右。

第三,在第二组中"M"形人面像是由第五组中的人祖形人面像演进而来,这种演进的背景是由万物有灵的巫术向多神信仰的转变,由采集狩猎向农业初期的过渡,由游群向聚落的转变。随着社会的发展,对人祖的描绘逐渐融入到更为具象的人面之中,体现了从生殖崇拜向祖先崇拜的融入和流变。

第三节 将军崖岩画第三组意涵研究

将军崖岩画第三组位于小山包顶部的水平岩面上,是将军崖五组岩画中风化和踩踏最为严重的一组。目前第三组岩画图像已经斑驳不清难以辨识,在可辨识的图像中,可知第三组以人面像为主,中间零星散落着一些凹穴和符号。根据微腐蚀断代,第三组的人面像主要涵盖了两类:"人祖形人面像"和"类人面形人面像",年代在距今 5500—4700 年之间;在将军崖的五组岩画中,第三组具有过渡性:"人祖形人面像"由第五组传承而来,并与第二组中的此类人面年代相仿。"类人面形人面像"始于第三组并影响至第一组"类人面形人面像"和"网纹人面像"。

图 6-14 将军崖岩画第三组

基于本组的风化腐蚀程度和获取的微腐蚀断代数据较少,笔者主要对本组的可辨识人面像进行了分类说明,鉴于"人祖形人面像"是第五组的典型图像,所以放置于第五组中进行阐释,本节对"类人面形人面像"进行重点阐释。

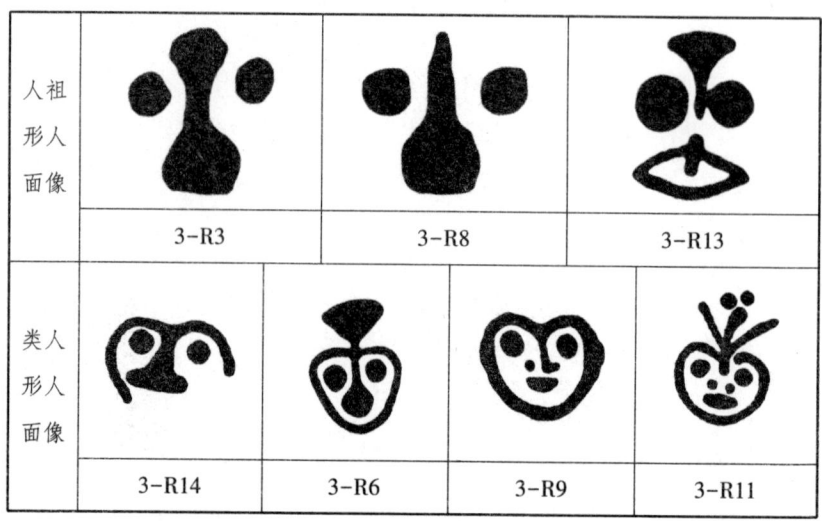

图 6-15 将军崖岩画第三组中的主要人面像

一、类人面形人面像

陶钵底部刻画有图像，人面位于底部的正中位置，人面四周有十字交叉的线条，在线条的最外端，两侧各有两条斜线，类似发散向四周的植物图形。根据出土的大伊山石棺墓的年代，该陶钵的年代为距今6500年；同时出土的还有多个带有刻画符号的陶钵，但仅图6-16中的陶钵有人面符号。3-R11的微腐蚀断代年代为距今5570年。

二、将军崖岩画第三组意涵分析

将军崖岩画第三组的图像信息较少，主体图像以类人面形人面像为主。

第一，在年代上，其中R11的年代为距今5570年左右，其余所测得的图像多在距今5000年左右。类人面形人面像的主要意涵，笔者认为是基于农业社会的祖先或神灵崇拜。这一类型进一步发展定型为第一组中的网纹形人面像。

第二，本组中所出现的人祖形人面像，由第五组传承而来，与第二组中的人祖形人面像年代相当。

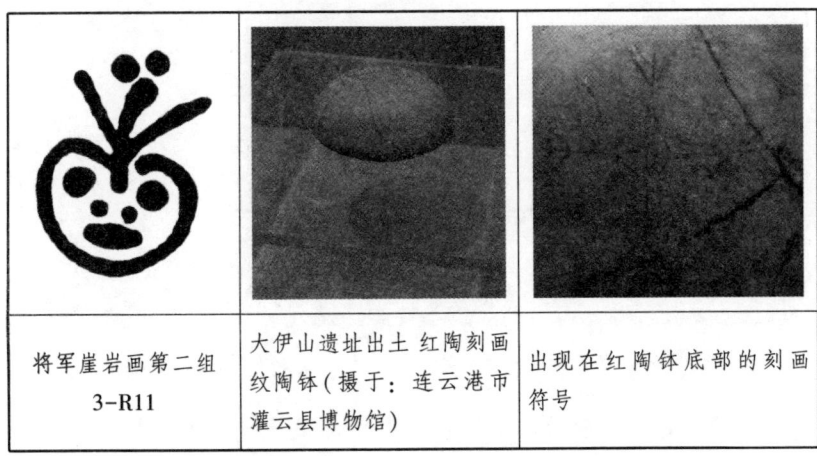

| 将军崖岩画第二组 3-R11 | 大伊山遗址出土 红陶刻画纹陶钵（摄于：连云港市灌云县博物馆） | 出现在红陶钵底部的刻画符号 |

图6-16 将军崖岩画中类人面形人面像与大伊山遗址出土的刻画陶文

第四节 将军崖岩画第四组意涵研究

将军崖岩画第四组位于小山包的顶部水平岩面上，由"一大三小"四块大石组成，其中S4的水平岩面上有19个杯状穴，在大石之间散落着9个方格纹。根据微腐蚀断代的时间，杯状穴的年代在距今5380年。方格纹中可进行微腐蚀断代的有3个，其中4-F1的年代为距今3685年，4-F3的年代为距今2035年，4-F6的年代为距今857年。根据现场观察和刻痕分析，杯状穴采用的是磨制手法，皆为石器工具制作而成。方格纹多采用磨刻手法，早期的方格纹为石器工具制作而成，晚期的方格纹为金属工具制作而成，刻痕皆呈"V"形。

从年代和制作风格上，皆可得出杯状穴和方格纹分属不同的系统；鉴于方格纹分布的广泛性、图像的抽象性和多意性，在"类型"分析中已有所探讨，本节主要针对大石和凹穴进行分析。

图6-17　将军崖第四组"石社"（左）与"石社"上的杯状穴（右）

根据《海州文献录》记载："裏平延里社生大石，长丈余，下有三小石为足。"① 此处指的就是将军崖第四组中的大石。笔者认为大石为"石"社，是上古时期社祭的遗存，石上的杯状穴位主要用于血祭或酒祭。

一、"石社"祭祀遗址及其意涵

孤例不为证，之所以将大石阐释为社祭遗址，不仅基于将军崖岩画主要的文化背景为农业文明，而且在中原和辽宁地区也发现了多处与农业有关的社祭遗址，如新石器时代早期的磁山遗址、东山嘴遗址，商代早期的郑州商城遗址，商代晚期的丘湾遗址。

磁山遗址位于河北省南部武安市磁山村东约1千米处的南洺河北岸台地上，距今约7000多年。在磁山遗址发现的灰坑内多有堆积的粟灰，一般堆积厚度为0.2—2米，其中有10个灰坑的堆积厚度在2米以上。农业已初具规模。在遗址中发现大石，金家广认为大

---

①　《海州文献录》由连云港市重点文物保护所提供。

第六章　将军崖岩画的意涵研究

石为主社。此外，在遗址 T21 内出土了一个人骨架，T21 的位置位于 T8 以东，此人牲的位置距离 F1 最近，而在农业与土地祭祀中用人牲献祭的现象，见于文献资料的只有社祭，综合而言，磁山遗址中的大石为农业祭祀的遗存，且有用人牲祭祀的可能。

图 6-18　丘湾社的主社①　　　图 6-19　辽宁喀左县东山嘴

东山嘴遗址位于辽宁省朝阳市喀左县兴隆庄乡章京营子村东山嘴屯，距今约 5000 年。在"方形基址内置有大量石块，由密排立置的长条石组成，略显椭圆形"，"长条石多为砂岩，砂岩长条石多顶端尖，底部平，呈锥状，高 85 厘米左右"。② 在 1983 年召开的东山嘴遗址座谈会上，与会专家皆认为这是重要的祭祀场所。俞伟超先生认为这是处于母权制阶段农业部落最神圣的祭祀场所，石圆圈可能为祭祀生育神或农神的祭坛，石方框应是祭祀地母的祭坛。③ 王震中先生认为该遗址是"我国东部地区最原始的祭社遗址，原始人在生殖崇拜和土地崇拜各自都有一定发展的基础上，在相互渗透相互感应的思维作用下，结合为一体，最后形成一个崭新的崇拜实

---

①　图片来源：谢肃：《简论商代的社》，载《中原文物》，2008 年第 5 期，第 50 页。

②　郭大顺等：《辽宁省喀左县东山嘴红山文化建筑群址发掘简报》，载《文物》，1984 年第 11 期，第 2 页。

③　《座谈东山嘴遗址》，载《文物》，1984 年第 11 期，第 12—13 页。

体——'社'。社崇拜是原始崇拜发展到较高阶段的产物"①。赵国华先生说:"这些长条石,乃是男根的象征物,那长方形基址当为社祠所在之处。"② 这也说明农业、社祭、石社、男根崇拜之间密切的关系。

郑州商城遗址位于河南省郑州市区偏东部的郑县旧城及北关一带,属早商文化遗址,规模很大,考古学界多认为是商王都城遗址。郑州商城社祭遗址发现于城东北隅,场地中部有 6 块大石块,中心一块最高,四周又放置 5 块。其周围的 8 个祭祀坑,似分三行排列,方向大体都是东北—西南方向,略与北城墙东段垂直。这些祭祀坑均为长方形竖穴,坑内埋狗,坑的大小不同,坑内狗的数量也不等。坑 15 的狗骨架下面有 2 个人骨架,坑 18 的狗骨架下面埋有成堆的零乱的人骨。③ 这体现了社祭、石社之间的密切关系和用人牲、动物牲的祭祀方式。

丘湾遗址位于江苏省徐州市铜山县丘湾,是商代晚期祭祀遗迹,也是距离将军崖遗址最近的一处农业祭祀遗址。丘湾遗址面积约 3000 平方米,其中社祭遗址面积 75 平方米。祭祀遗迹的中心摆放着 4 块大石头,分别位于东南西北中五个方位,其下部埋于土中,这些石块构成了"主社"。在石块周围出土了人骨 20 具、人头骨 2 个、狗骨 2 具,这些人骨和狗骨的头都对准着大石块。这些人骨和狗骨没有固定的墓圹,也没有发现葬具和随葬品。丘湾遗址中所有人骨的葬式,都是俯身屈膝,而且多数是双手被反绑在背后。可推断为

---

① 王震中:《东山嘴原始祭坛与中国古代的社崇拜》,载《世界宗教研究》,1988 年第 4 期,第 82—91 页。

② 赵国华:《生殖崇拜文化论》,北京:中国社会科学出版社 1990 年版。

③ 中国社会科学院考古研究所编:《中国考古学·夏商卷》,北京:中国社会科学出版社 2011 年版,第 352 页。

这是一处举行杀人祭祀仪式的场所。①

社祭在我国文化中具有非常重要的意义，在闻一多先生为陈梦家先生的《高禖郊社祖庙通考》所作跋中提到："余尝谓治我国古代文化史者，当以'社'为核心。大抵人类生活中最基本者不过二事，自个人言之，曰男女，曰饮食；自社会言之，则曰庶，曰富。故先民礼俗之重要者莫如求子与求雨，而二事又皆寓于社"②。陈寅恪也曾言："治我国文化史者，当以社为核心。"③

社的主要功能为生殖崇拜和土地崇拜，而祈雨等要素皆可归为以丰产为目的的土地崇拜之中。笔者认为生殖崇拜与土地崇拜皆以丰产为目的，前者为人口的繁衍，后者为作物的繁盛，具有同质性。生殖崇拜演化为祖先崇拜并与土地崇拜共同成为社祭的主要意涵。

就生殖崇拜的层面而言，郭沫若认为，"田祖"之"祖"字古作且，甲骨文作 ⟁，乃是男性生殖器之象征。社祭之"社"，古作"土"，在甲骨文中，"土"之形为 ⟁ ⟁，似甲骨文中的"祖"，也当为男性生殖器之象征。即郭沫若在《释祖妣》中所言："古人本以牡器为神，或称之祖，或谓之社。"

就土地崇拜层面而言，在武丁卜辞中，土"作〇或丨〇丨，象土块之形。后世之社于地上立圆丘象之"④。祭土即祭社，文献中记载颇多，如《公羊传·僖公三十一年》："诸侯祭土"，何休注曰："土谓社也"。传说有虞氏之社即土丘。《管子·轻重戊篇》："有虞

---

① [美]张光直：《古代中国考古学》，印群译，北京：生活·读书·新知三联书店2013年版，第439页。

② 闻一多：《〈高禖郊社祖庙通考〉跋》，载《清华大学学报》，1937年第3期。

③ 闻一多：《〈高禖郊社祖庙通考〉跋》，载《清华大学学报》，1937年第3期。

④ 陈梦家：《殷墟卜辞综述》，北京：中华书局1998年版，第583页。

之王……封土为社。"《说文解字》:"社,地主也,从示土。"《说文·示部》:"示,天垂象,见吉凶,所以示人也。从二。(二,古文上字。)三垂,日月星也。观乎天文,以察时变。示,神事也。凡示之属皆从示。"社即把土地当作神来祭祀。《礼记·郊特牲》:"社所以神地之道也"。"社者,五土之总神,土地广博不可遍敬,故封土为社而祀之,以报功也。"① 在中国古代,社所表征的功能很多。春天播种之时祭社,名之"春祈";秋季丰收之时祭社,名之"秋报";冬季杀牲祭社,名之"大割"或"腊祭"。此外,日食月食、干旱求雨、祈求人丁繁嗣、出征战伐都会祭社。

何星亮认为"社"是由图腾圣地演变而来。他根据其民族学和历史学资料总结出"图腾崇拜是在狩猎、采集经济基础上形成的,农业和畜牧业产生之后,由攫取性的经济生产过渡到生产性的经济生产。这一伟大的社会变革必然会引起宗教观念与社会意识的变化。由于在原始时代,生产性的经济生产很大程度上取决于自然,人们为了祈求庄稼丰收,家畜兴旺,便祈求自然,于是自然崇拜在图腾崇拜的基础上产生。土地崇拜便是自然崇拜的形式之一。土地有肥沃的,也有贫瘠的,有潮湿的,也有干旱的。农作物、牧草在肥沃、湿润的土地长得很苗壮,而在干旱、贫瘠的土地上则又黄又细。原始时代的人们不理解土壤的差别,不了解农作物、牧草的生产与土地的关系,误以为土地之神在控制着农作物和牧草的生长。为了使农作物有好的收成,为了使牧草茂盛,人们便崇拜土地之神。而当时的宗教活动场所是图腾圣地,专门祭祀土神之所尚未形成。这样,图腾圣地既用来祭祀图腾,又用来祭祀土地之神。后来,图腾观念逐渐淡薄,图腾崇拜逐渐消失,而自然崇拜随着农业和畜牧业的发

---

① [清]皮锡瑞撰,吴仰湘点校:《孝经郑注疏》,北京:中华书局2016年版。

第六章　将军崖岩画的意涵研究

达逐步形成一种重要的宗教形式。图腾圣地逐渐失去其原有的意义，而成为专门祀祭土神的地方了"①。社经历了从生殖崇拜、土地崇拜向兼具权利象征的转变。宗族的首领通常是宗祖长，代表本宗族参加祭祀祖先神祇及占卜决事等宗教活动。

葛兰言认为："以社神和稷神为祭祀对象的土地崇拜造就了封建社会等级秩序中人们之间的公共纽带，它维系的是各个家族之间的公共关系，以及在封建阶级体系下集团之间的公共关系……祭坛的建造象征着各种地方集团的封土范围。"②

闻一多先生在《高唐神女传说之分析》中则指出："古代各民族所祀的高禖全是该民族的先妣、崇祀高禖之实质是女性生殖崇拜的原始宗教活动"。闻一多的贡献在于他指出了社祭中确有女性生殖崇拜的内容。为何高禖石通常用椭圆形石柱、石条或圆石表示，这些石头与女性有何相通之处，为何偏偏称高禖石为"石祖"？根据《周礼·冬官·匠人》"左祖右社"的概念，郭沫若先生在《释祖妣》中精辟地指出此石是男根之象征物，"古人本以牡器为神，或称之祖，或谓之社。"郭沫若先生还认为，"田祖"之"祖"字古作且，甲骨文作𠄞，乃是男性生殖器之象征。

俞伟超认为："早在原始时代，世界上许多农业部落见到农作物从土地上生长出来，由于不懂得农作物生长的原因，又出于对粮食丰收的祈求和依赖，就发生了土地崇拜。在民族学中，这叫作'地母'崇拜。中国古代把这种崇拜叫'社'。"③

---

①　何星亮：《图腾圣地与社》，载《思想战线》，1992年第1期，第83—87页。

②　Marcel Granet, *The Religion of the Chinese People*, New York: Harpercollins College Div, 1977.

③　俞伟超：《铜山丘湾商代社祀以及推定》，见《先秦两汉考古学论集》，北京：文物出版社1985年版。

二、从"石社"与"血祭""酒祭"习俗窥视"杯状穴"岩画之功用

根据上文的论述，基本把将军崖岩画第四组的大石的功用确定为用于农业祭祀的石社，关于大石 S4 中的 19 个杯状穴的功能，根据夏商周三代的文献记载，上溯推判为血祭或酒祭之器。

甲骨文是象形文字，通过对从"祭"和"彝"（礼器的通称）两字的"点"中窥探，可知祭祀与液体相关，而通常用于祭祀的液体多为"血"和"酒"，以此敬神明。祭为"言人事至于神也"（《尚书·大传》）。即用"血"或"酒"作为媒介敬神，以达到人神相接的目的。从"血""酒"的甲骨文和金文造型中可知其具有凹穴般的形状，这不是对血或酒这一物质的直接描绘，而是对于其盛放的形态进行摹写。所以从象形文字的角度而言，用杯状穴盛放鲜血或酒用于祭祀是具有可能性的。

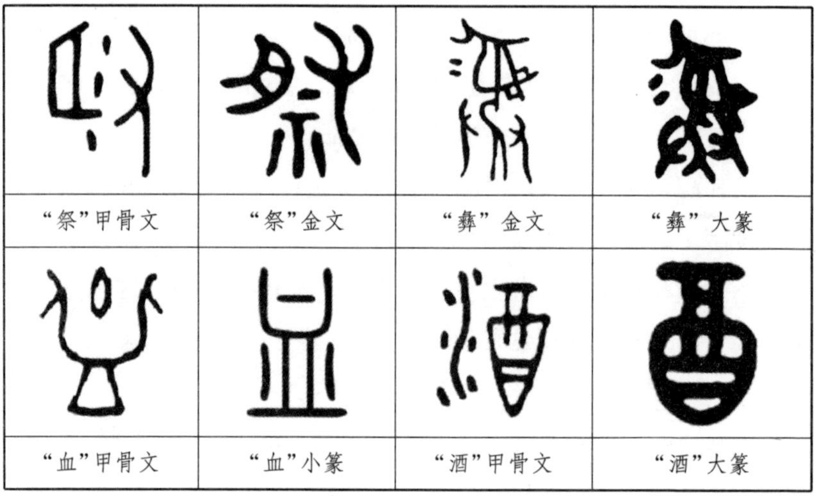

"祭"甲骨文	"祭"金文	"彝"金文	"彝"大篆
"血"甲骨文	"血"小篆	"酒"甲骨文	"酒"大篆

图 6-20 "祭""彝""血""酒"的象形文字①

---

① 文字来源:在线汉语字典,http://xh.5156edu.com/。

第六章　将军崖岩画的意涵研究

根据文献记载，商汤为了求雨曾亲自"斋戒，剪发断爪，以己为牲，祷于桑林之社"。可见商代的首领为了求雨丰产断爪为牲用于祭社。《周礼·春官·大宗伯》："以血祭祭社稷。"清人金鹗在《求古录》中解释道："血祭，盖以滴血于地，如郁鬯之灌地也。"公羊传·禧公十九年》也记道："邾娄人执鄫子，用之。恶乎用之？用之社也。其用之社奈何？盖叩其鼻以血社也。"《管子·揆度》："轻重之法曰……自言能治田，不能治田者，杀其身以衅其社。"说明了血祭的存在和作用。

"酒以成礼"，自古在祭祀中酒的使用就较为普遍，从殷墟卜辞看来，酒在祭祀中的作用一方面是供祖先神祇享用，一方面可能是供巫师饮用以助巫师达到通神的精神状态。习俗礼法的沉淀形成需要一个长期的过程，通过对先秦文献中关于血祭和酒祭的记录可上溯到更早的时期，即上古时代可能就存在以血或酒祭社的习俗。且上文中关于社的考古发现中，其遗址多有人牲、动物牲发现，尤其在将军崖所在的东夷地区，更是有人牲的习俗。鲁南苏北地区在大汶口文化时期酿酒业就初具规模，且出土的大量陶器为储酒所用。所以解释为血祭或酒祭是符合文化背景的。

布鲁斯·G.崔格尔认为在所有的早期文明中，人类都以献祭的方式供奉神祇。献祭包括屠宰动物或人类，供奉肉食、果蔬和酒精饮料或非酒精饮料，陈列可以获取超自然法力的非食用物质……祭祀使能量回到超自然领域，维持、驱动和抚慰诸神，确保他们保持掌控自然和社会领域的法力。人们相信，如果不能确保诸神的法力和善意，作物将停止生长，妇女不孕，人们会染病而死。人和社会都依赖于诸神的力量和善意，诸神也同样依赖于人类的物质支持；更进一步而言，"诸神满足人类的物质需求，但是农民最终为诸神的福祉乃至生命提供必需的食物、服务和人牲。因此农民与诸神的关系犹如上层社会的关系一般，他们提供食物和劳动，换取秩序。下层阶级的劳动不仅保障了上层阶级的福祉也保障了神祇和宇宙的福祉"①。

三、将军崖岩画第四组意涵分析

第四组是将军崖岩画中唯一没有具象图形的一组，由"一大三小"四块大石及其上的凹穴和其下的方格纹组成。由于方格纹在第五章的主要类型中做过一部分的探讨，其年代跨度从距今3000年左右到距今800多年，多为金属工具刻制。笔者认为目前的资料和研究尚不足以对方格纹的意涵进行充分的解释，所以本组主要讨论了"石社"和"凹穴"。

第一，本书从将军崖第四组的石社与相关地区（徐州、郑州等）的比较、连云港地区与石社同时代的文化分析中，基本确认"一大三小"四块大石为史前先民的"石社"祭祀遗迹，象征着生殖崇拜和祖先崇拜，是祈求人和庄稼丰产之地。根据笔者对连云港岩画的考察，综合考量体量、刻画符号、图像数量和丰富度，将军崖的社祭遗址是这一区域现存等级最高的祭祀场所，应为当时整个氏族或酋邦的祭祀圣地。

第二，在石社研究的基础上，根据甲骨文、先秦文献、周边人牲、丰富的酿酒业遗存等信息，推判石社上的"杯状穴"为社祭仪式中用于盛血或酒之用，并具有很强的象征性。

---

① ［加拿大］布鲁斯·G.崔格尔：《理解早期文明比较研究》，徐坚译，北京：北京大学出版社2014年版，第337—343页。

第五节　将军崖岩画第五组意涵研究

第五组是将军崖岩画中发现最晚的,由于位于小山的山顶,又无上山之路,一直到2006年才被外界发现。自然形态保存较好,鲜有人为破坏的痕迹。相较前四组而言,第五组比较特殊,首先,就空间位置而言,前四组相对较为集中,在同一个小山包上,而第五组位于后山的山顶。其次,就制作时间而言,第五组的年代在距今8000—6000年前,且后期加工的痕迹较少,相对前四组制作时间更为古老。更重要的是,从制作方法和风格的一致性层面考量,第五组中的图像基本制作于同一个时期。而第一组、第二组中图像有一定的时间跨度。最后,相对于前四组,第五组的图像更为粗犷、浑厚、古朴,整个图像的风格也较为统一。

图 6-21　将军崖岩画第五组图像

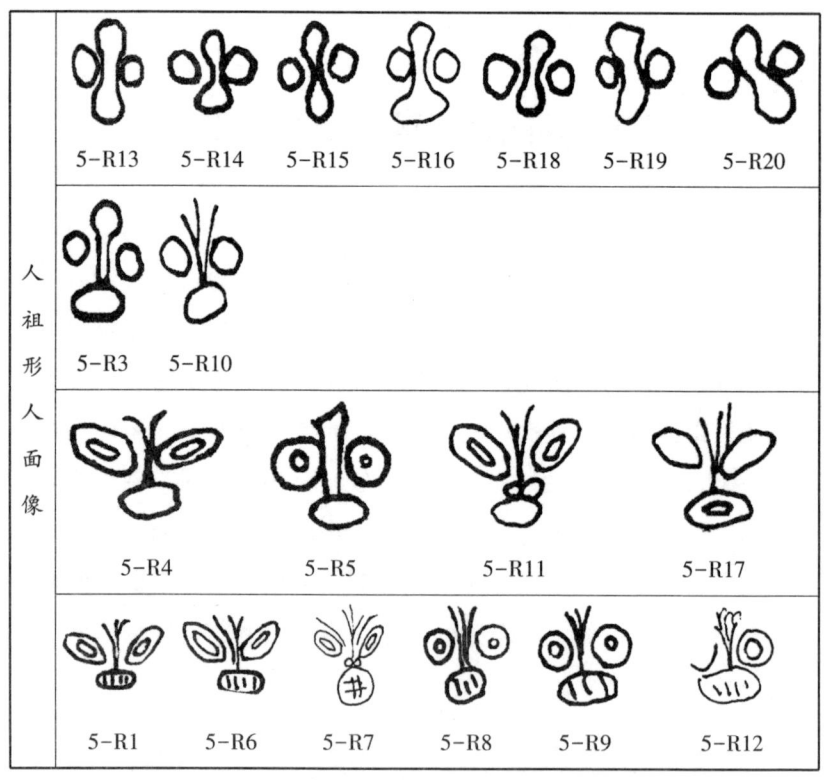

图 6-22 将军崖第五组中主要人祖形人面像的演化过程

一、人祖形人面像

如图 6-22 中的 5-R13、5-R14 这类的图像，关于其图像意义，笔者认为是男根的象征性图形，整个图像是基于男根的抽象与变形。此类图像在史前的陶祖、石祖中也常见，今天遗存在苏北鲁南一带的"石干妈"① 也与史前的石祖在造型和意义上具有一定的相似性。

笔者在前文中对第五组的断代时间为距今 8000—6000 年，基于

---

① "石干妈"为连云港当地方言对石祖一类的俗称，如附图 35、附图 36 为连云港地区的石干妈图像。

笔者的调查，得出的这个年代是相当保守的，根据经验推断，其实将军崖第五组的年代上限也可追溯到距今1万年左右的全新世初期，贝纳里克在将军崖岩画的考察中同样也有此观点，前文已经提及，此处就不再赘述。

"人祖形"是男根的象征，在从采集狩猎向农耕文明的转型过程中，男性的社会地位逐渐上升，并由母系氏族社会过渡到父系氏族社会，正是基于这一背景，"人祖形"这一类的图像在这一时期才开始较为广泛地出现，如在红山文化、双墩文化中皆有祖形的玉器和陶器出现。这些都表明父权制的确立和发展，正是基于父权制的确立及其礼仪教化的发展，才有后来从男根崇拜向祖先崇拜的演进。

无疑，男根图像的出现与农耕文明和父系社会男性地位的上升紧密相关，这一时间在连云港地区肇始于距今1万年，即旧石器时代转向新石器时代的时间，是这种艺术造型的萌芽期，这种艺术造型在距今8000—6000年较为流行，之后图像的变化对男根的描绘更为隐晦，通过具有男根要素的人面像或表达男根与祖先崇拜的结合，继而在将军崖人面像中男根的要素进一步减弱，以类人面形或网纹形直接表达祖先崇拜的意涵。

将军崖的图像演进由男根表现含蓄化融入祖先崇拜之中的现象，主要源于以下两点：

第一，农业的发展与男性地位的上升。通常认为在采集狩猎社会女性的地位较高，到新石器时代农业萌芽之后，由于农业劳动中对男性的需要，男性地位提高，社会由母系氏族社会转向父系氏族社会。基于此，象征男性独特性的图像开始出现。需要进一步说明的是，父系社会对母系社会的取代，并不意味着男根图像对女阴图像的取代，而是呈现出了两种图像并存的势态，这在彩陶、石雕等众多遗物中可以窥见。具体到将军崖，如第四组中的"石社"，既是祖先崇拜的表征，也是地母的表征。在中国的史前艺术中，不存在男性生殖崇拜和女性生殖崇拜谁取代谁的问题，而是随着历史的发展在后世的图像中兼容并蓄地表现着。随着农业和父系社会的发展以及人伦观念和礼制教化的启蒙，人祖形渐弱，其含义融入祖先崇拜之中。

第二，以血缘为基础的政治权利和军事权力的构建。以血缘为基础的政治权利和军事权力的构建是祖先崇拜在文化中占有主要地位并长盛不衰的根基。在甲骨文中"祖"就是一个人向着"且"（男根）膜拜的图形，这种文化中浓郁的祖先崇拜特质，肇始于上古时期以男性血缘关系为主体的政治结构。如根据第四章中考古学文化类型的分析，在大汶口文化和青莲岗文化的墓葬中就已经有明显的等级制度和殉葬现象，表明男性墓主人身份较高。这从前文关于藤花落遗址和龙山、岳石文化的分析中可以确定，到距今4500年左右的龙山文化时期，城邦林立，农业兴盛。这种颇具规模的城址和酋邦的建立正是以男性的血缘关系为基础的。这就是中国上古时期所谓亚细亚式的国家，就是以血缘关系代替地缘关系为纽带的，在这种情况下，祖先崇拜自然被置于崇高无上的位置，并用于巩固和凝聚本族群的力量。

随着祖先崇拜的盛行，人祖形人面像虽然在第二组、第三组中皆有出现，但已不是画面中的主要图像，取而代之的是象征祖先崇拜的M形、类人形和网纹形岩画。在这个过程中，第四组的"石社"在社会信仰体系中将男根崇拜蕴含其中并转化为象征农作物丰产和人口繁衍的社祭，成为这一区域重要的祭祀遗址。

人祖形岩画还出现在我国内蒙古阴山、宁夏贺兰山，以及西伯利亚的人面像岩画之中。孙新周在对内蒙古白岔河流域和俄罗斯叶尼塞河流域这类造型的人面像的研究中认为"两个同心圆的眼睛是一对睾丸，而棒槌形的长鼻子就是阴茎的象征……一个隐秘的生殖器官，加以人面化而更加显得神秘。其效果比起那些象生型的陶祖、石祖来，不知高出多少倍"①。他认为这种以眼睛象征睾丸、以鼻子代表阴茎的男根崇拜形式，是一种跨文化现象，在国外也早已有之。而这种以眼睛和鼻子象征男根纹的表现手法，是先民们一种原始思维和巫术相结合的创造。②

李祥石也有同样的观点，他认为贺兰山和北山地区的众多人面像岩画主要属于父系氏族社会时期的男性生殖崇拜。因而各个人面像的内部特征基本上都突出了男性特征，外部特征随着时代和地区、社会情况的不同，或有头饰，或有颈饰和胸饰，头形也因人种不同而有圆形、椭圆形、长头形等。各种不同的变化，归根到底，是竭尽一切方法，通过巫术形式，祈求人口繁殖。所以在一些主要山口磨刻和凿刻了大量的人面像和类人首，成为原始先民祈求生殖的重要祈祷和活动场地。原始先民想通过这种震撼人类心灵的巫术形式，以感动天神地祇，促使子孙瓜瓞绵延。

可见，"人祖形"既是将军崖岩画之最初和肇始的图形，也是之后将军崖各类人面像发生和演进的基础图像和意涵内核。同时，将视域扩大至整个中国北方的人面岩画系统，这种图像的造型和意涵都具一定的相似性。

二、将军崖岩画第五组意涵分析

将军崖岩画第五组虽然发现最晚，图像较少为外人知晓，更是少有人考察，但却是将军崖岩画中年代最早、风格最为统一的一组，也是其他四组岩画的源流。为梳理其他四组的图像风格演变和意涵

---

① 孙新周：《中国原始艺术符号的文化破译》，北京：中央民族大学出版社1998年版，第60页。

② 孙新周：《中国原始艺术符号的文化破译》，北京：中央民族大学出版社1998年版，第61页。

阐释奠定了非常重要的基础。

第一，将军崖岩画第五组是根据地理位置进行划分的，前四组相对集中，第五组相对独立存在。就制作方式而言，第五组通体使用凿刻，前四组中每组都有多种刻制方式的应用。就图像风格而言，第五组的图像最为古朴浑厚，表达手法稚拙。从意涵上而言，第五组是前四组之肇始，也可能是整个连云港地区岩画之开端。

第二，综合从狩猎采集到农业文明，从男根崇拜到其蕴含于祖先崇拜之中，是随着以血缘为基础的政治组织的建立和礼化思想的启蒙进行的，并在正统的祭祀活动中祖先崇拜逐渐代替男根崇拜，成为祭祀活动的主体，而男根崇拜在民间不断地流传与演化。随着社会的演进，第五组岩画中的男根形人面像，逐渐融入到第1—3组之中，更含蓄地表达着繁衍（丰收）的祈愿，在民间与男根形人面像具有同源性的"石祖"（"石干妈"）、陶祖，及其对它们的祭祀仍在民间流传。

第六节　东夷文化与将军崖岩画

神话传说虽有一定的演绎色彩，其来源也是根植于社会生活的。在神话与信史之间，笔者认为既不能完全否认神话的参考价值和可资借鉴的意义，也应本着大胆假设、小心求证的原则，对神话中的类型、结构等关键性要素结合文献资料、出土文物、考古遗址、社会经济文化类型进行考证和运用。如19世纪德国考古学家海因里希·谢里曼曾根据荷马史诗中的文字记载，发现了特洛伊和迈锡尼等古代文明的存在。

在中国，早在20世纪初期顾颉刚、杨宽等就提出了层累的历史观和民族神话史观，并对中国文献典籍中的神话人物和事件进行缜密细致的考证和辨析，形成了"古史辨学派"。梁启超曾言："我们研究古人的宇宙观、人生观和古代社会，如《左传》里有许多光怪离奇的话当然不能相信，但春秋时代的社会心理大概如此。"① 神话虽不能作为信史佐证历史之真，但却是古人对世界认知的一种真实表达。20世纪以来，随着甲骨文的发现和考证，《史记》中关于商代帝王首领的世系关系在甲骨文中得到印证。如王国维在《殷卜辞所见先公先王考》一文中经过考证得出《史记·五帝本纪》中的帝喾是确有其人，《史记》记载的商朝世袭也是可信的。钱穆先生由此指出，既然司马迁关于商朝的记载是真实的，那么夏朝的世系也很有可能是真实的。② 再如《竹书纪年》中记载"懿王元年天再旦于郑"，根据考证"郑"的地望在西周都城（今西安）附近的华县或凤翔。近年来，夏商周断代工程的专家建立了描述日出时日食所造成天再旦现象的地面区域，并对公元前1000—前840年间的日食进行了全面计算，得出公元前899年4月21日的日食可能在西周郑地造成天再旦现象。③ 上述例证都说明神话传说具有一定的真实性。

王明珂曾言，在历史上居于中心的强势族群的"历史"成为叙事主角后，居于边缘的弱势族群所宣称的"历史"便被视为神话与传说，口耳相传。因此，神话传说是一种"古老历史心性与记忆的遗存"。④ 根据傅斯年的观点，东夷曾拥有强大的经济和军事实力，

---

① 梁启超：《神话史、宗教史及其他》，见马昌仪：《中国神话学论文选萃》（上册），北京：中国广播电视出版社1994年版，第93—94页。

② 顾颉刚编：《崔东壁遗书》，上海：上海亚东图书馆1936年版，第1048页。

③ 参见夏商周断代工程专家组编：《夏商周断代工程1996—2000年阶段成果报告·简本》，北京：世界图书出版公司北京公司2000年。

④ 王明珂：《英雄祖先与弟兄民族：根基历史的文本与情境》，北京：中华书局2009年版，第2页。

在与黄河中上游其他集团的竞争中占据优势，这种对抗贯穿着中国早期的历史，直到周王朝控制东部地区之后才宣告结束。当东周与秦汉时期的史学家与哲学家试图系统地阐述中国有文字记载的历史时，这一冲突的结构已成既定事实，并成为他们先入为主的思想。在他们的文化地理观念中，建于黄河中游的夏商周三代构成了中华文明可信的正统历史传统，而中原以外的地区则被包括东夷在内的"蛮夷"所占据。包括东夷的其他早期文化集团的事件与历史不被作为"信史"的内容，而是被大量地吸收到传说与神话的范畴中。①

所以在史前艺术的研究中，尤其是岩画的研究面临着缺少文献材料和考古证据，对史前社会经济文化生活的勾勒难以完善等困境。这就迫使在研究中更需要民族志资料、神话传说、民间习俗遗存等去探求岩画中可能的意涵。因此，关于早期流传下来的神话传说，不应因其内容的模糊、矛盾、重叠而予以否定，可以借鉴结构主义的方法对神话进行抽丝剥茧的分析，并结合象征主义对其结构的意义进行推断。

"后羿射日""嫦娥奔月"、大昊伏羲氏神话、少昊的鸟王国、蚩尤与黄帝的涿鹿之战等都与东夷族有关。追溯东夷的文献记载和研究，司马迁在《史记》中并未对其做专门论述，直到南宋时期范晔编撰的《后汉书》中才撰写了《东夷传》，其主要材料来源于已经亡佚的古本《竹书纪年》和散见于先秦古籍中的只言片语。到近现代研究东夷族和东夷文化的主要有蒙文通在《古史甄微》一书中把东夷称为海岱民族，认为其是中国古代三大族系之一。傅斯年先后发表《大东小东说》与《夷夏东西说》，把东夷的历史功绩提高到了等同华夏历史的高度。徐旭生的《中国古史的传说时代》对东

---

① 转引自［美］巫鸿：《礼仪中的美术》，郑岩、王睿等译，北京：生活·读书·新知三联书店2005年版，第11页。

夷各个部落集团的形成、发展、演变以及与华夏、苗蛮的关系都进行了论述。此外，李白凤、张立志、王献唐、栾丰实也都对东夷的历史和习俗进行了专题研究。同时，近年来随着考古发掘不断推进，关于东夷族和东夷文化的建构日益完善。考古发现鸟生传说、鸟形纹、鸟崇拜、骨刻纹、穿孔石钺、三足陶器、拔牙习俗、太阳崇拜、农耕酿酒皆在东夷族生活的区域流布。本节从将军崖岩画与东夷族时空区位的关系入手，结合东夷族的石社祭祀、太阳崇拜、鸟崇拜等习俗进一步阐释和印证将军崖岩画的意涵。

一、东夷的时空区位与将军崖岩画

司马迁在《史记》中记载："分命羲仲，居郁夷，曰旸谷。"据《尚书·尧典》记载连云港在夏商时代属于徐州，为人方国东夷。关于对东夷的时空界定，史学界主要有三种观点：

第一，以郭沫若为代表的东夷包含淮夷与岛夷的观点。郭沫若认为："尸方当即东夷也。征尸方所至之地有在淮河流域者，则殷代之尸方乃合山东之岛夷与淮夷而言。"① 即从黄河的下游到江淮流域是东夷和淮夷的活动区域，共有九部，合称九夷。

第二，以范文澜为代表的少昊夷族杂居的观点。范文澜认为："黄帝后裔或在中国，或在夷狄，少昊族可能是黄帝族向东发展的一支。与夷族杂居后，接受了太昊族的文化，因此称为少昊，成为夷族文化的继承者。"② 即在肯定黄帝是华祖始祖的前提下，认为东夷及其相关的文化都是在黄帝族的影响下产生和发展的。

---

① 郭沫若：《中国史稿》（第1册），北京：人民出版社1975年版，第112—113页。
② 范文澜：《中国通史》（第1册），北京：人民出版社1978年版，第17页。

第三，以李白凤为代表的山东本地多部落共同形成东夷的观点，他在批评范文澜观点的基础上认为："黄河流域的下游，原来居住着一些散居的氏族，他们被来自西方的羌族打退到东方去，这些退居到山东一带的氏族本来是许多不同的部落……但东夷应该不包括淮夷。"①

以上关于东夷族族群的界定，无论是哪一种，作为地处黄淮三角洲的连云港地区都包括在内。所以，连云港地区曾经是东夷族族群生活繁衍之处应当无疑。具体到考古类型而言，严文明认为："分布于山东和江苏北部的青莲岗文化、大汶口文化及其后的龙山文化，都应当是远古夷人的文化。"② 他进一步论述道："在古史传说中，东夷的先祖有太昊和少昊两个集团，还可能有蚩尤和九黎集团……少昊集团及其后人已遍布汶泗、沂沭、潍淄流域各个地区。"③ 唐兰也认为大汶口文化遗址与文献记载中的少昊活动区域相一致④，即自泰安到徐州一线的汶泗流域地区。再具体细分，大汶口文化是太昊和少昊文化，同属东夷族文化；两者之间有着很近的亲缘关系，位于河南、安徽地区的大汶口文化可能是太昊部族的遗存；位于鲁南、苏北地区的大汶口文化可能是少昊部落的遗存。即连云港地区应该跟少昊部落的关系更为密切。另外，从出土资料的角度考证，在苏北地区的徐州、连云港一带，陇海铁路横贯东西，泗、沂、沭河纵穿南北，在经过发掘的商代文化遗存中，夷人文化因素比较明显突

---

① 李白凤：《东夷杂考》，济南：齐鲁书社1981年版，第13页。
② 参见严文明：《论青莲岗文化和大汶口文化的关系》，见文物编辑委员会编：《文物集刊》（1），北京：文物出版社1980年版。
③ 严文明：《东夷文化的探索》，载《文物》，1989年第9期，第1页。
④ 唐兰：《从大汶口文化的陶器文字看我国最早文化的年代》，见山东大学历史系考古教研室：《大汶口文化讨论文集》，济南：齐鲁书社1979年版，第79—84页。

出。鉴于东夷文化后来逐渐融入先商文明之中,所以本章在文献史料的选取上除了与东夷直接有关的《山海经》《淮南子》《禹贡》等文献外,也选取了《诗经》《礼记》中有关商周宗教习俗的文字,以便以后窥前,从商周遗存推测东夷文化的样貌。

二、"立石为社"与将军崖岩画的"石社"祭祀

《淮南子·齐俗训》曾言:"殷人之礼,其社用石。"《周礼·春官·小宗伯》:"社之主盖用石为之。"立石为社是东夷族传统,并流传至殷商。如前文所言,徐州、郑州一带的石社遗址皆为这一习俗的例证。

《左传·僖公十九年》:"夏,宋公使邾文公用鄫子于次睢之社,欲以属东夷。"《左传·服公十年》:"秋七月,平子伐莒,取郠。献俘,始用人于亳社。"杀人祭社和以犬为牲是东夷人的传统习俗,在苏北鲁南地区的上古时期尤为流行,如前文所提及的徐州丘湾遗址就有人牲和犬牲的现象,表明在商代晚期东夷人还保持着这一传统。周代社祭用人牲可能是由殷遗民(亳社)和东夷石社传承而来,在鲁南苏北地区尤为盛行,直到春秋时期依然存在。

如前文所言,将军崖岩画第四组的大石正是"石"社崇拜的遗存,其上的杯状穴为血祭和酒祭的器皿。至今,在苏北鲁南地区仍旧流行着"石干爸""石干妈"等民间祭祀习俗,其文化意涵与石社崇拜颇为相似,有可能是上古时期流传至今。

从先秦文献对东夷族的传说和记载中,我们可以窥见这种"立石为社"的习惯和以血或酒祭祀的方式在当时是有迹可循的。加之"高山之下、下山之上"的选址,为关于将军崖第四组岩画的意涵提供了有力的证据。

三、太阳、星象、时间体系与农业崇拜、祖先崇拜

《山海经·海外东经》："下有汤谷。汤谷上有扶桑，十日所浴，在黑齿北。居水中，有大木，九日居下枝，一日居上枝。"①汤谷即"旸谷"，神话传说中太阳升起之处。与虞渊（传说中日落之处）相对。据《尚书·尧典》记载，羲和浴日的汤谷（旸谷）在一个叫作嵎夷的地方。"乃命羲和，钦若昊天，历象日月星辰，敬授人时。分命羲仲，宅嵎夷，曰旸谷。"通常认为汤谷位于山东东部沿海地区，是上古时期羲和族人祭祀太阳神的地方。

《山海经·大荒南经》："东南海之外，甘水之间，有羲和之国，有女子名曰羲和，方日浴于甘渊。羲和者，帝俊之妻，生十日。"《尚书·尧典》："分命羲仲，宅嵎夷，曰旸谷，寅宾出日，平秩东作……分命和仲，宅西，曰昧谷，寅饯纳日，平秩西成。"这些虽然是描述原始社会派专人驻嵎夷、昧谷，迎送太阳以制历律的传说，但甲骨卜辞的发现，有力地证明了上古时期，至少在殷商时期，确实存在着对日神朝迎夕送的习俗。②《殷契粹编·考释》："殷人于日之出入均有祭……盖朝夕神拜之。"《国语·鲁语》："天之三辰，民所瞻仰也。"

我国殷墟出土的甲骨文中也有许多关于"宾日""出日""入日"的记载，反映了殷人在日出、日落时都加以礼拜。古籍《尚书·尧典》也有"宾日"于东、"饯日"于西的记载。

商代为先王举行虞祭不仅具有送先王升天的意义，还可协助其升天之后拜见日父，即"宾于帝"。在甲骨文中"宾于帝"的卜辞都与虞祭有一定的关系。商代相信太阳可以绝地天通，故能成为三

---

① 方韬译注：《山海经》，北京：中华书局2015年版，第251页。
② 陈家梦：《殷墟卜辞综述》，北京：科学出版社1956年版，第573页。

界的媒介。可以帮助灵魂到达天界，也是后代与祖先沟通的媒介。商代对太阳的崇拜，包含了死者再生的信仰，商代先民相信人死入土之后，将在朝霞升起时乘日升天；这种乘日升天、乘日游历在多个上古神话中有所体现。同时，自古以来，送魂、安魂、祭魂仪式都在朝霞时分进行，如汉代张衡《冢赋》"幽墓既美，鬼神既宁，降之以福、于之以平。如春之卉，如日之升"①。

在上古历史的发展过程中，太阳崇拜以时间为连接又进一步与祖先崇拜相结合。郭沫若《甲骨文字研究·释干支》认为："十日传说必为殷人所创生而以之属于其祖者也。"② 故商代太阳崇拜与祖先崇拜的关联主要体现在日干与先王祭日的关联上。在商代宗庙祭典中，太阳崇拜与祖先崇拜是合一的，即以先王庙号之天干作为祭祀日期。但到后来，郊祀与宗庙分离，成为并行的两种礼仪制度。可见祭祖与时间系统有着某种紧密的联系。在商周青铜器上祭祖铭文是其主要内容之一，例如"某谁作父甲（甲、丙……）宝彝"。两周时期，此种格式的铭文依然很多。纵观整个商周时期的铭文，无论繁简必定有这个部分，可知，祭祖一直是铭文写作的唯一重点。③ 这也反映在将军崖岩画的石社崇拜和人面像之中。

东夷族一直被认为是早期历法比较发达的民族，这与其地形近海多山、农业发达有关，如在莒县陵阳河遗址出土陶尊的刻画符号，常被认为是山头纪历的象征。同时，根据微腐蚀断代和交叉断代得以确定，莒县陶文上的太阳符号与将军崖岩画第二组中的太阳图像

---

① ［东汉］张衡：《张衡诗文集校注》，张震泽校注，上海：上海古籍出版社2009年版，第253页。

② 郭沫若：《释支干》，见《郭沫若全集·考古编》（第一卷），北京：科学出版社1982年版，第191页。

③ 郭静云：《夏商周：从神话到史实》，上海：上海古籍出版社2013年版，第404页。

年代基本一致，应该都是在东夷文化的背景下产生的。

位于东海之滨的连云港，较早发展出关于太阳、星象的天文系统和对应的用于农业生产的物候体系，如《礼记·月令》篇就详细记载了上古时期时节与农耕等生产生活的关系，物候体系已初具形态，天文观测的发展和农业耕种的进步互为因果。而且天文观测（时间观念）不仅和农业文明相关，更与祖先崇拜紧密结合在一起。这也说明了在将军崖第二组中星象岩画和具有祖先崇拜意涵的人面像在同一幅画面中的合理性，其中值得注意的是太阳纹与第二组中最古老的人祖形人面像时间相当。

四、从东夷族的鸟崇拜窥视将军崖岩画中的"人面"与"鸮面"之争

本书所言及的人面像①仍是广义的人面像，上文谈及"M"形人面像，在将军崖岩画中主要分布于第二组和第一组中。其主要特征是通常无外部轮廓，画面中对于眉和眼的刻画最为突出，双眉相连形似"M"，眼睛一般为大大的圆形、圆形中有一圆点或双目同心圆。此类造型的人面像岩画，除见于连云港将军崖外，在中国贺兰山、阴山、西伯利亚和北美西海岸均有发现。由于这类人面像与"鸮"面相似，加之在人面像分布的多个区域有鸟崇拜的传说，所以，有些岩画学者将其解释为"鸮面"，并认为这类图像表达的是鸟图腾或鸟崇拜。图像的抽象性越强，其释意的空间就越大。笔者根据田野调查、文献考证和出土文物分析，认为将这类图像定义为"鸮面"或"鸟面"还有待商榷。

---

① 如前文中对"人面像"岩画的定义，本文中的"人面像"为岩画中广义的人面，即具有面部特征的岩画图像，不具体限定为是对人的描绘。

第六章 将军崖岩画的意涵研究

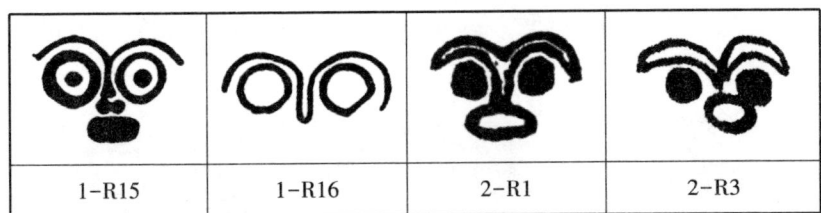

图 6-23 将军崖岩画中具有鸟特征的"M"形人面像

在我国古代典籍中，有关鸟崇拜和鸟生传说的记载较为丰富，如《左传》《史记》《山海经》《吴越春秋》等对其多有论述。《山海经·海外东经》："东方句芒，鸟身人面"。① 《礼记·月令》："仲春……玄鸟至，至之日，以太牢祠于高禖。"② 郭沫若《卜辞通纂考释通纂考释》中曾认为凤鸟即风神，乃是殷商旧有的神话传说。

各地方鸟传说众多，但东部沿海地区最甚。大汶口文化、龙山文化的"标准化石"就是陶鬶。陶鬶整体上似鸟形，不同时期造型有异：大汶口文化早期的陶鬶长颈带把扁腹实足，其中两个把手高高翘起，尾端扁平，似展翅状；中后期的陶鬶更为神似，颈部拉长，流如鸟喙，腹部三袋足，其中前两袋呈圆鼓状，后袋下垂，如鸟尾垂地。在上古时代陶鬶是一种较为贵重的专用炊器，且只流行于上层社会，精美的陶鬶不仅是炊器，更极有可能是代表燕、凤鸟形象的祭祖重器，长期为东夷族所钟情。如图 6-24 为笔者在这一区域的各地博物馆所摄，其中 A 为大汶口文化陶鬶，出土于莒县的陵阳河遗址；B、C 为龙山文化时期的陶鬶。这一地区出土的陶鬶极为丰富，直至龙山文化中后期，黑陶才完全取代它们的地位流行于鲁南

---

① 方韬译注：《山海经》，北京：中华书局 2015 年版，第 253 页。
② 王锦文译解：《礼记译解》，北京：中华书局 2016 年版，第 186—187 页。

苏北地区，但一些三足盘、盘形鼎、陶鼎的足部还保留着鸟首的形态（如图6-24A所示）。

A. 大汶口文化陶鬹　　　B. 龙山文化陶鬹　　　C. 龙山文化陶鬹
　摄于莒县博物馆　　　　摄于南京博物院　　　　摄于东夷博物馆

图6-24　大汶口文化时期、龙山文化时期陶鬹

A. 鸟形鼎足　　　　B. 泥塑鸟首盖　　　　C. 汉代陶鼎
摄于东夷博物馆　　摄于日照博物馆　　　摄于沂南县博物馆

图6-25　连云港周边地区出土的鸟形文物

除了陶鬹，受东夷文化影响的苏北鲁南地区，鸟形器也常见，如图6-25中，A为鸟形鼎足，属于龙山文化时期。B是海曲汉墓出土的陶鸟首器盖，泥塑而成，鸟首形象，出土时器物已残碎，仅存此盖。C是出土于山东省界湖镇西独树村的汉代陶鼎。

关于鸟纹的意涵，张光直认为商周青铜器动物上的花纹（鸟兽之类的纹样）与原始宗教祭祀有关的精灵图形（或形象），是原始巫师在人神之间沟通的一种工具。"在东周和汉代美术里面的神树顶上常有鸟栖。如果树干是巫师通天的通道，那么树顶上栖息盘旋的

第六章 将军崖岩画的意涵研究

飞鸟可以视作登天阶梯的延伸。殷商文化中鸟的重要性由玉器中鸟的形象之多和复杂可见……这些鸟的形象,不仅是为装饰而来的,至少有若干在商人通神仪式中起过作用。"① 鸟的通神特征是基于鸟的飞翔的属性和鸟与农业文化之间紧密的关系。《礼记》曰:"仲春之月,仓庚鸣。"笔者认为鸟生神话和鸟崇拜及其衍生出的鸟形器物,根植于鸟与农业之间的密切关系。先民根据对物候知识的掌握,逐渐对鸟的栖息规律与农业生产相联系,这从《左传·昭十七年》的记载中也可知晓,其所录著的鸟官,职责管辖多与物候、农业相关,并形成一项严密的农耕知识系统。这一判断在二涧遗址、大村遗址和朝阳遗址中出土的鸟形陶鬶中得到佐证。《诗经》:"春日载阳,有鸣仓庚。"此外,在陶塑、彩陶纹样上也常见鸟、日结合的图像,这说明在文化关系性上鸟、太阳、农业三者之间的关系比较紧密。而后,在后世文化的濡染之下,逐渐成为太阳、神性、权利和地位的象征。

将军崖岩画中的"M"形人面像与"鸟"关系几何?这类人面像又是不是鸟面呢?根据以上的分析,将军崖所属的时空框架很大一部分属于东夷文化,基于东夷文化中鸟崇拜传统、陶鬶形制与意涵、稻作农业与鸟的关系、太阳崇拜与鸟的关系,人面像中可能有崇鸟文化的因素。但笔者认为目前的资料还不足以确认这类人面像为鸟面。标准的图像学研究是通过对照流传有序和直接有关的文献资料来探讨视觉形象的含义,对于史前艺术的研究而言,这种文献资料是缺失的。如果根据并不可靠的资料做出判断,其结果也是不足为信的,例如《山海经》中描写了数以百计的神灵动物,而仅凭它们之间的相似性就与出土文物或艺术作品相对应,并在此基础上

---

① [美]张光直:《中国青铜时代》,北京:生活·读书·新知三联书店 2013 年版,第 279 页。

为艺术中的形象"定名",这种"定名"就成为了孤立的结论和无法证明的假设,并不具备特定的历史意义。① 同样,在东夷地区,上至北辛文化、青莲岗文化、大汶口文化,下至龙山文化、岳石文化,都有关于猪作为陪葬品、财富象征的习俗。如果按此逻辑解释成鸟面,那么,猪面、兽面都可按此逻辑解释,这显然是不够严谨和缺乏足够的逻辑链条及实证支撑的。所以笔者认为这类"M"形人面像是由生殖崇拜发展演化而来的广义上的人面像岩画,其联眉大目的特征不排除受到了崇鸟文化的影响,但能否断定为鸟面或鹗面还有待于日后更多的考古学、民族学资料进行考证。

涉及史前艺术的图像学研究,存在的主要问题是要寻找到史前艺术和传说资料可以"在历史上"联系起来的基础。换言之,整个研究过程必须着力于揭示二者之间的历史联系,这一研究的前提是,在一个特定时期和文化体中人们所创造的艺术与文学(包括口头文学)应有相互平行之处,二者都反映了当时人们观察、理解、表现世界的特殊角度和观念。一种艺术或文学表达的"意义"指该文化体中个人对世界的基本观察、理解和表现。基于这种认识,对于史前艺术研究的重点不在于给某些个体图像"定名",而在于寻找艺术与传说之间相互平行的概念或平行组合。② 基于东夷族与将军崖岩画的时空区位上的重叠,以及东夷的神话传说与将军崖图像之间的关联性,本节通过对东夷族"石"社、日崇拜及其天文和农耕业、鸟崇拜这三个方面的分析,进一步佐证了将军崖岩画中关于"石"社和日崇拜及天文星象说,再一次确认了将军崖岩画是农业文明的遗存。同时,也对"M"形人面像为鹗面或鸟面的观点提出了质疑。

---

① [美]巫鸿:《礼仪中的美术》,郑岩、王睿等译,北京:生活·读书·新知三联书店 2005 年版,第 27 页。
② [美]巫鸿:《礼仪中的美术》,郑岩、王睿等译,北京:生活·读书·新知三联书店 2005 年版,第 28 页。

也即从东夷族文化遗存的角度探讨了在岩画研究中如何应用神话和先秦文字资料的问题。

第七节 将军崖岩画综合分析

《尚书》："海、岱及淮惟徐州。淮、沂其乂，蒙、羽其艺，大野既猪，东原厎平。厥土赤埴坟，草木渐包。厥田惟上中，厥赋中中。厥贡惟土五色，羽畎夏翟，峄阳孤桐，泗滨浮磬，淮夷蠙珠暨鱼。厥篚玄纤、缟。浮于淮、泗，达于河。"连云港所在的海岱徐淮地区自古以来气候适宜，山川、河流、沃野纵横分布，将军崖岩画所在的锦屏山依山傍海、山涧及山麓台地万年以前就有远古人类生活，并遗留了将军崖旧石器遗址、桃花涧旧石器遗址、酒店旧石器遗址和二涧旧石器遗址。在距今1万年左右，这里发展出了农业的曙光，并进入到新石器时代，人们开始定居和对野生动植物进行驯化，尤其是稻作农业的发展为社会经济和文化的演进提供了助力，促进了城邦建设、社会分层和祭祀仪式的发展。将军崖岩画正是这一地区以农耕文化为背景的新石器时代的史前艺术之瑰宝。本书通过对将军崖岩画图像的系统统计、生态环境的梳理、图像的测年分析、周边考古遗址和考古文化的比照以及图像所对应年代的社会文化、风俗信仰、祭祀仪式等对图像进行了演进序列的排列和阐释，并对将军崖岩画在所处社会中的文化和宗教功能进行了探讨。

将军崖岩画从距今1万年到最近1000年左右一直都有岩画制作的传统，并在不同的历史阶段有不同的典型图像和文化意涵。在其制作的主体时间中（距今8000—3500年）这一地区由采集狩猎过渡到农耕文明，并由游群演进至氏族、酋邦、亚细亚式的国家，由巫术演进为宗教。在这一过程中，图像由最初的"男根崇拜"随着社会的演进融入进"祖先崇拜"之中，并在图像造型上发生了相应的演变。同时，天体崇拜、石社崇拜也应运而生，在将军崖上留下厚重的上古历史之印记。在社会逐渐走向复杂化、由巫术向宗教演进的过程中，岩画的画面图像也由简单的并列逐渐走向具有叙事性和场景性的画面，这从第五组到第二组、第三组再到第一组的画面组合方式中可以窥见其貌。

随着历史的发展，连云港地区的青莲岗文化、大汶口文化、龙山文化与其北方的红山文化、夏家店文化，其西方的仰韶文化、庙底沟文化，其南方的良渚文化、马家浜文化之间的交流日益增多，并表征在图像艺术风格、器物造型、社会文化信仰等诸多方面的借鉴融合之上。之后，随着中原的崛起，最终以东夷文化为主体的连云港汇入到先商文明之中；其艺术造型、祭祀礼仪、观念信仰等诸多遗存可在诸如青铜器饕餮纹等先商及商文明和诸如《山海经》《禹贡》《诗经》《尚书》《礼记》等先秦文学中散见之。同时，在岩画研究中关于"图"与"史"的关系问题，也进行了探讨，为如何利用史料和考古遗址对岩画进行"图文互证"，架起"形式"与"意义"之间的桥梁。

数千年前，将军崖岩画曾是祭祀场所，通过宗教祭祀活动区分"自我"与"他者"；在祭祀过程中部落首领的领导权得到强化并赋予其正统地位，同时增强了族群的文化认同和凝聚力。今天，将军崖岩画仍是区分地方文化的重要标志和构建地方文化的主要力量。它既是当地人区分"自我"与"他者"的手段，也是当地进行文化宣传和加强文化认同的手段。正是基于将军崖在地方文化构建中的重要角色，将军崖岩画的意涵被不断地阐释并人为地赋予各种神化的色彩，成为将军崖岩画研究和保护的双刃剑。

一、游群、氏族、酋邦、国家与将军崖岩画的图像演进

贝纳里克在 2014 年对将军崖岩画的考察和微腐蚀断代中曾言自全新世以来,至最近几百年将军崖岩画一直有制作的传统。笔者根据所获取的更多的微腐蚀断代数据和资料分析进一步证实了贝纳里克这一判断的准确性。根据前文的研究,将军崖岩画主体图像的制作时间在距今 8000—3500 年之间。在这一时间段,这一地区经历了从游群、部落、酋邦到国家的演进。随着社会的复杂化程度的递进,其图像的形式也在不断地丰富和演变。

赛维斯·埃尔曼曾在《原始社会组织》① 中根据社会演化的顺序,将原始社会分为三个阶段:游群(band)、部落(tribe)与酋邦(chiefdom),并在其之后出版的《国家与文明的起源:文化演进的过程》② 探讨了酋邦之后的阶段——国家。根据埃尔曼的研究,游群主要是指地域性的狩猎采集团,部落则一般与农业经济相结合,酋邦是具有初步不平等的分层社会,国家是指阶级社会。桑德斯和普瑞斯最初将这套理论应用到中美洲古代文明的演进史的分析。张光直则根据华北地区古代社会的演进序列与埃尔曼的四个阶段相对应。③ 如表 6-1 笔者根据张光直关于上古社会演进的划分,进一步对照基于交叉断代的将军崖岩画,对相应的岩画组中主体图像与社会的演进阶段相对应。

---

① Service R. Elman, *Primitive Social Organization: An Evolutionary Perspective*, New York: Random House, 1968.

② Service R. Elman, *Origins of the State and Civilization: The Process of Cultural Evolution*, New York: W.W. Norton & Company, 1975.

③ 根据张光直在《中国青铜时代》中对中国古代游群、部落、酋邦、国家的划分基础撰写而成。参见 [美] 张光直:《中国青铜时代》,北京:生活·读书·新知三联书店 2013 年版,第 98 页。

表 6-1　社会演进阶段与将军崖岩画

文化名称	演进阶段	将军崖岩画	中国常用的分期
旧石器时代	游群	/	原始社会
中石器时代		第五组	
仰韶文化、大汶口文化、青莲岗文化	部落（氏族）	第二组、第三组、第四组"石社"与凹穴	
龙山文化	酋邦	第一组	
三代(到春秋)	国家	第四组"方格纹"第一组中具有反复加工痕迹的图像	奴隶社会
晚周、秦、汉			封建社会(之始)

按照弗里德关于国家的定义，国家通常包含三个必备的条件：高度的社会分层（即阶级分化）、血缘关系在国家组织上被地缘关系所取代、合法的武力（即公共权力）。[①] 基于商代已经拥有了合法武力、分层制度、阶级但血缘关系在国家组织上并未被地缘关系所取代，所以乔纳森·弗里德曼（Jonathan Friedman）把基政权分配于血缘关系的古代国家称为"亚细亚式的国家"（Asiatic Sate）。"自侯外庐先生揭示出中国古代国家和文明社会的形成，走的是'保留氏族制度的维新的路径'之后，我国学术界多认为，夏、商、周三代，国家机器虽已建立，但社会的基层单位依旧是血缘性的家族乃至宗族，国家还没有彻底与血缘组织分离，家族—宗族组织与政治权利

---

① 弗里德把分层社会看作是链接最复杂的阶等社会与最简单的国家社会之间的合乎逻辑的模式。而塞维斯则认为分层社会是国家产生以后才出现的社会，社会分层是国家形成的结果，而不是国家形成的原因。由于本书旨在从社会进程的视角探讨将军崖岩画的社会文化背景和图像意涵，所以关于国家的不同定义和划分问题不做探讨。

同层同构,也就是说,在夏商周三代国家社会的政治经济中,'氏族血缘关系'依旧发挥着重要的作用,家族和宗族依旧是政治经济的实体。"① 基于此,本书在对这一地区酋邦到晚商之间的阶段借用了"亚细亚式的国家"这一概念。也正是基于血缘关系在这一地区社会演进过程中的重要性,才使得祖先崇拜在此盛行并反映在岩画和祭祀遗址中。

二、从狩猎采集到农耕社会的发展与将军崖岩画意涵的流变

将军崖岩画最早可追溯至距今1万年左右的全新世初期,即气候变暖,全球范围内主要平原地区的文化由旧石器时代向新石器时代,由采集狩猎向农耕文明转化的过程。而将军崖岩画的主体图像是农耕文化的背景下创作完成的,并与农业文化中的天体崇拜和农业祭祀紧密联系。

从采集狩猎到农耕文明的过程,对应将军崖岩画中的图像是由男根崇拜逐渐融入农业社会以血缘关系为纽带的祖先宗族崇拜系统之中。在距今1万年前的连云港地区处于采集狩猎末期和农耕的萌芽阶段,并由母系氏族社会向父系氏族社会过渡。正是农耕文明的曙光和对动植物的驯化使男性在生产生活中占据更多优势,社会地位随之提高,男性在氏族中的地位逐步确立并不断加强。这反映在将军崖岩画之中对应于第五组的"人祖形人面像",人祖形即为男根的摹写。第五组整幅岩画结构排列简单,以并列为主,画面尚未体现场景性与叙事性。说明这一时期的社会分层、阶级分化尚不明显,系统的宗教制度尚未形成,处于巫术的早期阶段。先民们通过对男

---

① 王震中:《中国古代国家的起源与王权的形成》,北京:中国社会科学出版社2013年版,第13页。

根的崇拜祈求生息繁衍扩大氏族人口和势力。

随着农耕文化的不断发展，农业逐渐成为经济的主体，采集狩猎、渔业成为辅助形式。农耕文明促进了天体岩画和石社崇拜的产生，并随着历史的进程，社会结构逐渐复杂化以及礼制教化的不断发展使"人祖形人面像"演进融入进"M"形具有祖先崇拜意涵的人面像之中，是以"换喻"的方式，表达对生殖繁衍、瓜瓞绵绵的渴望。并通过祖先崇拜的教化，强化了以血缘关系为基础的氏族制度。

基于农耕需要，对物候和天象的掌握对于农业丰产具有决定性意义，这促进了以观象授时为目的的天文学的发展以及对星象运行规律把握的不断深入和细化。这就形成了将军崖岩画第二组，以太阳纹和凹穴组成的摹写天体的岩画图像，其社会功能是天体记录和崇拜。

同样也是基于农耕的需要，产生了石社崇拜，"'祭社土'实际上是祭祀土地的生殖功能"①，"'社'在先秦时期是一个包含颇广、内容极丰的崇拜实体，从动态发展上可分出原生形态与次生形态等，而其最原始最基本的意涵则是由土地崇拜与生殖崇拜结合而构成的"②。石社崇拜强调的是对土地生殖能力的崇拜，即对物质再生产能力的崇拜；祖先崇拜强调的是对人类自身生殖能力的崇拜和对血统的认定与区隔，即对人类自身再生产能力的崇拜。这两者对于史前先民而言都是最重要的事件，具有同质性。在社祭中，农业丰产和人口丰产的意涵是并置的，这也是史前先民一种顺势巫术（homoeopathic magic）的思维方式所致。如根据先秦文学中的记载和考证，男女婚媾要举行高禖之祀，而高禖石既是社石又是高禖之祀的

---

① 王震中：《中国古代国家的起源与王权的形成》，北京：中国社会科学出版社2013年版，第204页。

② 王震中：《中国古代国家的起源与王权的形成》，北京：中国社会科学出版社2013年版，第203页。

第六章 将军崖岩画的意涵研究

象征物。在以"石"为象征物的系统中,农业和人口的增长以共生的形式融入进象征系统之中,这也是"祖社同源"之缘由。即随着由氏族社会向酋邦和亚细亚式的国家的演进,并基于社会关系以血缘关系为主向血缘、地缘关系结合发展,人面像中祖先崇拜的意涵逐步转向祖先和神合二为一的意涵。笔者认为这反映在将军崖岩画第一组中,第二组中的M形人面像是由男根崇拜过渡到祖先崇拜的形态,第三组中的类人面形人面像是祖先崇拜的形态,而到了将军崖岩画第一组中的网纹人面像为祖先崇拜和神崇拜合二为一的形态,同时,在第一组岩画画面中用禾苗祭祀祖先/神,画面的叙事性和场景性已经形成,说明已经具有了系统的祭祀仪式,宗教的雏形已经显现。但在这一时期国家还没有彻底与血缘组织分离,家族—宗族组织与政治权利同层同构。即侯外庐所言亚细亚式的国家,国家混合在家族之中,叫作"社稷"。①

随着地缘关系逐步取代血缘关系成为社会组织中的主体,神崇拜的因素也取代祖先崇拜,或形成神化的祖先形象作为祭祀的对象。商周甲骨文、金文中天神与祖神合一的观念也反映了祖先崇拜主体地位的淡化和神崇拜因素的增加以形成"崇天敬祖"的观念。如殷人每有疑问或灾难必先占卜请求祖先给予启示,祖灵"宾于帝",即生活在天帝的左右;也即"帝"的地位已经高于祖先,但祖先仍和宗族之间有着最紧密的连接,成为保护本宗族的祖先神。

在后世历史的演进中,随着社会组织中血缘关系被地缘关系彻底取代,以神为主体的祭祀对象逐渐形成,而祖先则成为每个宗族的祭祀对象。根据甲骨文和金文的记载,以血缘为基础的宗族组织在商周两代的社会中仍发挥着极其重要的作用。

---

① 参见晁天义:《重新认识国家起源与血缘、地缘因素的关系》,载《史学理论研究》,2014年第2期。

祖先崇拜在夏商时期已经具有了广泛的宗教取向，它将亲属关系集团作为一种社会秩序范式，凸显了它作为一种关系密切的角色网络，这种角色关系跨越了生与死的自然世界与超自然世界关系的区分，这个事实也许使得这些角色和地位在社会秩序的"本体性的"实在感得到强化。"土地母亲、人类繁衍、农业生产、女性的神圣性等等象征意义和对它们的崇拜，只有在农业社会才能发展和形成一套复杂的宗教体系。同样地，我们可以明显地看出，在一个倾力于狩猎的前农业社会里，人类是不可能以与农业社会中的人同样的方式、同样的激情体会到地母的神圣性。因此人们对宗教体验的种种不同，正是因为人们处于不同的经济、文化和社会组织之中"。①

三、从巫术信仰到宗教雏形的建立与将军崖岩画祭祀体系形成的关系

马林诺夫斯基对巫术早就有过分析，其指出巫术最初就是用于解决或控制日常生活和生产中那些没有绝对把握的事情。列维-布留尔和列维-斯特劳斯认为最初的巫术更多地是整个氏族每个成员的普遍行为，专职的巫师还没有出现或尚不明显。伴随着农业和畜牧业的发展，以及社会的分化和阶级的出现，巫师这样一个专职群体也渐渐应运而生。而随着农耕文明的发展进入到亚细亚式的国家阶段，统治者把宗教作为统治人们的工具而纳入礼仪规范之中，形成一套完整的宗教祭祀体系。陈梦家曾言："由巫而史，而为王者的行政官吏；王者自己虽为政治领袖，同时仍为群巫之长。"② 李宗侗言：

---

① ［罗马尼亚］米尔恰·伊利亚德：《神圣与世俗》，王建光译，北京：华夏出版社2002年版，第7页。

② 陈梦家：《商代的神话与巫术》，载《燕京学报》，1936年第20期，第535页。

第六章 将军崖岩画的意涵研究

"君及官吏皆出自巫"。

具体到先商时期巫术到宗教的演变：在巫术的初期阶段，个体之间是比较平等的。人人都可以祭拜祖先，祭拜神灵。通过民间"巫""觋"也可以与神灵沟通交流，宗教场所就是先民们共乐和发展原始艺术的场所。但是随着社会发展和世俗权利的集中，宗教权利也趋向集中，从《史记·五帝本纪》中我们看到，五帝更替的过程，也是宗教祭祀权利逐渐集中的过程。从黄帝时起，就置左右大监，"而鬼神山川封禅与多为焉……顺天地之纪，幽明之占，死生之说，存亡之难"；至颛顼，"载时以象天，依鬼神以制义，治气以教化，絜诚以祭祀……动静之物，大小之神，日月所照，莫不砥属"；帝喾则"取地之材而节用之，抚教万民而利诲之，历日月而迎送之，明鬼神而敬事之"，进一步发展了宗教，制定了一些制度；尧则在天文历法方面建立起体系："敬顺昊天，数法日月星辰，敬授民时。"舜"乃在璿玑玉衡，以齐七政。遂类于上帝，禋于六宗，望于山川，辩于群神"。一步步地，部落首领取得了人神宗主的地位和权利，在这个过程中，颛顼的"绝地天通"是一次重大的变革。徐旭称其为"宗教改革"，即"将东夷、苗蛮所信奉的原始巫教改为宗教性很强，比较进步的巫教"。颛顼的改革最本质的功绩在于实行了原始宗教的统一化，有利于对社会和自然现象做出权威统一的解释，规范人们的巫术活动。颛顼统一通天祭神的权利，使得只有颛顼及其专职人员才能祭祀天地、沟通神灵，这就加强了原始宗教的权威性，为后来的君权神授奠定了基础。

就考古资料而言，吴汝祚认为，中国原始社会时期有关巫术的考古资料，属于旧石器时代的较少。属于新石器时代早期的资料，有湖南道县玉蟾岩、江西万年仙人洞和吊桶环、河北徐水县南庄头和阳原县于家沟遗存等。到距今约七八千年的裴李岗文化、彭头山文化和兴隆洼文化时期，即新石器时代中期，则是发现了许多有关巫术活动的用器与迹象，如彩陶、白陶、龟甲上的刻符等。据此分析，这一时期绝不是巫术的初创时期。① 即我们进一步扩大视域至整个中东部地区，从这诸多史前遗址中可知，从距今七八千年巫术的盛行和遗存的古物来分析，这个时候巫术已经初具规模，具有一定的规范性和系统性。基于此，我们再回看将军崖岩画，距今七八千年的第五组图像所表现出来的力量与智慧是符合中国中东部地区的社会演进历程的。所以对于将军崖岩画的时间上限推判为距今8000年左右是符合社会历史背景和当时的巫术水平的，这一判断也是基于微腐蚀测年而得出的相对保守的数字，其中最古老的图像可以追溯到距今1万年左右。

"'国之大事，在祀与戎'。而这里的祀，一是指宗庙之祀，另一是指天地社祭之祀，宗庙之祭代表着祖先崇拜，同时亦表明社会中已存在血缘、世系方面的亲属关系，这是家族和宗族组织中尊卑等级关系的基础。社稷之祭则更具社会性，所反映的是人们的地域关系和社会关系。充分利用这一点，就可以在神圣的宗教名义下，将血缘和非血缘关系的人们都维系在一起。因而在原始社会末期迈向文明的过程中，各部落群或地方酋长、宗族长等通过祖先崇拜和天地社祭祭祀的主持，不但会使已掌握的权利逐渐上升和扩大，使其等级地位更加巩固和发展，而且还会使这种权利本身变得神圣起来，从而披上了一种神圣的合法的外衣。"② 部落首领通过对祖先崇拜和对天地社稷祭祀的主持，使得自己的权利进一步上升和扩大，使其等级地位得到巩固和发展。仪式被认为是一种将社会的标准转

---

① 参见吴汝祚:《中华古代文明与巫》，见中国社会科学院考古研究所、中国社会科学院古代文明研究中心编:《古代文明研究》，北京：文物出版社2005年版。

② 王震中:《中国古代国家的起源与王权的形成》，北京：中国社会科学出版社2013年版，第205页。

第六章　将军崖岩画的意涵研究

化为个体的夙愿，创造一种全社会的共识，在仪式中，个体角色得以转换，从而提供了对个人和对社会的心理治疗，并产生出社会行为的神性规范。而将军崖岩画作为一处鲁南苏北地区地位较高的上古祭祀遗址，其古老而质朴浑厚的画面，正是基于这种政治目的才得以制作完成，绝非个人之能力所达。

在将军崖岩画中，最古老的第五组岩画根据前文中的测年结果和意涵阐释，可知其基本属于巫术的阶段，是基于生殖巫术的男根崇拜之表现形式，并从对男根的崇拜逐渐向祖先神的崇拜过渡，但就画面结构而言，仍然是简单的并列式排列。到距今五六千年的第二组、第三组岩画，男根崇拜的因素淡化、以男根崇拜为内核的祖先崇拜因素加强，并形成"M"形人面像和以兼具土地丰产意涵的"类人面形人面像"，以及石社、天体崇拜。这个时期，巫术已经具有一套完善的系统，宗教的萌芽初步产生。根据这一时期大汶口文化、青莲岗文化的墓葬遗址分析，贫富差距、社会分工已经比较明显，在岩画制作和祭祀中已经出现专职的巫师负责并具有最高的社会地位。随后在龙山文化时期，即将军崖岩画第一组的创作时期，宗教的萌芽已经形成，根据藤花落遗址、尧王城遗址等龙山文化遗址分析，已属酋邦阶段，城市规模扩大，农业种植规模化，社会分层和职业分类趋于成熟。岩画画面中出现网纹形人面像[①]，并有用禾苗祭祀人面的具有场景性和叙事性的画面。

---

① 网纹是史前艺术中比较常见的一种造型，类似于将军崖岩画第一组人面像中的网纹元素，在马家窑文化、仰韶文化中均有出现；在非洲、大洋洲的原始艺术中也十分流行，至今在非洲和大洋洲的部落艺术中，其岩画、木雕、彩绘中仍有网纹图形。由于网纹图形的抽象性和存在的广泛性，笔者认为并不能用他处的网纹作为此处网纹的判定参照。所以笔者采用了微腐蚀测年中的数据，并根据刻痕、周边遗址进行综合分析，将网纹形人面像锚定于龙山文化时期，其下限不晚于岳石文化早期。

岩画的制作依托于祭祀仪式，格尔兹认为，在仪式中，现实世界与想象的世界借助象征符号得以融合，从而构建成一个世界。正是在将军崖遗址，上古先民得以通过祭祀仪式的形式祈求丰收和丰产，获得与天地神灵之间的沟通，借由图像的形象和仪式的过程，完成意义的转化，并进一步凝聚和巩固群体的力量及首领的合法政治地位。

四、交流与融合及汇入先商文明

萨维斯认为如果两聚落群特征中有一系列的相似，很可能存在着以下三种情况：（1）两者来源于共同的祖先文化，同一文化传统的因素在两者中都有体现；（2）由两个不同的文化群体间的相互传播或贸易所致；（3）由于对相似的环境或历史影响的相同适应所导致的平行发展的结果。但究竟是哪一种要素导致了相似性？萨维斯谈道："将与共同祖先、传播和独立平行发展有关的各类因素分别聚类，然后经过比较就可以得出相应的结论。"①

在苏北近鲁南地区，如爪墩遗址、将军崖遗址等出土的石器以石片为主。在旧石器时代晚期，普遍出现用间接打击法剥片和修理的细石器，说明这一地区的文化特征与华北相似，而在苏南地区则是典型的华南砾石文化传统。这说明在旧石器时代和细石器时代，连云港地区与北方的关联度更高，而随着历史的演进，其南部和西部的因素逐渐注入其中，并相互影响。直到新石器时代晚期，各个文化系统之间的交流增多，相互碰撞，此消彼长。距离将军崖直线距离83千米的苏北花厅遗址就是南北文化扩张与冲突的物化表现。李新伟认为："中国东部地区在距今5000年左右，即复杂社会开始

---

① ［美］张光直：《古代中国考古学》，印群译，北京：生活·读书·新知三联书店2013年版，第91页。

第六章 将军崖岩画的意涵研究

出现的时期，也应建立了类似的社会上层交流网。正是这一特殊交流网的存在，才可以使辽西和长江下游这两处相隔遥远的文化区在日用品上保持自己的文化风格，而在玉器上表现出惊人的相似……对这一交流网的维护和控制，同样应是当时复杂社会上层的重要领导策略。这一交流网存在的考古学证据不仅是玉器，其建立的时间也可能更早，具体的交流方式也可能独具中国特色。"① 上层社会交流的不是日常用品，而是只有上层社会才能拥有的物品和神秘知识，这种交流也是特权阶层的象征。正是基于这种史前文明的交流与融合，连云港将军崖上的诸多人面岩画与西辽河流域、阴山山脉乃至西伯利亚均有一定的相似性，与红山文化（勾云形玉器）、良渚文化中的玉器（玉琮）等在诸如双目同心圆、"M"形联眉等特征上似有共同的文化基因。

龙山文化之后，以东夷文化为主体的连云港地区融入先商文明之中。张光直言："根据现有的考古资料，我们可以放心大胆地说：商代的历史文明是在龙山期新石器时代的文化的基础上发展出来的。从龙山期到商代文化连续性，不仅表现于文化的形式上，而且呈露于社会经济的领域内。假如我们对于龙山期宗教特征的推测全部或大部分可以成立的话，则我们更可以说，商代自龙山期承袭了祖先崇拜与亲族群的政治性这两项重要特征。"② 所以，仍旧可以通过殷商时代的诸遗存和先秦文学中对殷商的描述回溯龙山文化，乃至其之前的祭祀制度、宗教信仰和认知观念。尤其是在"石社"祭祀和祖先崇拜的研究中，本书就借用了诸多殷商时期的资料以上溯推判。

---

① 李新伟：《中国史前玉器反映的宇宙观——兼论中国东部史前复杂社会的上层交流网》，载《东南文化》，2004年第3期，第71页。

② ［美］张光直：《中国青铜时代》，北京：生活·读书·新知三联书店2013年版，第164—167页。

五、从"图史互证"谈岩画的图像研究

"一图胜千言",可当我们面对静默的纷繁图像时,不免感慨,形而不语,千言何解?如何能够准确而全面地解释图像背后的意义,读懂图像的形式语言与所表达的内涵成为图像研究的首要问题。

在中国,尤其是宋代以前,图像被视为"有国之鸿宝,理乱之纪纲"。郑樵言:"见书不见图,闻其声不见其形;见图不见书,见其人不闻其语。后之学者,离图即书,尚辞务说,故人亦难为学,学亦难为功。"① "辞章虽富,如朝霞晚照,徒耀人耳目;义理虽深,如空谷寻声,靡所底止。二者殊途而同归,是皆从事于语言之末,而非为实学也。以图谱之学不传,则实学尽化为虚文矣。"② 皆说明了图像的重要性。饶宗颐在《中国史学上之正统论》中指出:"我国牢固的史学正统史学传统注定难以使郑氏《图谱》对后世产生多大影响。一直要到20世纪初,在西方史学,尤其是考古学的冲击下,人们才意识到他的图文互证思想的意义,如王国维的'二重证据法',要求将传世文献与地下发掘的文物相印证,以揭示历史的原貌。"③ 之后,随着宾福德的新考古学对国内研究的影响以及科技考古的兴起,更多层面和维度的技术方法介入到对上古历史的论证之中,为"图史互证"提供了更多有利的手段和证据。

---

① [宋]郑樵:《通志》卷七十二,《图谱一》,转引自曹意强、迈克尔·波德罗等:《艺术史的视野——图像研究的理论、方法与意义》,杭州:中国美术出版社2007年版,第54页。

② [宋]郑樵:《通志》卷七十二,《图谱一》,转引自曹意强、迈克尔·波德罗等:《艺术史的视野——图像研究的理论、方法与意义》,杭州:中国美术出版社2007年版,第54页。

③ 曹意强、迈克尔·波德罗等:《艺术史的视野——图像研究的理论、方法与意义》,杭州:中国美术出版社2007年版,第54页。

第六章　将军崖岩画的意涵研究

意涵依附于图像,但不能直接从图像中读取出来,因此我们需要建构图像产生的社会文化环境,即所谓的"历史"。岩画大多产生于史前即上古时代,缺少文字史料记载,即便是有限的考古资料,也难以全面地勾勒史前文化的全貌,正如米尔恰·伊利亚德所言考古材料固然可以提供给我们有关宗教信仰的材料,但是以为这些信仰便代表着史前人类的全部信仰,这样的结论是错误的。单凭考古发现无法勾勒出他们的神话、神学、仪式的结构域形态。即从岩画研究这种困境中解脱出来,就要用更多的跨学科的手段来完整地勾勒岩画点所在地区的上古史。也就是说,"需要大量的人类学材料的获得和相关理论的完善,更多地掌握处于同一发展阶段的民族、部落的相关信息,增加我们对相应的社会背景与文化知识的了解"①。同时,还需史前的生态环境、气候变迁、科技手段等去尽可能地构建岩画所在地的史前样貌,以此来论证图像的意涵,"以史证图"。同时,岩画图像本身就是其所创作年代中文化和宗教信仰的表征,如连云港的人面像岩画与农业文明相联系。如果时空位移到内蒙古的巴丹吉林沙漠,这里的动物岩画毫无争议的是游牧文化的表征,即"以图证史"。

通过把图像带入到创作它的历史场景之中,进一步探讨所谓产生图像之土壤的文化和作为文化之表征的图像;通过跨学科的方式构建"时空背景",在"图史互证"中消解"望图生意"的阐释空间。

---

① 王青:《从"图像证史"到"图像即史"——谈中国神话的图像学研究》,载《江海学刊》,2013年第1期,第179页。

六、岩画阐释与地方文化认同和文化构建

世界岩画的发现和研究与 20 世纪的原始主义思潮及原始主义运动不无关系。随着殖民主义的扩张，原始艺术在欧洲等西方国家受到学者的重视。同时，19 世纪末，西班牙阿尔塔米拉岩画的发现使岩画研究逐渐进入到学界的视野之中，并被考古学、人类学、艺术史方面的专家所关注。这一时期受到泰勒的《原始文化》和弗雷泽的《金枝》的影响，对原始艺术的研究关注原始艺术的起源问题，即"为艺术而艺术""巫术说""宗教说""舞蹈说""游戏说""模仿说"相继提出，而史前岩画往往成为学者学说的例证。在这一时期岩画研究受到交感巫术（sympathetic magic）理论的启示，考古学家雷纳克、步日耶认为欧洲旧石器时代的洞穴岩画表现的是狩猎或生殖巫术。直到 20 世纪 60 年代结构主义人类学的发展，古尔汉借用结构主义方法对岩画进行阐释，之后阿纳蒂借用结构语言学对岩画进行了讨论。到 20 世纪末随着科技考古和碳 14 测年的发展，岩画研究中更多科技的力量介入，为岩画阐释提供了直接断代的年代学基础；此为岩画自发现以来在岩画研究中的简要脉络。在中国，自 1915 年黄仲琴对福建仙字潭岩画的研究始已有 100 余年，20 世纪五六十年代中国岩画进行过大规模的调查，涉及广西、内蒙古、宁夏等，但岩画的研究直到 20 世纪八九十年代才逐渐繁盛起来。

基于岩画的古老性和神秘性，以及近些年来岩画在地方文化场域中逐渐受到重视，对于岩画的阐释也变得纷繁复杂。"任何一个人物或事件、或与之有关的叙事，都是社会情景与历史过程下的产物。我们可以将这些人物言行、事件与相关叙事，都当作是一种'文本'。'文本'存在并产生于特定社会情景脉络中，社会情景脉络也因其相应'文本'而得以显现或强化。'文本'又似布迪厄所称的'表征'，我们可以将通过口述、文献、图像与行为所呈现之'表

征'皆视为社会文本。"① 即如布迪厄所言,"表征/表相"(the representations of reality)是某种社会本相(reality)所产生的"表征/表相",社会本相也因这些"表征/表相"而存在或被强化(the reality of representations)。②

作为符号或图像形式存在的岩画,相比较文字而言,更易于记忆、传播和传承,但其意涵较文字而言,也缺少准确性。基于此背景,在当下社会,对于岩画的阐释成为地方文化产业和文化经济的一个工具。当地人在塑造地方文化时,通过对岩画历史和意涵的宏大构建描绘出创世神话和古老的历史,成为当地加强地方文化认同而产生的"想象的共同体"和对外宣传的手段,这对于岩画的研究和保护而言都是双刃剑。岩画研究需要以科学实证的态度通过不断的交叉互验,使其无限度接近岩画所在创作年代的"真相"。

保罗·利科对"历史性"(historicity)的阐释是"我们创造历史,我们沉浸其中,我们也成为历史人"③。"我们不易察觉导引文本书写的深层'结构',这是因为生活在自己所熟悉的世界与各种'核心主义'之中,各种社会、文化与学术规范已告诉我们'什么是重要的社会现象','什么是重大的历史事件'以及'何者是重要的历史人物',我们也生活在这些社会、文化与学术创造的虚拟世界中。我们常因此把'表征'当作是社会真相,将'文本'中的过去当作历史事实,以此熟悉化我们所熟悉的知识与社会体系。……社

---

① 王明珂:《英雄祖先与弟兄民族:根基历史的文本与情境》,北京:中华书局2012年版,第234页。

② 转引自王明珂:《英雄祖先与弟兄民族:根基历史的文本与情境》,北京:中华书局2012年版,第234页。

③ Paul Ricoeur, "The Narrative Function", in Paul Ricoeur, and John B. Thompson, *Hermeneutics and the Human Sciences: Essays on Language, Action and Interpretation*, Cambridge: Cambridge University Press, 1981, p.274.

会生活与文化所蕴含的'心性',以及与各种社会现实相迎合的'文类',使得我们相信其所生产的'表征'与'文本'。由此而生的社会历史记忆(文本),自然支持这些社会文化与期间各种权力关系(情境)。"① 岩画研究同样需要他者的眼光,跳出地方文化对于本地区上古史的想象,把岩画切实置于其创作的社会背景之中,去尝试着理解当初创作者的"情感"与"意图",以及岩画创作仪式的情景与过程,从而避免时空错置地使岩画的意义解释简单地与地方上古传说相附会,形成与地方文化的异形同构和地方文化再生产的共谋载体。

---

① 王明珂:《英雄祖先与弟兄民族:根基历史的文本与情境》,北京:中华书局2012年版,第239页。

后　记

　　美丽的海州山水相连，人文气息浓郁，流传着鲧窃息壤、舜葬苍梧、禹葬会稽、十巫采药、羲和浴日、精卫填海、夸父逐日等神话。郁洲山（即云台山）被称为道教第七十一福地，锦屏山更是钟灵毓秀、花草秀发，绿树葱郁。远看蜿蜒起伏，宛若墨黛，颇有山水画屏之意境，故名"锦屏"。尤记雨中的锦屏山如薄纱掩面的仙子，温婉含蓄中透露着灵动与飘逸。这些年已数不清多少次来到锦屏山……站在将军崖前东望海水波澜，山岛竦峙，西望青山连绵，披青染绿，山涧流壑纵横，清泉碧溪交错；瞻仰圣迹，怀想高风，明月清风的静谧之外满载着历史的厚重与沧桑。将军崖岩画，这个地处青山秀水间的岩画点成为携刻在花岗岩上的"史记"，记录着远古的叙事与回响。

　　忆往昔，2013年考入中央民族大学人类学与民族学学院中国岩画研究中心，师从张亚莎教授，进行岩画方面的研究。岩画虽然名为"画"，实际上是跨学科性极强的一个研究方向。在欧洲，岩画通常归为考古学的范畴；在美国、东南亚及南亚、澳大利亚等，地岩画通常归为考古学或人类学；在中国，岩画的学科属性亦不鲜明。在中央民族大学，岩画研究从学科上分属于人类学专业。艺术史背景的我，在备考之初，大量系统地学习人类学知识，读博之后亦与人类学博士无异。期间虽有辛苦，但更有收获，这使得我在岩画研究和其后的学术道路上视野及平台更为广阔。

  2014年7月，我协助导师张亚莎教授组织连云港将军崖岩画国际研讨会，得以与中外岩画专家共聚，期间与罗伯特·贝纳里克、库马尔、汤惠生教授在将军崖展开了第一次微腐蚀断代，获取了将军崖岩画重要的年代数据。在此基础上，2015年我再次对将军崖岩画进行了微腐蚀断代，补充了27组断代数据。将军崖岩画成为目前国内岩画点中断代次数最多、获取数据最丰富的岩画遗址，这为交叉断代和图像阐释提供了坚实的基础。

  将军崖岩画的研究是我学术研究的开端，感谢我的博导张亚莎教授、博士后合作导师吴楚克教授不吝赐教；感谢中央民族大学民族学与社会学学院王建民教授、潘蛟教授、苏发祥教授、施琳教授给予的关爱和指导；感谢中科院地理所的徐明教授，在古生态学方面给予的建议和多年来的关照；感谢连云港市重点文物保护研究所高伟所长给予的无私帮助，在连云港的各项岩画调查才得以顺利完成，并取得诸多珍贵资料；感谢刘阳带领我考察了连云港的每一处岩画，并协助我进行实地测量、记录及相关资料的后期整理工作。本书在李洪浦、高伟、汤惠生等前辈研究的基础上，进一步系统地完善实地调查资料，细化岩画图像，在文化历史的框架之下对图像背后的内涵进行追溯和比较。于我而言，本书的出版不是连云港将军崖岩画研究的结束，而是新的开始。博士毕业后，在清华大学、"中央研究院"民族所的研究经历让我的学术积累更为宽广和深厚，对岩画的思考也更为深入。同时，对中国台湾万山岩画、东南亚诸国岩画的考察，使我在更阔的视野下反观将军崖岩画，又有了许多新的理论发现。将军崖岩画与连云港境内凹穴岩画之间的关系、将军崖岩画与环太平洋人面像之间的关系、将军崖岩画与南岛语族扩散之间的关系仍是我下一步研究的关注点；将军崖于我而言，不仅是研究对象，更是我的"圣地"，是信仰，亦是岁月。

后 记

岩画研究给予了我广阔的学术视角、跨学科的思维和研究范式，以及大量的实地调查经验。在张亚莎教授的带领下，这些年我参与考察了宁夏贺兰山，广西花山，浙江仙居，黑龙江大兴安岭，内蒙古巴彦淖尔、乌海、海拉尔，河南具茨山、舞钢、鸭河，青海玉树等地岩画，这使我得以有广阔的田野滋养，纵横比较之间初识中国岩画之格局。岩画是一种"有意味的图像"，岩画之美，在于线条、造型、画面图像的布局与呼应，更在于岩画的位置、与山水旷野的"互动"、与空间环境所营造出的美学氛围，是原始先民精神生活的体现，也是原始宗教穿越历史苍穹的印记。

岩画给予我的不仅是各个地域多样化的历史与文化，更是青春与奋斗的记忆、成长与沉淀的记载。我在岩画的研究与考察中不断进步，在对岩画的探索和对话中感悟早期人类社会的演进与精神生活。多年的岩画研究使得岩画已然融于我的血液之中，在博士论文的基础上初成此著，亦是抛砖引玉，请教于岩画界各位前辈及同仁，共同致力于中国岩画的保护与研究。

2021 年 1 月 1 日

于北京清华大学荷清大厦

附　录

　　岩画是早期人类怀着敬畏和希冀的心理把他们自身以及与他们生存密切相关的事物投射到崖壁上，展示了人们在荒蛮时代的壮丽画卷。逝去的人们已经沉默，而岩石还在诉说着远去了的生命的喧腾。从诞生起它就紧密地和人们的社会生活、生产、宗教、信仰交织在一起，积淀着先民们火一般的炽热情感、虔诚的信仰。分布在世界各地的岩画，宛若漫天的星斗，它们以全球性的广度和历史性的深度成为当今社会关注的焦点。

　　关于附录一。由于国内岩画的考察、数据记录尚无统一的标准。附录一中的表格是基于笔者在将军崖岩画及其近年来在国内外诸岩画点的考察，结合岩画考察的实际需要和考察经验制作而成，以便于对岩画点考察、岩画田野调查、微腐蚀断代、岩石样品收集等方面进行记录及数据的存档和分析。

　　关于附录二。将军崖岩画自1979年发现以来，以其在民族学、考古学、人类学和艺术史方面的价值而被学界关注。相关的报道、调查、研究资料相继刊发，虽然这些资料相对于将军崖岩画的年代而言十分晚近，但却是近几十年来将军崖岩画调查研究的印记。笔者在本书的附录二中整理了20世纪八九十年代关于将军崖岩画发现初期的相关重要报道和学术研究、由连云港市重点文物保护所提供的部分具有历史价值的图像资料以及笔者在考察过程中所摄影像。

由于岩画的斑驳和风化等因素，在实地拍摄中获取清晰的照片对光线、角度等有一定的要求，如有些斑驳的图像在雨水的冲洗下会变得清晰，而杯状穴会因雨水造成反光从而导致图像失真。一般岩刻类岩画需要在早晨或傍晚，太阳光斜射下进行拍摄画面效果较好，因为在阳光直射的条件下岩面反光容易造成刻痕不易辨析或视错。岩刻类岩画还有一个特点就是基于光线和角度的问题，所摄凹痕在成像后画面会显示成凸起状，这也是在拍摄和图像选取的过程中要避免的。此外，附图中还收录了将军崖岩画周边重要岩画点和史前遗迹的图像资料。

附录一

岩画调查访谈记录表

名称		岩画编号	
照片编号		样品编号	
时间		地理坐标	
海拔		断代 （绝对/相对）	
画面尺寸 （cm）	长　　宽　　高	朝向 （与太阳的关系）	
距地面高度		画面主题	
岩画类型 （岩刻/彩绘）	有	有无叠压关系	
凿刻岩画 制作方法 （凿刻/磨刻/ 金属器刻画）		彩绘岩画 色彩、颜料成分 （颜料取材、 制作方法）	
画幅/分布规律			
载体	岩石种类		硬　度	
	岩石尺寸			
	岩石状况 （特点、分 布规律）			
	岩画保 存状况	周边环境（原生环境/人为入侵）		

(续表)

风化与保护	风化程度	
	风化原因	自然风化、植被覆盖、微生物侵袭、自然崩裂、人工矿产开采、人为破坏（涂鸦/损毁）
	是否是旅游区、有无针对岩画的开发保护	当地对岩画保护的工作与力度、当地岩画保护的方式（官方/民间——与信仰结合）
备注 （直观感受）		

自然特征			
气候类型		温度（年最高/最低）	
湿度 （年降水量）		季节变化及温差、风向	
地形/土壤（山地/丘陵/平原）	是否是多种地形共存、是否是群落交错区、土壤类型（适合什么植被/农作物生长）		
水文（河流/湖泊——与岩画点之间的关系）		生计方式 （农业/牧业/渔业） ——混合经济	
岩画制作时代的物种		现存主要植被、物种	
历史环境变迁		目前周边环境	
备注（感受）			

人文特征		

(续表)

族群		生计方式	
居住状况	集中/分散 ——（人口密度）	当地主要的信仰 （巫术/宗教）	
人口分层	年龄层/性别层		
节庆仪式	各种习俗仪式中有无与岩画相关的（内涵相关/图像相关）		
周边文物及历史遗迹（与周边遗迹的关系）			
民族志访谈（半结构）	报道人	年龄　性别　民族　家庭结构	
	生活状况	经济来源（家庭/个人）	
	岩画是什么？ 由谁创作的？		
	有关岩画的传说（不限于岩画、挖掘当地的素材）		
	有无禁忌	如：女人/小孩是否可以接近、岩画附近是否可以说话/唱歌等	
	有无祭拜仪式	如果有，详列具体的祭拜仪式（祭拜人/时间/方式/物品/诉求等）	

(续表)

民族志访谈 （半结构）	岩画（图形）在当地有无活态传承	如果有，有哪些载体和形态？
	当地人对岩画的观点 （历史/保护）	在当地人看来，岩画的内涵是什么？创造的目的是什么？岩画和他们的生活有什么关系？有无保护的价值？

访谈记录

岩画调查登记表

_____年____月____日　　填表人：_____

地点名称				摹本编号	
照片编号				行政隶属	
海拔（m）		地理坐标		N　　　　　E	
石质		硬度		时代	
岩面状况	平面/崖壁/岩棚/独石/山丘/洞穴			岩石状况	原生/自然位移/人为位移
画面尺寸（cm）	长　　宽　　高			距地表	方向
岩面尺寸（cm）	长　　宽　　高			图像所处岩面位置	可移动/不可移动
画面图形					数量
凿刻岩画制作方法、工具等				彩绘岩画颜料及制作方法	
岩面色泽		刻痕色泽			岩面生物体堆积情况
画面内容、组合构成、叠压关系、分布规律、制作因素、保存状况					

（续表）

环境、地貌及周边考古学遗存、民俗及相关资料	

微腐蚀观察数据登记表

_____年____月____日 地点：_____ 编号：_____

地点名称				
岩画编号				
照片编号		行政隶属		
观测者		记录者		
海拔	m	地理坐标	N	E
石质		硬度		
制作方式		制作工具		
裸露状况	露天/岩棚（顶）/岩棚（侧）	备注		
数据采集部位				
目镜倍数		物镜倍数		
晶体种类	石英　　长石	石亏长度（mm）		
石亏数据（mm）		平均值		
备注				

DATA FORM OF MICRO-WANES OBSERVATION

DATE: LOCATION:

Archive No. :		Site No. :	
Photo No. :		Administrative Region:	
Observer:		Recorded by:	
Altitude (m):		Coordinates:	
Rock type:		Hardness:	
Method:		Tool used:	
Site condition:		Other:	
Sample position:			
Magnification:		Ocular:	Objective:
Observation subject:		Length of wane (micron)	
Width of wane (micron) :		average	
Relevant calibration site:			
Remarks			

岩画微腐蚀断代记录表（中英文对照表）
DATA FORM OF ROCK ART MICRO-WANES OBSERVATION

日期 (Date)		地理位置 (Location)	
文件编号 (Archive no)		照片编号 (Photo no)	
观测者 (Observer)		记录者 (Recorded)	
海拔 (Altitude)	m	地理坐标 (Coordinates)	N E
岩石类型 (Rock type)		岩石硬度 (Hardness)	
制作方式 (Making ways)		制作工具 (Making tool)	
环境特征 (Condition)		其他 (Other)	
样本信息 (Sample information)			
样本位置 (position)		样本材质 (subject)	石英 (quartz) 长石 (feldspar)
观察倍数 (Multiple)		石亏长度 (Length of wane)	
石亏宽度 (Width of wane)		宽度平均值 (average)	
备注 (Remarks)			

岩画样本采集登记表

时间		样品编号	
地点			
地理坐标			
石质		采集人	
备注(主要考察目的)			

岩画调查记录简表

名称		时间	
调查人		行政隶属	
系列编号		照片编号	
海拔(m)		地理坐标	N E
数量		主题	
备注			

265

附录二

> **简讯** 我馆文物考察组在连云港市进行考察活动
>
> 　　1980年6月，中国历史博物馆文物考察组姚立信、史树青、石志廉、刘东瑞四同志应连云港市博物馆的邀请，对该市1979年发现位于市郊西南九公里的锦屏山将军崖岩画进行了参观考察。
> 　　考察组认为，这种大片岩石上刻有众多人面、兽面、农作物和图案的岩画，在内地是罕见的。过去新疆、内蒙古、广西等地发现过的岩画，多以人物、骑射等形象为主，比较简单一律，而连云港的岩画没有骑射等内容，故时代较早。连云港地区在古代是东夷所居之地，甲骨文金文称之为人方，当时这里处于原始氏族社会末期。故这批岩画是研究我国古代东方沿海先民社会生活的重要遗迹。
> 　　考察组离开将军崖，来到锦屏山东北的孔望山下。这里的石刻过去泛称汉摩崖造像，传说造像内容是孔子弟子贤人像，群众又叫"秦王乱点兵"，但也有人认为是宴乐杂技图。1958年定为省级文物保护单位。这次经考察组分析研究，认为这批东汉摩崖造像，为目前所见我国最早具有佛教内容的石刻。造像中的佛涅槃像和立佛、坐佛、供养人等，是用传统的东汉画像石技法，表现了佛教的内容，十分值得重视。沿山麓东行，路边有一圆雕大石象，考察组认为，石象的四足不透雕，这是汉代手法；象足下之物似莲花。象身所刻的驯象奴与汉画像石上的象奴形象完全一样。距石象四十米远处有一圆雕蟾蜍，考察组认为，在汉代帛画、画像石刻中，有不少蟾蜍形象，因而这也是断定石刻时代的一种依据。
> 　　最近，国家文物局古文献研究室先后组织在京部分专家，对将军崖岩画和孔望山摩崖造像进行了讨论鉴定，肯定了考察组的意见，将此次考察成果列为1980年文物考古工作中的一项重大发现。人民日报为此作了报道。
> 　　目前，有关单位和专家正在深入进行研究，并将编写专著，交由文物出版社出版。(刘东瑞)
>
> · 24 ·

　　附图1　1980年《我馆文物考察组在连云港市进行考察活动》

　　1980年6月《中国国家博物馆馆刊》刊发简讯，由刘东瑞执笔《我馆文物考察组在连云港市进行考察活动》一文中提及将军崖岩画，并概要描述了岩画内容、制作时期、族属和意义。

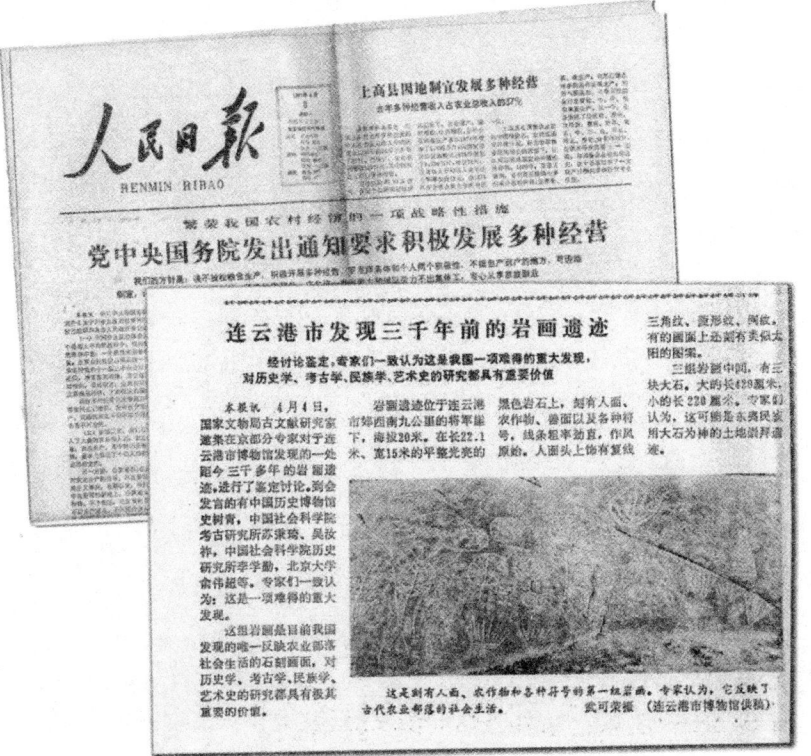

附图2 1981年《人民日报》刊发《连云港市发现三千年前的岩画遗迹》

1981年4月4日在《人民日报》上刊登文章《连云港市发现三千年前的岩画遗迹》,将军崖岩画被外界所广泛知晓并引起关注。

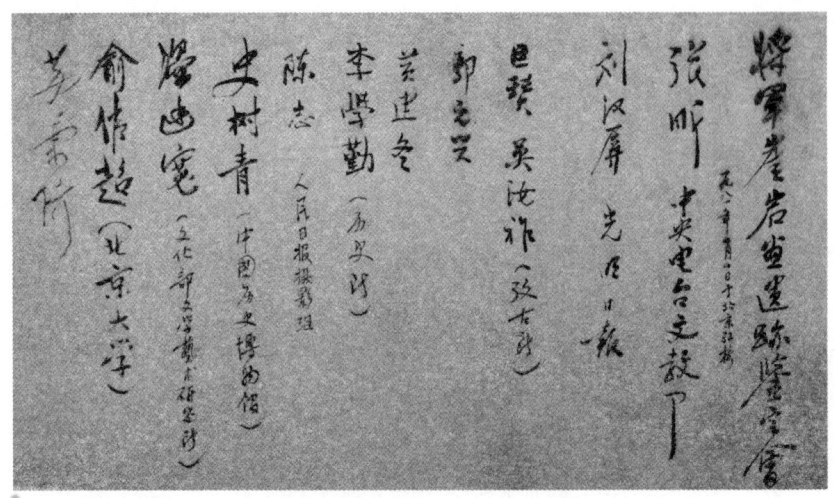

附图3　1981年"将军崖岩画遗迹鉴定会"专家签名册之一

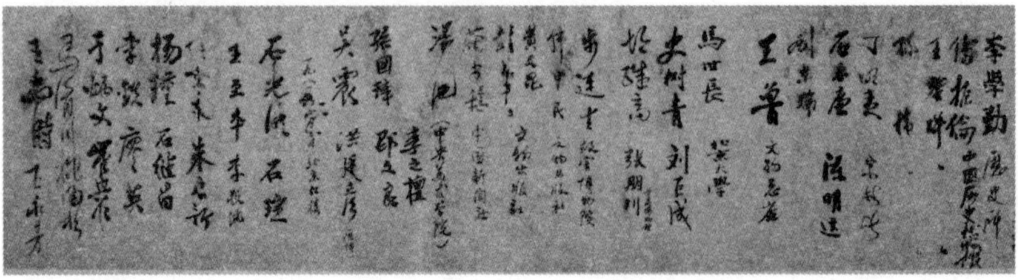

附图4　1981年"将军崖岩画遗迹鉴定会"专家签名册之二

1981年4月4日，在北京红楼召开的"将军崖岩画遗迹鉴定会"是将军崖岩画自发现以来举办的第一次学术会议。苏秉琦、李学勤、史树青、俞伟超等考古学家应邀出席，会议中苏秉琦称其为"东方天书"，此为这一名称的由来。根据会议的讨论和会议纪要，本次会议对将军崖岩画拓片进行了展示和讨论，基本上把将军崖岩画定义为史前东夷族农业祭祀的遗迹。

附　录

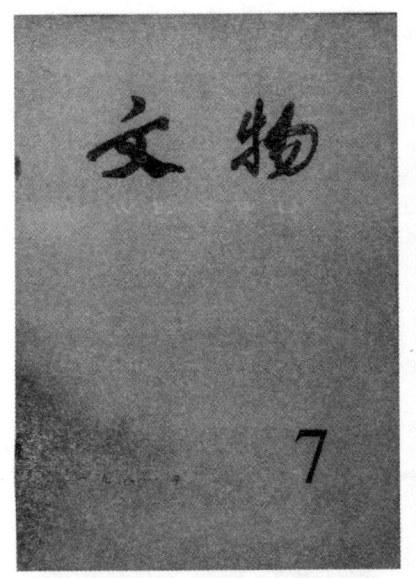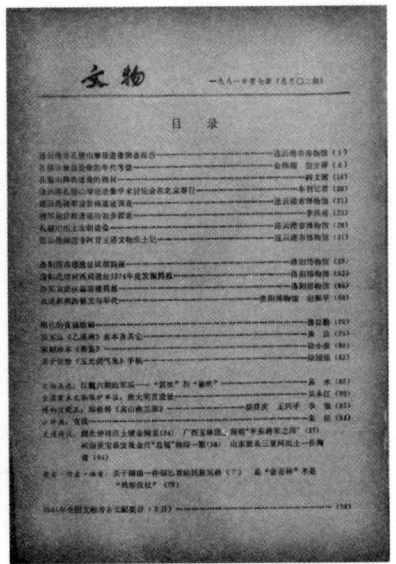

附图 5　《文物》1981 年第 7 期及其目录

根据年初俞伟超等专家对连云港地区的考察，《文物》1981 年第 7 期（总三〇二期）集中刊发了连云港地区的相关文章，主要涉及孔望山摩崖造像、将军崖岩画、海清寺阿育王塔文物。其中涉及将军崖岩画的文章有两篇：分别为以连云港市博物馆为署名（李洪甫执笔，高鸣奇绘图，武可荣、陈志摄影）的《连云港将军崖岩画遗迹调查》（第 21—24 页）和由时任连云港市博物馆馆长的李洪甫撰写的《将军崖岩画遗迹的初步探索》（第 25—27 页）。

《连云港将军崖岩画遗迹调查》是首次将军崖岩画考古调查的报告，也是将军崖岩画相关图像、数据资料的首次公开。论文中分别详述了第一组（A 组）、第二组（B 组）、第三组（C 组）岩画。第四组的"石社"及其杯状穴未被归于调查之中，第五组当时尚未发现。

《将军崖岩画遗迹的初步探索》是首篇关于将军崖岩画研究的文章，描述了将军崖的环境，并对周边的史前遗迹进行了简要的论述。全文把将军崖岩画分为"人面图像""农作物图案""鸟头形图案""动物头骨图案""兽面纹图像""星云图案""图像符号""岩画的凿刻手法"。文

269

章最后通过鲁南苏北地区的考古学类型来推断将军崖岩画的内涵和年代，最终得出将军崖岩画与中原以及黄河下游文化发展序列基本一致，将军崖岩画的时代相当于中原地区的新石器时代晚期，它是我国已发现的最早的原始社会石刻艺术遗存。

附图6 《海州石刻》

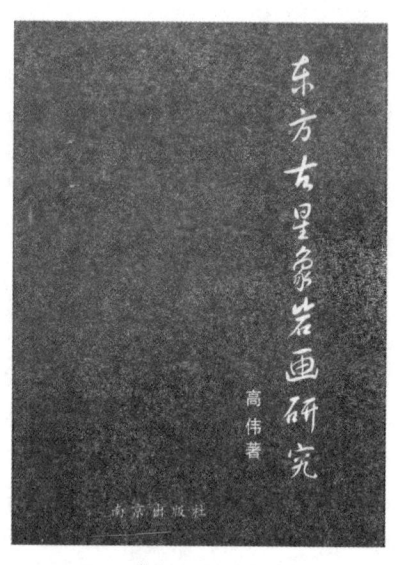

附图7 《东方古星象岩画研究》

附图6《海州石刻——将军崖岩画与孔望山摩崖造像》由连云港市博物馆编，李洪甫、武可荣著。书名"海州石刻"由启功先生题字，1990年9月由文物出版社出版。由于将军崖岩画和孔望山摩崖造像都位于海州区的锦屏山上，且历史价值较高，通常把其统称为"海州二刻"。全书共分为三个部分，分别是：海州史略、将军崖岩画、孔望山摩崖造像。书中将军崖岩画的部分中主要详细描述了岩画诸图像，并在最后对岩画的制作方法、年代、族属等问题进行了探讨。该书可谓第一本系统论述将军崖岩画的著作。

附图7《东方古星象岩画研究》，高伟著，2009年1月由南京出版社出版。本书主要分为星象图岩画调查和星象图岩画研究两个部分，作者对连云港境内的凹穴岩画进行了全面的调查，基本将该区域的凹穴岩画认定为远古时代对星象的观测和记录。书中包含将军崖岩画的两次调查内容及相关的研究，为将军崖岩画的研究留存了宝贵的资料。高伟教授现为连云港市重点文物保护研究所所长，长期致力于连云港地区的文物普查、保护和研究。连云港地区的诸多岩画也是在高伟教授的努力保护下才免遭开采破坏，为我们留下了宝贵的财富。

连云港将军崖石刻岩画孔望山摩崖造像岩石物理力学性质试验研究报告

李钢 王建峰

中国地质大学（武汉）工程地质实验室

一九九〇 二

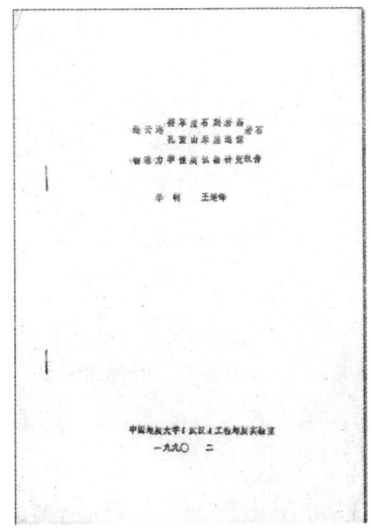

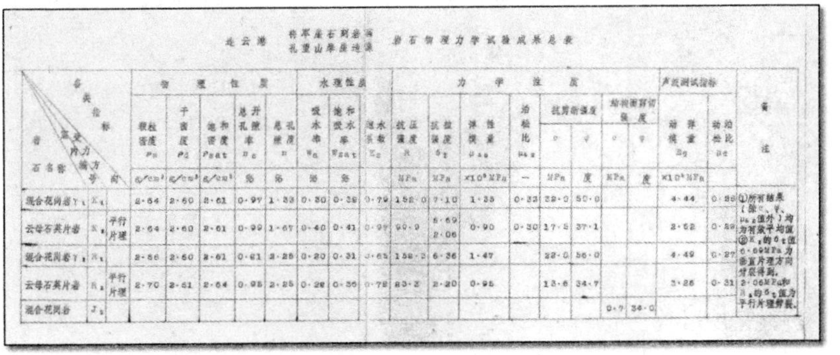

附图 8 《连云港将军崖石刻岩画、孔望山摩崖造像岩石物理力学性质试验研究报告》

1990 年 2 月由中国地质大学（武汉）工程地质实验室的李钢、王建峰执笔《连云港将军崖石刻岩画、孔望山摩崖造像岩石物理力学性质试验研究报告》。该报告研究了将军崖和孔望山物理性质、水理性质、力学性质和声波测试指标。

连云港将军崖石刻岩画孔望山摩崖造像岩石物理力学试验成果总表

岩石名称	编号	方向	物理性质 颗粒密度 ρ_s	干密度 ρ_d	饱和密度 ρ_{sat}	总开孔隙率 n_0	总孔隙度 n	水理性质 吸水率 w_a	饱和吸水率 w_{sat}	软化系数 K_R	力学性质 抗压强度 R	抗拉强度 σ_t	弹性模量 E_{av}	泊松比 μ_{av}	抗剪断强度 c	抗剪断强度 φ	结构面剪切强度 c	结构面剪切强度 φ	声波测试指标 动弹模量 E_d	动泊松比 μ_d	备注
			g/cm³	g/cm³	g/cm³	%	%	%	%		MPa	MPa	×10⁴MPa	—	MPa	度	MPa	度	×10⁴MPa		
混合花岗岩 γ_1	K_1		2.64	2.60	2.61	0.97	1.33	0.30	0.38	0.79	152.0	7.10	1.35	0.33	22.0	50.0			4.44	0.35	①所有结果（除c、φ、μ_{av}值外）均为有效平均值 ②K_2的σ_t值6.69MPa为垂直片理方向劈裂得到，2.06MPa和K_2的σ_t值为平行片理劈裂。
云母石英片岩	K_2	平行片理	2.64	2.60	2.61	0.99	1.67	0.40	0.41	0.97	90.9	6.69 2.06	0.90	0.30	17.5	37.1			2.52	0.29	
混合花岗岩 γ_1	K_1		2.56	2.60	2.61	0.61	2.28	0.20	0.31	0.65	158.2	6.36	1.47		22.0	56.0			4.49	0.27	
云母石英片岩	K_2	平行片理	2.70	2.61	2.64	0.95	2.25	0.28	0.36	0.72	83.2	2.20	0.95		13.6	34.7			3.25	0.31	
混合花岗岩	J_1																0.7	34.0			

附图 9 《连云港将军崖石刻岩画、孔望山摩崖造像岩石物理力学性质试验研究报告》数据

附图10 《淮安县青莲岗新石器时代遗址调查报告》

附图10 署名为华东文物工作队，由赵青芳执笔的《淮安县青莲岗新石器时代遗址调查报告》1955年9月刊发于《考古学报第九册油印本》。

青莲岗新石器时代遗址是1951年12月15日至18日在江苏淮安境内调查中发现，当时采集了石器、陶片、兽骨等标本129件。随后，在1952年1月3日至5日，进行了第二次的调查，对整个遗址进行了系统的发掘。该报告正是在这两次考古调查的基础上撰写而成。文章最后提出了青莲岗文化兼具南北文化因素的观点。

附图11《青莲岗文化的经济形态

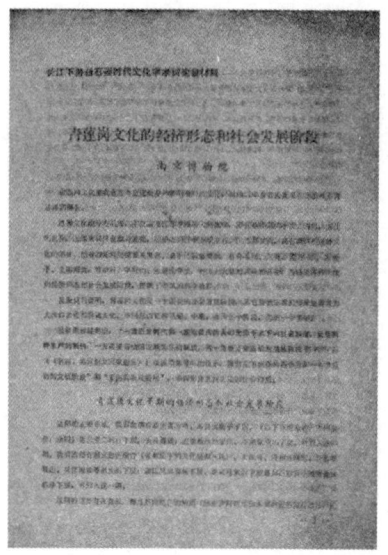

附图11 《青莲岗文化的经济形态和社会发展阶段》

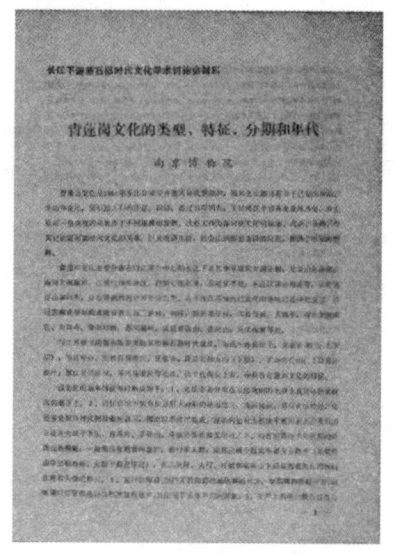

附图12 《青莲岗文化的类型、特征、分期和年代》

和社会发展阶段》、附图12《青莲岗文化的类型、特征、分期和年代》署名为南京博物院,原为"长江下游新石器时代文化学术讨论会材料"。《青莲岗文化的经济形态和社会发展阶段》一文将青莲岗文化按早、中、晚三期分别进行论述和比较。《青莲岗文化的类型、特征、分期和年代》一文将青莲岗文化按地域分为江北青莲岗文化和江南青莲岗文化进行对比研究。

附图13《岩画——永恒的魂灵》由李克坚著,河南教育出版社于1996年6月出版。该书共分为三章:第一章"史前艺术",谈及艺术的起源、岩画的断代、主题分析和自然环境等;第二章"世界上的岩画",论及欧洲的洞穴岩画、欧洲的山崖岩画、非洲北部和南部岩画、美洲和大洋洲岩画以及亚洲的岩画,并对全球的主要岩画进行了介绍;第三章"中国岩画",分为长江以南、长江以北两个部分,其中在长江以北的岩画中介绍了将军崖岩画。作者将第一组人面—禾苗图像定义为原始先民对植物的崇拜,认为人面像是主宰农作物的神灵,通过与河姆渡彩陶的比较,作者认为将军崖岩画的年代早于河姆渡彩陶。

附图13 《岩画——永恒的魂灵》

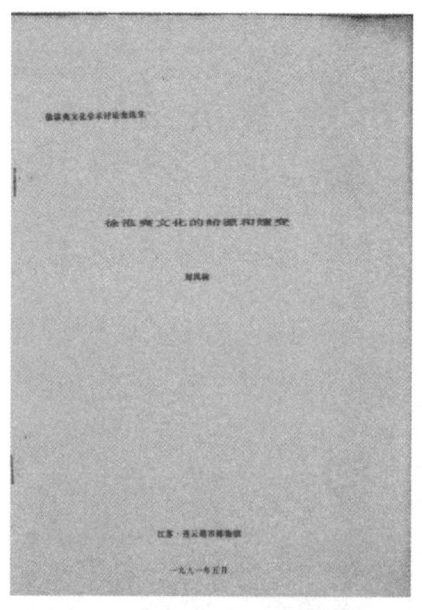

附图14 《徐淮夷文化的始源和嬗变》

附图14由原连云港市博物馆副馆长刘凤桂执笔的《徐淮夷文化的始源和嬗变》原为1991年5月"徐淮夷文化学术谈论会"发言之论文。刘凤桂通过对历史文献和考古资料的分析，将徐淮夷文化归为东夷文化的一部分，并对其向南传播进行了探讨。综合徐淮夷文化与该区域的考古学文化类型推判出徐淮夷文化的始源期、孕育期和衰亡期。刘凤桂是比较关注东夷文化的当地学者之一，对连云港的史前文化、神话传说和先秦文献皆有研究。

附图15 白虎山[①]

图像来源：连云港市重点文物保护研究所

---

① 两位美国医学传教士Lorenzo和Ruth Bennett Morgan站在连云港白虎山的岩石上，摄于1945年。

附　录

白虎山位于将军崖岩画以北 3 千米的位置，白虎山山麓下为拥有 2000 多年历史的古海州城。在白虎山上众多文人墨客留下墨宝，本书的研究采用了白虎山的题刻作为微腐蚀断代的校正数据。图片为白虎山《卢绍题刻》和《余授题刻》的位置，图中两人（Lorenzo 和 Ruth Bennett Morgan）是来自美国的医学传教士，1905 年到 1946 年服务于长老会和卫理公会教派。照片来源：南加利福尼亚大学图书馆；拍摄时间：1920—1930 年之间。

附图 16　1986 年将军崖岩画遗址保护论证会

1986 年 6 月，连云港市人民政府受江苏省人民政府委托，主持召开了由全国文物、矿山和地质等各方面专家共同参与的"将军崖岩画保护论证会"，会议遵循《文物保护法》和胡乔木同志关于保护与生产要两全其美的批示，最终确认用岩石锚索和灌浆加固进行保护。①

---

① 相关信息由连云港市重点文物保护研究所高伟提供。拍摄时间：1993 年。

附图 17 将军崖岩画锚索加固工程开工典礼现场

附图 18 将军崖岩画锚索加固工程施工现场之一

附图 19 将军崖岩画锚索加固工程施工现场之二

附 录

由于将军崖所处的锦屏山下磷矿资源丰富，将军崖岩画所在的岩体下部由于附近山体爆破和矿石开采，岩面出现散裂变形。将军崖岩画下400米的范围已形成采空区，造成将军崖岩画逐年下沉，岩面出现多条裂缝，并随时具有坍塌的危险。连云港市重点文物保护所对将军崖岩画进行了锚索加固，采用灌浆和锚索技术对岩画所在的岩体进行加固，至今我们在将军崖仍然能够看到施工留下的痕迹。

附图17、附图18、附图19是将军崖岩画锚索加固工程的相关图像资料。记录了20世纪90年代初期当地政府和学者为将军崖保护而做出的努力，响应国家文物局"就地保护"的号召，否定了搭建保护性建筑物和切割移动的提案，采取了就地加固维持原貌的保护方法，有效保护了将军崖及其周边的环境的原貌。施工单位：南京工程兵学院。

附图20 将军崖岩画锚索加固验收现场

通过锚索加固和灌浆有效地防止了将军崖岩画裂缝的增大和塌陷的可能。

图像呈现的是将军崖岩画第一组的位置，从画面中我们仍然能够依稀地看到岩刻的线条。

附图 21　将军崖岩画的发现者和守护者胡宝山（时年 73 岁　摄于 2015 年）

　　这是一位守护将军崖几十年的老人，将军崖山后有一座二层小楼，是胡宝山的家。将军崖虽位于桃花涧景区，但属于连云港文管会管理，并有专门的入口。文管会委托胡宝山老人看护将军崖，负责早晚开门和日常的管理。老人一天中除了早晚开门之外，会去将军崖巡视几次，也会顺便给种在将军崖景区围栏里的自家果树打打农药。旺季游客多的时候，他也会整天待在将军崖，用地道的连云港方言，制止游客攀爬踩踏。当我问及上面的图像是何含义，他激动地讲了一段关于岩画的传说，凹穴组成的是银河，两边的人面像是牛郎织女。

附图22　从刘志洲山远眺锦屏山之一

附图23　从刘志洲山远眺锦屏山之二

图像中白色的部分为开山采石留下的痕迹，曾经远处的锦屏山与刘志洲山相连，中间隔着山涧，现如今，相连的部分已经被挖空，剩下的是白色的碎石和汽车运石碾压的痕迹。现在虽已停止开采,但伤痕犹在,在考察中也可见到拉石头的大卡车穿梭其中,大概是从更远去的山里开采而来。

附图24 连云港市海州区锦屏磷矿旧址

锦屏磷矿旧址位于连云港市海州区锦屏镇桃花村北500米处。锦屏磷矿是我国发现最早和开采历史最长的磷矿,清朝同治年间发现,1914年正式开采。抗战期间,日本侵略者对锦屏磷矿进行了野蛮的掠夺开采。中华人民共和国成立后,锦屏磷矿成为新中国第一座大型磷矿,为全国各地培养和输送了大量矿业人才,锦屏磷矿被誉为"共和国化工矿业的摇篮",见证着化工矿业的发展历程。锦屏磷矿旧址占地面积约4500平方米,面阔80米,进深50米,2010年被市政府公布为第四批市级文物保护单位。在连云港市文保所所长高伟等的努力下,最终为了保护将军崖岩画,关停了锦屏山磷矿。但早期挖矿所带来的地下空洞和下沉问题却不可避免,正严重威胁着将军崖岩画,为此当地政府也在不断采取加固措施。

附 录

附图 25　从硙臼庵南侧 俯瞰将军崖全景

(**图像来源**：连云港市重点文物研究所 刘阳 摄于 2014 年冬)

附图 26　从硙臼庵远眺将军崖

(画面中间位置凸起的小山包为将军崖岩画 1—4 组所在地)

附图 27　将军崖岩画之"将军骑马"图位置

(原"将军骑马"图在箭头所指的位置)

根据胡宝山老人的回忆,将军崖上方的岩棚,下雨时可容纳50多人,岩棚高度与现在石壁相似,岩壁南北长约15米,棚顶伸出的部分大约五六米,到现今子午线的位置。在岩壁上刻有"将军骑马"图(如附图27所示,位置在红色箭头标示的上方),将军骑着马回头望向将军崖的下方,手指着"小人头",当地又称为"将军点兵",整个"将军骑马"的图像宽约50厘米、高约80厘米。而根据老人对"小人头"的描述,其为圆形,没有五官,圆形有鸡蛋大小,初步认定老人所言的"小人头"可能是凹穴岩画。老人回忆,崖壁上的"小人头"有上千个,他们小时候曾拿粉笔进行标记记数,数到九百多。1952年前后,海州锦屏磷矿为新建厂办医院,在将军崖周边开山采石,岩棚和"将军骑马"图被炸毁,整个将军崖也遭到不同程度的破坏。但此处以"将军骑马"图之内涵命名为将军崖,并沿用至今。

附 录

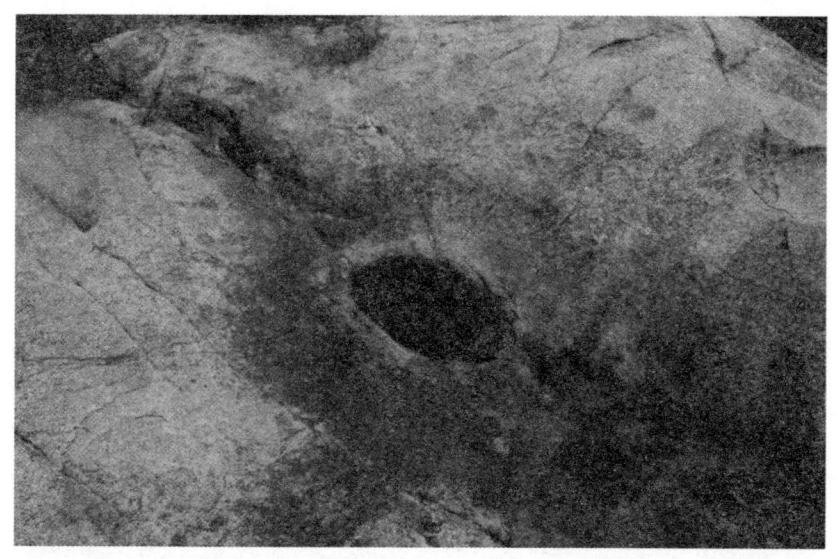

附图 28　将军崖下方的"女阴"石穴

此处位于将军崖岩画的下方的大石之上，现已在将军崖岩画围栏之内。根据对石穴的现场观察，尚未发现人工凿刻的痕迹，应为天然形成；因其形似女阴，故当地人将其与求子、保平安等相连。根据对当地的田野调查，将军崖成为景区建立围栏加以保护之前，当地人会到此处祭拜求子祈福。祭拜的形式主要是以食物和白酒作为贡品，烧香焚纸，诉说心愿。

附图 29　将军崖岩体上的日语刻文

锦屏山磷矿资源丰富，在 1939 年 7 月到 1945 年之间，日本人占领了磷矿，三名日本工

283

程师对磷矿进行视察的过程中,在将军崖岩画上方一块宽170厘米、高100厘米裸露的岩石上刻上了"滕球、山田、斋滕、杨光君登山纪念,昭和十五年春季",其字径为20×25厘米、款径12×15厘米。根据所刻文字的记录,其刻画的年代为1940年。

附图30　大伊山石棺墓之一

附图31　大伊山石棺墓之二

附图32　大伊山石棺墓之三

大伊山石棺墓位于连云港市灌云县伊山镇任庄村大伊山东麓台地上,为新石器时代早期的墓地,距今约6500年。它是中国迄今发现的最早石棺墓，共出土镶立的石棺墓61座，清理出陶器、石器、骨器、玉器等文物170余件。目前保护范围以遗址四周护坡为零点，东至伊小线的公路，南、西、北外延各500米，建设控制地带和保护范围。

附图33 孔望山摩崖石刻之一

附图34 孔望山摩崖石刻之二

孔望山摩崖石刻位于连云港海州区锦屏山东北麓的孔望山上，并与将军崖合称为"海州二刻"；孔望山因相传孔子在此登山望东海而得名。赵朴初先生曾在1981年7月参观后为其题词："海上丝绸路早开，阙文史实证摩崖。可能孔望山头像，及见流沙白马来。"①

附图36 连云港朝阳区西庄村"石干妈"立于农户门口

GPS:N34°40′47.56″

E119°16′30.78″

高118cm、宽24—60cm、厚16cm

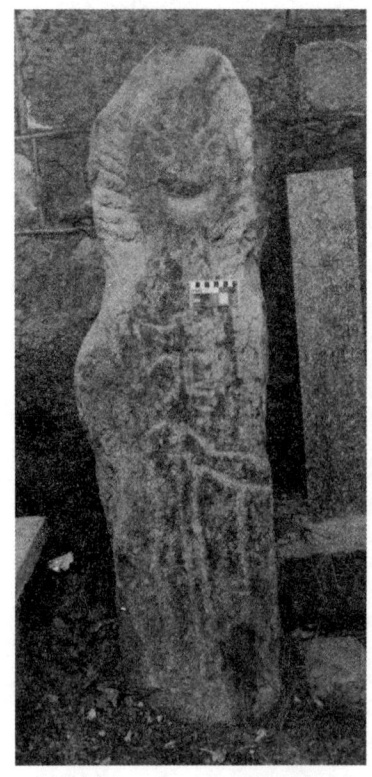

附图35 连云港朝阳区韩李村"石干妈"立于村中路口

GPS: N34°40′14.49″　E119°17′06.17″

高165cm、宽17—48cm、厚38cm

---

① 由于在孔望山摩崖石刻的研究中，关于其所刻画人物是否属于佛教造像，学界尚有较大争议，且笔者对此涉猎较少，因此本引用仅作为资料，不代表笔者观点。

附　录

连云港男根崇拜遗存。当地人称其为"石干爸""石干妈"或"石婆婆"。连云港当地乡村，幼儿会认其为"干爸"或"干妈"，认拜过程中会系红绳于石柱之上，焚纸烧香，供奉食物和美酒，并磕头叩拜。以此保佑幼儿茁壮成长，远离疾病和灾害。首先，通过造型和称谓可知生殖崇拜和祖先崇拜在这一地区的民间仍有延续。其次，鲁南苏北地区此类民俗遗存广泛，说明这一地区有着悠久的石刻传统和石崇拜习俗，并将石拟人化以融入百姓生活之中。第三祭祀习俗遗存至今，回溯上古时代，有以石为载体的融生殖崇拜与祖先崇拜为一体的祭仪应是较为可能的。

附图 37 1-R1

附图 38 1-R7

附图 39 1-R8、1-R15

附图 40　将军崖岩画第一组部分图像

附图 42　　　　　　附图 43　　　　　　附图 44　2-R2

附图 45　将军崖岩画第二组部分图像

附　录

附图46　将军崖岩画第三组R11图像

由于将军崖岩画第三组图像风化较为严重，已经斑驳不清，获取清晰的照片较为困难。笔者考察期间趁雨中登山，在雨水的冲刷下获取了这张较易辨识的图像。

附图47　将军崖岩画第三组R11图像拓片

图像来源：连云港市重点文物保护研究所

附图 48　将军崖岩画第四组杯状穴

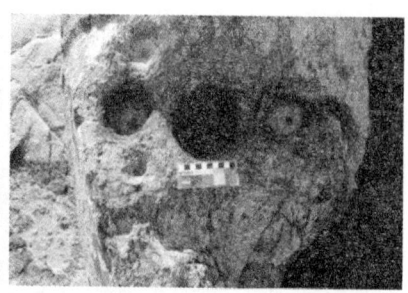
附图 49　将军崖岩画第四组杯状穴

附图 50　将军崖岩画第四组杯状穴

附图 52　将军崖岩画第四组之巨石

附图 51　将军崖岩画第四组杯状穴

附 录

附图 53　将军崖岩画第五组部分图像

附图 54　将军崖岩画第五组全景图

将军崖岩画前四组集中在小山包上，第五组位于后山的山顶，从山顶远眺，可见不远处的楼房，原先为锦屏磷矿的厂区，现在改造成居民区。由于第五组的位置相对隐蔽，且没有专门上山的路，故外界知晓的相对较少。从位于第五组岩画的山崖向东望去即是刘志洲山（附图54左上角的小山）；刘志洲山多船形岩画和凹穴岩画，尚未发现人面像；由于磷矿开采，山体多处被炸药炸毁，泯于此的岩画尚无法统计。

附图55　将军崖岩画第一组岩画拓片（连云港高伟 提供）

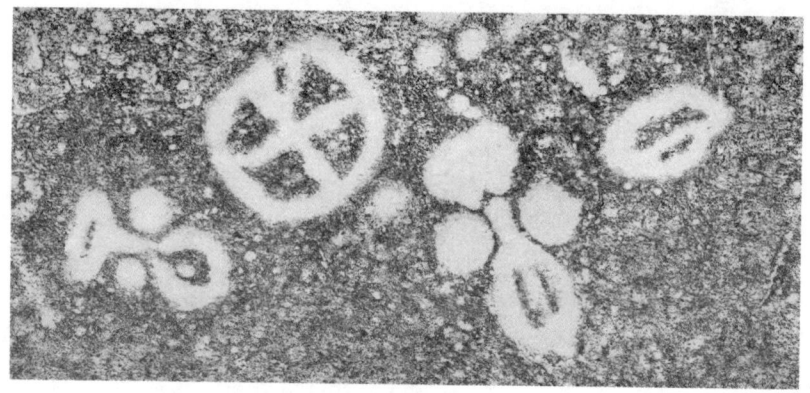

附图56　将军崖岩画第二组岩画拓片（连云港高伟 提供）

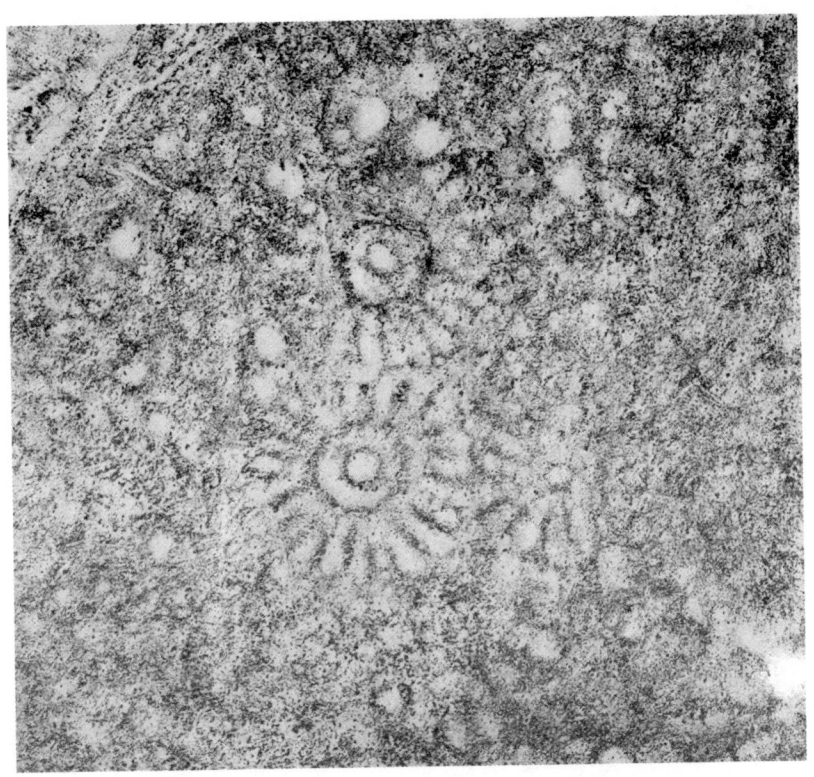

附图 57　将军崖岩画第二组岩画拓片（连云港高伟 提供）

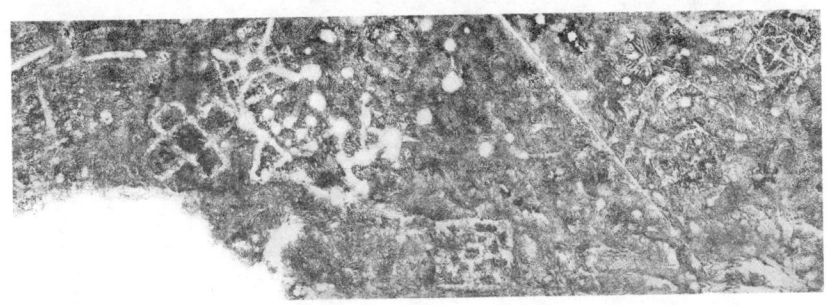

附图 58　狮子山星象岩画拓片

附图 59　大伊山船形岩画拓片

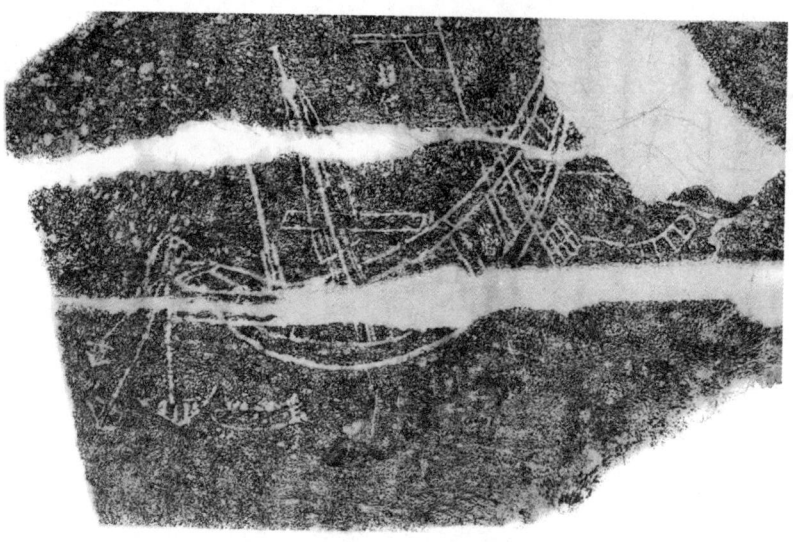

附图 60　刘志洲山船形岩画拓片

河南省安阳县侯家庄西北岗墓1001
长13.9厘米、宽7.9厘米、高10.73厘米；重量：1.78千克

河南省安阳县侯家庄西北岗墓1001
长25.2厘米、宽24.8厘米、高34.1厘米；重量：24.32千克

河南省安阳县侯家庄西北岗墓1001
长9.1厘米、宽10.6厘米、高17.1厘米；重量：2.46千克

附图61　河南安阳殷墟出土石枭

参考文献

一、中文译著

[1] [英]埃文思-普里查德:《阿赞德人的巫术、神谕和魔法》,覃俐俐译,北京:商务印书馆2010年版。

[2] [英]巴恩:《剑桥插图史前艺术史》,郭小凌、叶梅斌译,济南:山东画报出版社2004年版。

[3] [美]弗朗兹·博厄斯:《原始艺术》,金辉译,上海:上海文艺出版社1989年版。

[4] [法]皮埃尔·布尔迪厄:《艺术的法则》,刘晖译,北京:中央编译出版社2011年版。

[5] [加拿大]布鲁斯·G.特里格:《考古学思想史》,陈淳译,北京:中国人民大学出版社2010年版。

[6] [加拿大]布鲁斯·G.崔格尔:《理解早期文明比较研究》,徐坚译,北京:北京大学出版社2014年版。

[7] [加拿大]布鲁斯·G.特里格:《时间与传统》,陈淳译,北京:中国人民大学出版社2011年版。

[8] [美]简·布洛克:《原始艺术哲学》,沈波、张安平译,上海:上海人民出版社1991年版。

[9] [法]葛兰言:《古代中国的节庆与歌谣》,赵丙祥、张宏明译,南宁:广西师范大学出版社2005年版。

[10] [法]葛兰言:《中国的宗教信仰》,程门译,贵阳:贵州人民出

版社 2010 年版。

[11][法]葛兰言:《中国文明》,杨英译,北京:中国人民大学出版社 2012 年版。

[12][日]宫本一夫:《从神话到历史:神话时代夏王朝》,吴菲译,南宁:广西师范大学出版社 2014 年版。

[13][英]哈登:《艺术的进化:图案的生命史解析》,阿嘎佐诗译,南宁:广西师范大学出版社 2010 年版。

[14][美]克里斯·戈斯登:《走出黑暗:人类史前史探秘》,陈炳辉、陈星灿译,北京:外语教学与研究出版社 2016 年版。

[15][法]克洛德·列维-斯特劳斯:《面具之道》,张祖建译,北京:中国人民大学出版社 2008 年版。

[16][法]克洛德·列维-斯特劳斯:《野性的思维》,李幼蒸译,北京:中国人民大学出版社 2006 年版。

[17][英]莱顿:《艺术人类学》,李东晔、王红译,北京:科学出版社 2009 年版。

[18][美]马立博:《中国环境史:从史前到现代》,关永强、高丽洁译,北京:中国人民大学出版社 2015 年版。

[19][英]马林诺夫斯基:《巫术科学宗教与神话》,李安宅译,上海:上海社会科学院出版社 2016 年版。

[20][美]乔治·奥德尔:《破译史前人类的技术与行为》,关莹、陈虹译,北京:生活·读书·新知三联书店 2015 年版。

[21][日]秋道智弥、市川光雄、大塚柳太郎编著:《生态人类学》,范广融、尹绍亭译,昆明:云南大学出版社 2007 年版。

[22][法]爱弥尔·涂尔干:《宗教生活的基本形式》,渠东、汲喆译,上海:上海人民出版社 2006 年。

[23][荷]范丹姆:《审美人类学:视野与方法》,李修建、向丽译,北京:中国文联出版社 2015 年版。

[24][英]维克多·特纳:《象征之林——恩登布人仪式散论》,赵玉

燕、欧阳敏、徐洪峰译,北京:商务印书馆2006年版。

[25] [英] 维克多·特纳:《仪式过程:结构与反结构》,黄剑波,柳博赟译,北京:中国人民大学出版社2006年版。

[26] [美] 巫鸿:《礼仪中的美术》,郑岩、王睿等译,北京:生活·读书·新知三联书店2005年。

[27] [美] 武雅士、莫里斯·弗里德曼:《中国社会中的宗教与仪式》,彭泽安、邵铁峰译,南京:江苏人民出版社2014年版。

[28] [美] 杨庆堃:《中国社会中的宗教》,范丽珠译,成都:四川人民出版社2016年版。

[29] [美] 米尔恰·伊利亚德:《宗教思想史》,晏可佳等译,上海:上海社会科学院出版社2011年版。

二、中文著作

[1] 岑家梧:《史前艺术史》,北京:商务印书馆1938年版。

[2] 晁福林:《先秦民俗史》,上海:上海人民出版社2001年版。

[3] 陈淳:《考古学前沿研究:理论与问题》,北京:北京师范大学出版社2016年版。

[4] 陈虹:《华北细石叶工艺的文化适应研究——晋冀地区部分旧石器时代晚期遗址的考古学分析》,杭州:浙江大学出版社2011年版。

[5] 陈星灿:《中国史前考古学史研究1895—1949》,北京:社会科学文献出版社2007年版。

[6] 陈兆复、邢琏:《原始艺术史》,上海:上海人民出版社1998年版。

[7] 陈兆复:《中国岩画发现史》,上海:上海人民出版社2009年版。

[8] 崔建新:《气候与文化——基于多源数据分析方法的环境考古学探索》,北京:科学出版社2012年版。

[9] 邓福星:《艺术前的艺术——史前艺术研究》,济南:山东文艺

出版社 1986 年版。

[10] 方辉:《聚落与环境考古学理论与实践》,济南:山东大学出版社 2007 年版。

[11] 裴文中:《裴文中史前考古论文集》,北京:文物出版社 1987 年版。

[12] 冯时:《中国天文考古学》,北京:社会科学文献出版社 2001 年版。

[13] 李白凤:《东夷杂考》,开封:河南大学出版社 2008 年版。

[14] 李洪甫:《连云港地方史稿》,上海:上海社会科学院出版社 1990 年版。

[15] 李洪甫:《太平洋岩画:人类最古老的民俗文化遗迹》,上海:上海文化出版社 1997 年版。

[16] 李祥石:《解读岩画》,银川:宁夏人民出版社 2012 年版。

[17] 李永宪:《西藏原始艺术》,石家庄:河北教育出版社 2000 年版。

[18] 梁钊韬:《中国古代巫术——宗教的起源和发展》,广州:中山大学出版社 1999 年版。

[19] 刘敦愿、逄振镐主编:《东夷古国史研究》(第 1 辑),西安:三秦出版社 1988 年版。

[20] 刘敦愿、逄振镐主编:《东夷古国史研究》(第 2 辑),西安:三秦出版社 1990 年版。

[21] 刘建国:《考古与地理信息系统》,北京:科学出版社 2007 年版。

[22] 陆思贤:《神话考古》,北京:文物出版社 1995 年版。

[23][日] 官本一夫:《海岱地区早期农业和人类学研究》,北京:科学出版社 2008 年版。

[24] 栾丰实:《东夷考古》,济南:山东大学出版社 1996 年版。

[25] 栾丰实主编:《两城镇遗址研究》,北京:文物出版社 2009 年版。

[26] 南京博士院、连云港市博物馆编著:《藤花落——连云港市新石器时代遗址考古发掘报告》,北京:科学出版社 2015 年版。

[27] 逄振镐:《东夷文化研究》,济南:齐鲁书社 2007 年版。

[28] 裴安平、张文绪:《史前稻作研究文集》,北京:科学出版社 2009 年版。

[29] 石兴邦:《石兴邦考古论文集》,西安:陕西师范大学出版社 2015 年版。

[30] 宋耀良:《中国史前神格人面岩画》,上海:上海人民出版社 2015 年版。

[31] 宋耀良:《中国岩画考察》,上海:上海人民出版社 2015 年版。

[32] 孙新周:《神话岩画文化研究论文集》,北京:中央民族大学出版社 2016 年版。

[33] 孙新周:《中国原始艺术符号的文化破译》,北京:中央民族大学出版社 1999 年版。

[34] 汤惠生、张文华:《青海岩画——史前艺术中二元对立思维及其观念的研究》,北京:科学出版社 2001 年版。

[35] 王明珂:《反思史学与史学反思》,上海:上海人民出版社 2016 年版。

[36] 王守功:《海岱地区史前考古论集》,北京:文物出版社 2016 年版。

[37] 王震中:《中国古代国家的起源与王权的形成》,北京:中国社会科学出版社 2013 年版。

[38] 魏建震:《先秦社祀研究》,北京:人民出版社 2008 年版。

[39] 夏正楷:《环境考古学——理论与实践》,北京:北京大学出版社 2012 年版。

[40] 许倬云、张忠培主编:《新世纪的考古学:文化、区位、生态的多元互动》,北京:紫禁城出版社 2006 年版。

[41] 严文明:《史前考古论集》,北京:科学出版社 1998 年版。

[42] 张传藻:《连云港地理与经济》,南京:河海大学出版社1999年版。

[43][美]张光直:《古代中国考古学》,印群译,北京:生活·读书·新知三联书店2013年版。

[44][美]张光直:《美术、神话与祭祀》,郭净、陈星译,沈阳:辽宁教育出版社2002年版。

[45][美]张光直:《中国考古学论文集》,北京:生活·读书·新知三联书店2013年版。

[46]张亚莎:《西藏的岩画》,西宁:青海人民出版社2006年版。

三、英文——岩画类

[1]Anati Emmanuel, "Saving the World's Rock Art: The Birth of a New Discipline and Its First Significant Strides", *Archaeology,* Vol. 36, No. 2, March/April, 1983.

[2] Bahn, Paul G., *Prehistoric Rock Art: Polemics and Progress,* Cambridge: Cambridge University Press, 2010.

[3] Bahn, Paul G., *The Cambridge Illustrated History of Prehistoric Art,* London: Cambridge University Press, 1998.

[4] Bahn, Paul G., *Cave Art: A Guide to the Decorated Ice Age Caves of Europe,* London: Frances Lincoln Publishers, 2012.

[5] Bahn, Paul G., *Images of the Ice Age,* Oxford: Oxford University Press, 2016.

[6] Clottes, Jean and Lewis-Williams, David, *The Shamans of Prehistory,* New: Harry N. Abrams Publisher, 1998.

[7]David S. Whitley, *Introduction to Rock Art Research,* London: Left Coast Press, 2005.

[8]David S. Whitley, *Cave Paintings and the Human Spirit: The Origin of Creativity and Belief,* New: Prometheus Books, 2009.

[9]Gregory Curtis, *The Cave Painters: Probing the Mysteries of the World's First Artists,* New York: Anchor, 2007.

[10] Lewis-Williams, J. David and Sam Challis, *Deciphering Ancient Minds: The Mystery of San Bushmen Rock Art,* London: Thames & Hudson, 2011.

[11]Lewis-Williams, J. David and Pearce, David G., *San Spirituality: Roots,Expression,and Social Consequences,* California: AltaMira Press, 2004.

[12]Tacon, Paul S.C., *The Archaeology of Rock-Art,* Cambridge: Cambridge University Press, 1998.

四、英文著作——人类学、生态学、考古学类

[1]Appadurai Arjun, *The Social Life of Things: Commodities in Cultural Perspective,* Cambridge: Cambridge University Press, 1988.

[2] Ashmore, Wendy and Knapp, A. Bernard , *Archaeologies of Landscape Contemporary Perspectives,* Oxford:Blackwell Publish, 1999.

[3] Bahn, Paul G. and Lord Renfrew, *Illustrated History of Archaeology,* Cambridge: Cambridge University Press, 1996.

[4] Barker, Graeme, *The Agricultural Revolution in Prehistory: Why did Foragers become Farmers?* Oxford: Oxford University Press, 2009.

[5]Binford, L.R., *Archaeological Perspective,* New York: Seminar Press, 1972.

[6]Bottjer, David J., *Paleoecology: Past, Present and Future,* Chichester: Wiley-Blackwell, 2016.

[7] Dincauze, Dena F. , *Environmental Archaeology: Principles and Practice,* Cambridge: Cambridge University Press, 2000.

[8] Gell, Alfred, *Art and Agency: An Anthropological Theory,* Oxford: Clarendon Press, 1998.

[9]Napier, David, *Foreign Bodies: Performance, Art, and Symbolic Anthropology,* Berkeley: University of California Press, 1992.

[10]Napier, David, *Masks Transformation and Paradox,* Sacramento: University of California Press, 1986.

[11]Renfrew, Colin and Bahn, Paul G., *Archaeology Essentials: Theories, Methods, and Practice,* London: Thames & Hudson, 2012.

[12]Renfrew, Colin and Bahn, Paul G., *Archaeology: the Key Concepts,* New York: Routledge, 2005.

[13]Renfrew, Colin, *Prehistory: The Making of the Human Mind*, New York: Modern Library, 2009.

[14]Sally Price, *Primitive Art in Civilized Places,* Chicago: University of Chicago Press, 1989.

[15]Semenov, Sergei, *Prehistoric Technology: An Experimental Study of the Oldest Tools and Artefacts from Traces of Manufacture and Wear,* London: Cory, Adams & Mackay, 1964.

[16]Service, E.R., *Origins of the State and Civilization*, New York: W. W. Norton & Company, 1975.